Management im Gesundheitswesen

Dieses Buch ist im Rahmen des Projekts „konstruktiv: Konsequente Orientierung an neuen Zielgruppen strukturell in der Universität Bremen verankern" entstanden. Das Vorhaben wurde mit Mitteln des Bundesministeriums für Bildung und Forschung unter dem Förderkennzeichen 16OH21063 gefördert. Die Verantwortung für den Inhalt dieser Veröffentlichung liegt bei den Verfasser*innen.

GEFÖRDERT VOM

Wolf Rogowski
Hrsg.

Management im Gesundheitswesen

Fallstudien, Aufgaben und Lösungen

2. Auflage

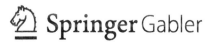 Springer Gabler

Hrsg.
Wolf Rogowski
Institut für Public Health und Pflegeforschung
Universität Bremen
Bremen, Deutschland

ISBN 978-3-658-39638-1   ISBN 978-3-658-39639-8 (eBook)
https://doi.org/10.1007/978-3-658-39639-8

Die Deutsche Nationalbibliothek verzeichnet diese Publikation in der Deutschen Nationalbibliografie; detaillierte bibliografische Daten sind im Internet über https://portal.dnb.de abrufbar.

Planung/Lektorat: Margit Schlomski
Springer Gabler ist ein Imprint der eingetragenen Gesellschaft Springer Fachmedien Wiesbaden GmbH und ist ein Teil von Springer Nature.
Die Anschrift der Gesellschaft ist: Abraham-Lincoln-Str. 46, 65189 Wiesbaden, Germany

Das Papier dieses Produkts ist recyclebar

Vorwort zur zweiten Auflage

Das Format der Lehrveranstaltungen, für die dieses Lehrbuch geschrieben wurde, hat sich bewährt, und so sind weitere Fallstudien hinzugekommen, die eine Neuauflage sinnvoll erscheinen lassen. Anstelle von 16 Fallstudien enthält es nun 28, und anstelle von 19 Autor:innen haben jetzt 27 zu dem Werk beigetragen. Trotz dieser Vielfalt von Themen und Expert:innen zielt auch diese zweite Auflage darauf ab, Fallstudien ähnlich wie in einem Autor:innenwerk in Stil und Struktur einheitlich darzustellen.

Die Fallstudien wurden geringfügig sprachlich überarbeitet oder aktualisiert, etwa, indem Digitale Gesundheitsanwendungen in die Fallstudie zu Kategorien der Vergütung aufgenommen wurden. Zudem sind sie jetzt neu geordnet nach Sach- und Führungsfunktionen des Managements. Diese sind in dem daraufhin überarbeiteten Einführungskapitel näher erläutert. Diese Gliederung lässt sich auch gut für eine einführende Vorlesung zum Management im Gesundheitswesen über zwei Semester verwenden, so wie sie sich bspw. im Bachelorstudium Public Health an der Universität Bremen findet. Entsprechend ist das Lehrbuch darauf ausgerichtet, ergänzend zu einer solchen Vorlesung Fallstudien für je 13 Einheiten im Laufe des Semesters bereitzustellen. Wiederholungsfragen des Einführungskapitels eignen sich jeweils für eine Wiederholungseinheit am Ende des Semesters.

Für alle Fallstudien gibt es Vorschläge für Musterlösungen, die jedoch nicht direkt im Lehrbuch enthalten sind, um Studierenden nicht die Motivation zur Suche eigener Lösungen zu nehmen. Wir stellen diese Musterlösungen Lehrenden, die das Lehrbuch nutzen, sehr gerne digital zur Verfügung, auch zur Weitergabe an die Studierenden nach der Veranstaltung. Bitte schreiben Sie uns dafür eine kurze E-Mail an mig@ipp.uni-bremen.de, mit einem kurzen Nachweis, dass Sie Lehrende:r sind und einem Hinweis, in welcher Ihrer Lehrveranstaltungen Sie das Buch einsetzen möchten.

Mein besonderer Dank gilt Dr. Laura Birg, Jonathan Kolschen und Jannik Wagner, die diese Neuauflage maßgeblich unterstützt haben. Und natürlich gilt auch für diese Neuauflage den Studierenden vergangener Seminare der Dank aller Autor:innen, da ihre Fragen und Anmerkungen sehr wichtige Impulse für Konzeption und Feinschliff der Fallstudien darstellen.

Bremen, Deutschland   Wolf Rogowski
September 2022

Vorwort zur ersten Auflage

Erfahrung, Intuition und gesunder Menschenverstand sind von großer Bedeutung für den Erfolg beim Aufbau und bei der Steuerung von Unternehmen, auch im Gesundheitswesen. Spätestens wenn Unternehmen eine gewisse Größe überschreiten, reichen sie jedoch nicht mehr aus. Es besteht Bedarf an Professionalisierung, die einhergeht mit der Nutzung theoretisch reflektierter, empirisch erprobter Konzepte und Methoden. Eine so professionalisierte Steuerung bezeichnet man auch als Management, und darum geht es in diesem Lehrbuch: Es führt ein in zentrale Methoden und Konzepte des Managements im Gesundheitswesen.

In der akademischen Ausbildung der Wirtschafts- und Gesundheitswissenschaften ebenso wie im Medizinstudium setzt sich zunehmend die Erkenntnis durch, dass Fallstudien ein äußerst wirkungsvoller Ansatz zur Vermittlung anwendungsorientierter Problemlöse- und Entscheidungsfertigkeiten sind. Diese Erkenntnis war auch Ausgangspunkt für dieses Lehrbuch, welches aus einem Fallstudienseminar zum Management im Gesundheitswesen im Bachelorstudium Public Health an der Universität Bremen entstanden ist. Es ist gedacht als Lehrbuch für Veranstaltungen in verschiedenen Studiengängen mit Bezügen sowohl zu Managementfragen wie zum Gesundheitswesen. Neben Public Health gehören hierzu z. B. Gesundheitsmanagement, Gesundheitsökonomie, Medizin und Pflegewissenschaften.

Aufgrund der Vielzahl von Konzepten und Methoden des Managements im Gesundheitswesen bietet die erste Auflage dieses Lehrbuches keinen vollständigen Überblick, sondern ist mit 16 Fallstudien zunächst als Grundlage für ein Seminar in einem vierzehnwöchigen Semester konzipiert. Sollten Sie Lehrende*r in einem der genannten Studiengänge sein, ebenfalls Fallstudienseminare anbieten und Interesse an einer Veröffentlichung in diesem Lehrbuch haben, freue ich mich, wenn Sie auf mich zukommen – ich hoffe, dass dieses Lehrbuch mit weiteren Auflagen an Umfang und Detailtiefe wächst.

Als Lehrbuch mit Musterlösungen ist dieses Werk auch zum Selbststudium für Menschen gedacht, die sich gerne Wissen anhand von Praxisbeispielen aneignen. Verweise auf Literatur, die Hintergrundwissen vermittelt, welches Sie jeweils zur Lösung der gestellten Aufgaben benötigen, werden am Anfang jeder Fallstudie gegeben. Dieses Lehrbuch ist also als Ergänzung und nicht als Ersatz zu den bestehenden und sehr guten Lehrbüchern im Themenfeld Management im Gesundheitswesen gedacht.

Obgleich es sich bei dem Lehrbuch formell um ein Herausgeberwerk mit insgesamt 19 Autor*innen handelt, ist es im einheitlichen Stil und in der Struktur eng an einem Autor*innenwerk orientiert. Hierfür gilt mein besonderer Dank Eugenia Larjow, Fabia Gansen und Madlen von Fintel, die die Zusammenstellung dieses Lehrbuchs unterstützt haben. Des Weiteren möchte ich das Bundesministerium für Bildung und Forschung nennen, dessen Finanzierung im Rahmen des Projektes *Konstruktiv* (Förderkennzeichen: 16OH21063) die Erstellung dieses Buches ermöglicht hat. Und nicht zuletzt gebührt den Studierenden vergangener Seminare Dank, deren Fragen und Anmerkungen wichtige Beiträge zur Weiterentwicklung von Seminar und Lehrbuch geleistet haben.

Bremen, im Mai 2019   Wolf Rogowski

Inhaltsverzeichnis

Autorenverzeichnis

Laura Birg Sektion Sozialpolitik und Sozialökonomie, Fakultät für Sozialwissenschaft, Ruhr-Universität Bochum, Bochum, Deutschland

Stefan Dalichau Institut für angewandte Prävention und Leistungsdiagnostik, BG Ambulanz Bremen, Bremen, Deutschland

Daniel Dröschel OptiMedis AG, Hamburg, Deutschland

SFL Services, Basel, Schweiz

SRH FernHochschule, Riedlingen, Deutschland

Henning Erfkamp Fachbereich 11 – Human- und Gesundheitswissenschaften, Universität Bremen, Bremen, Deutschland

Fabia Gansen B. Braun SE, Berlin, Deutschland

Julian Gansen Mementor GmbH, Leipzig, Deutschland

Yvonne Goltsche atacama-blooms GmbH & Co. KG, Bremen, Deutschland

Steffen Guder Lehrstuhl für Allgemeine Betriebswirtschaftslehre, Unternehmensrechnung und Controlling, Universität Bremen, Bremen, Deutschland

Claus Jungkunz con|tour ju-con gmbh, Wasserburg am Inn, Deutschland

Oliver Lange Institut für Public Health und Pflegeforschung, Universität Bremen, Bremen, Deutschland

Solveig Lena Hansen Fachbereich 11 – Human- und Gesundheitswissenschaften, Universität Bremen, Bremen, Deutschland

Karin Hochbaum Geschäftsbereich Unternehmensentwicklung/Medizinstrategie, Gesundheit Nord GmbH, Berlin, Deutschland

Deborah Janowitz Helios Hanseklinikum Stralsund, Klinik für Psychiatric und Psychotherapie, Klinik für Psychosomatische Medizin und Psychotherapie, Stralsund, Deutschland

Unimedizin Greifswald Klinik für Psychiatrie und Psychotherapie, Greifswald, Deutschland

Silvia Kaiser Beraterin für Prävention und betriebliche Gesundheitsförderung, Bremen, Deutschland

Mattis Keil Institut für Public Health und Pflegeforschung, Universität Bremen, Bremen, Deutschland

Florian Koerber Flying Health, Berlin, Deutschland

LMU München, München, Deutschland

Alice-Salomon-Hochschule Berlin, Berlin, Deutschland

Eugenia Larjow Aufwandsermittlungen und Verfahrensanalysen für Bessere Rechtsetzung, Statistisches Bundesamt (Destatis), Bonn, Deutschland

Laura Maaß SOCIUM – Forschungszentrum Ungleichheit und Sozialpolitik, Universität Bremen, Bremen, Deutschland

Michael Pichotta Fachexperte Gesundheitswirtschaft, Potsdam, Deutschland

Heinz Pilartz Forum-M – Institut für Medizin, Mediation und mehr, Alfter, Deutschland

Daniela Pingel Dozentin für Qualitätsmanagement, Bremen, Deutschland

Christian Reuschenbach MCM Klosterfrau Vertriebsgesellschaft mbH Köln, Köln, Deutschland

Wolf Rogowski Institut für Public Health und Pflegeforschung, Universität Bremen, Bremen, Deutschland

Tobias Schütz ESB Business School, Hochschule Reutlingen, Reutlingen, Deutschland

Walter Swoboda Institut DigiHealth, Hochschule Neu-Ulm, Neu-Ulm, Deutschland

Sebastian Schleidgen Institut für Philosophie, FernUniversität in Hagen, Hagen, Deutschland

Madlen von Fintel IVPNetworks GmbH, Hamburg, Deutschland

Xiange Zhang School of Health Services Management, Anhui Medical University, Hefei, China

Abkürzungsverzeichnis

A4R	Accountability for Reasonableness
ABI	Arbeitsbewältigungs-Index
AK	Anschaffungskosten
AMNOG	Arzneimittelmarkt-Neuordnungsgesetz
aQua	Institut für angewandte Qualitätsförderung und Forschung im Gesundheitswesen GmbH
AU	Arbeitsunfähigkeit
BATNA	best alternative to a negotiated deal
BCG	Boston Consulting Group
BfArM	Bundesamt für Arzneimittel und Medizinprodukte
BGF	Betriebliche Gesundheitsförderung
BGM	Betriebliches Gesundheitsmanagement
BMI	Body Mass Index
BPMN	Business Process Model and Notation
BT	Belegungstag
CC	Complication and Comorbidity
CE	Communauté Européenne
CLL	Chronischen lymphatischen Leukämie
CM	Case Mix
CMI	Case Mix Index
CO_2	Kohlenstoffdioxid
CO_2-eq	Kohlenstoffdioxid-Äquivalent
CT	Computertomografie
DACH-Raum	Deutschland, Österreich und die Schweiz
DB	Deckungsbeitrag
DCF	Discounted Cash-Flow
DES	Discrete Event Simulation
DICOM	Digital Imaging and Communications in Medicine
DiGA	Digitale Gesundheitsanwendung
DIMDI	Deutsches Institut für Medizinische Dokumentation und Information
DRG	Diagnosis Related Groups

EBIT	Earning Before Interests and Taxes
EBM	Einheitlicher Bewertungsmaßstab
EEIO-LCA	Environmental Extended Input Output Life Cycle Assessment
EHIC	European Health Insurance Card
EPK	Ereignisgesteuerte Prozesskette
ESI	Emergency Severity Index
E_t	Erlöse zum Zeitpunkt t
FCF	Freier Cash-Flow
FEV1	Forced Expiratory Volume in 1 second
FIFO	First in – First out
FL	Fertigungslöhne
FM	Fertigungsmaterial
FüDiWo	Fühl-Dich-Wohl
G-BA	Gemeinsamer Bundesausschuss
GBE	Gesundheitsberichterstattung des Bundes
G-DRG	German Diagnosis Related Groups
GGK	Gesund-und-Glücklich Krankenkasse
GHG	Greenhouse Gas
GKV	Gesetzliche Krankenversicherung
GKV-SV	Spitzenverband der gesetzlichen Krankenversicherung
GmbH	Gesellschaft mit beschränkter Haftung
GVWD	Grenzverweildauern
HGB	Handelsgesetzbuch
HilfsM-RL	Hilfsmittel-Richtlinie
HK	Herstellkosten
HSK	Herstellungskosten
HTA	Health Technology Assessment
HWG	Heilmittelwettbewerbsgesetz
I_0	Anfangsinvestition
ICD	International Statistical Classification of Diseases and Related Health Problems
IGeL	Individuelle Gesundheitsleistung
IKT	Informations- und Kommunikationstechnik
InEK	Institut für das Entgeltsystem im Krankenhaus
IntK	Intensivmedizinische Komplexbehandlung
I-O	Input-Output
IO-LCA	Input-Output Life Cycle Assessment
ISO	International Organization for Standardization
JuTyp	junge Typen
KHG	Krankenhausfinanzierungsgesetz
KIS	Krankenhausinformationssystem
KKH	Krankenhaus

K_t	Kosten zum Zeitpunkt t
kWh	Kilowattstunde
LCA	Lebenszyklusanalyse
LEK	Lohneinzelkosten
Lfd.-Nr	laufende Nummer
LIFO	Last in – First out
LM	Larynxmasken
L_n	Liquiditätserlös zum Zeitpunkt n
LP	Listenpreis
MCDA	Multi Criteria Decision Analysis
MDC	Major Diagnostic Category
MDK	Medizinischer Dienst der Krankenversicherung
Medioker	Medizinbasierte operative Kosten- und Erlösrechnung
MEK	Materialeinzelkosten
MRI	Magnetic Resonance Imaging
MRT	Magnetresonanztomografie
NUB	Neue Untersuchungs- und Behandlungsmethoden
OPS	Operationen- und Prozedurenschlüssel
OR	operativ (Operating Room)
P.-A.	Prinzipal-Agenten-Theorie
PCW	Personen mit chronischen Wunden
PDCA	Plan – Do – Check – Act
PpSG	Pflegepersonal-Stärkungsgesetz
PSG	Pflegestärkungsgesetz
PTCA	Perkutane transluminale Koronarangioplastie
PZN	Pharmazentralnummer
RoE	Return on Equity
RoI	Return on Investment
rtCGM	Real-Time-Messgeräten
SAAS	Software as a Service
SEK	Sondereinzelkosten
SES	Sozioökonomischer Status
SGB	Sozialgesetzbuch
SK	Selbstkosten
SMART	Spezifisch – Messbar – Anspruchsvoll – Realistisch – Terminiert
SWOT	Strenghts, Weaknesses, Opportunities, Threats
THG	Treibhausgas
Tysa	Typensalbe
USP	Unique Selling Proposition
UWG	Gesetz gegen den unlauteren Wettbewerb
vdek	Verband der Ersatzkassen e. V.
WAI	Work-Ability-Index

Abbildungsverzeichnis

Tabellenverzeichnis

Einführung

Wolf Rogowski

Eine Möglichkeit, die vielfältigen Konzepte des Managements zu ordnen, ist nach Managementfunktionen. Diese kann man weiter in Sachfunktionen (Marketing, Leistungserstellung, Rechnungswesen und Finanzwirtschaft) und Führungsfunktionen (Entscheidung, Umsetzung, Feedback) untergliedern. Dieses Kapitel benennt Beispiele für Fragen einer bestehenden Klinik oder einer Unternehmensgründung im Gesundheitswesen, die sich in diesen Managementfunktionen bzw. ihren Teilbereichen stellen und ordnet die 28 Fallstudien dieses Lehrbuches diesen Teilbereichen zu.

Zweifelsohne sind Erfahrung und gesunder Menschenverstand von großer Bedeutung für die erfolgreiche Steuerung von Gesundheitsbetrieben, ebenso wie Sorge um die Gesundheit der Patient:innen. Dies alleine reicht jedoch nicht aus. Werden Probleme komplexer, oder überschreiten Unternehmen eine gewisse Größe, besteht Bedarf an Professionalisierung. Diese geht einher mit der Nutzung theoretisch reflektierter, empirisch erprobter Konzepte und Methoden. *Management* wird im Folgenden als eine in diesem Sinne professionalisierte Steuerung von Unternehmen verstanden. Das Ziel dieses Lehrbuches besteht darin, anhand von insgesamt 28 Fallstudien in zentrale Methoden und Konzepte des Managements im Gesundheitswesen einzuführen.

Eine Möglichkeit, die vielfältigen Konzepte des Managements zu ordnen, ist nach Managementfunktionen, die man in Sach- und Führungsfunktionen untergliedern kann.

W. Rogowski (✉)
Institut für Public Health und Pflegeforschung, Universität Bremen, Bremen, Deutschland
E-Mail: rogowski@uni-bremen.de

© Springer Fachmedien Wiesbaden GmbH, ein Teil von Springer Nature 2023 1
W. Rogowski (Hrsg.), *Management im Gesundheitswesen*,
https://doi.org/10.1007/978-3-658-39639-8_1

1.1 Sachfunktionen

Die Sachfunktionen enthalten zum einen den Realgüterprozess. In ihm wird das Leistungs-
programm vom Gesundheitsbetrieb konzipiert und für die Patient:innen erstellt. Der Realgüterprozess enthält also die Teilaufgaben des Marketings und der Produktion und Logis-
tik (bzw. im dienstleistungsorientierten Gesundheitswesen: der Leistungserstellung). Zum
anderen enthalten die Sachfunktionen den Wertumlaufprozess, der den Prozess in monetären Größen abbildet. Dies beinhaltet zum einen die Erfassung von Aufwendungen und
Erträgen im Rechnungswesen, zum anderen die Analyse der finanziellen Nachhaltigkeit in
der Finanzwirtschaft. Im Wertumlaufprozess wird der Mehrwert der Leistungserbringung
monetär erfasst und als Rentabilität zu den Investitionen ins Verhältnis gesetzt, die zur Erbringung der Leistungen notwendig sind. Die Sachfunktionen werden ergänzt durch die
Führungsfunktionen, die man als Prozess von Entscheidungsfindung, Umsetzung und
Feedback konzipieren kann. Abb. 1.1 stellt diesen Zusammenhang grafisch dar.

Diese Struktur soll im Folgenden am Beispiel der Managementfragen einer bestehenden
Klinik oder einer Unternehmensgründung im Gesundheitswesen illustriert werden, welche eine Studentin oder ein Student der Gesundheitswissenschaften bspw. im Rahmen
eines Praktikums als Assistenz der Geschäftsführung begegnen könnte.

Nicht nur zur Unternehmensgründung, sondern immer wieder neu muss ein Leistungs-
erbringer wie eine Klinik entscheiden, welche Arten von Produkten und Dienstleistungen
angeboten werden sollten, und wie sie genau zu gestalten sind. Diese Aufgabe der
Sachfunktion Marketing kann aufgeteilt werden in die Schritte Marktanalyse und
Marketingpolitik.

Eine sorgfältige **Marktanalyse** ist **Ausgangspunkt des Marketings**. Vor der Festlegung des Leistungsspektrums muss untersucht werden, wie groß Bedarf für bzw. Nachfrage nach den möglichen Leistungen ist, und welche Marktsegmente besonders attraktiv
sind. Einen Einstieg in die Marktforschung im Gesundheitswesen bietet die Fallstudie

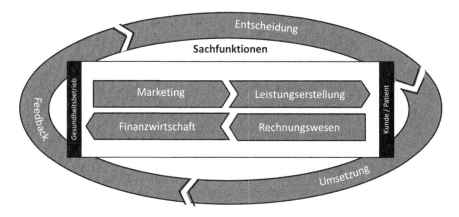

Abb. 1.1 Sach- und Führungsfunktionen des Managements im Gesundheitswesen

Market Sizing für die Wundauflage FüDiWo in Kap. 2. Darin werden insbesondere der Zugriff auf öffentliche Datenquellen zur Marktvolumenschätzung und die Marktsegmentierung thematisiert.

Marktkennzahlen können sich im Zeitverlauf ändern, und Tabellenkalkulationsprogramme wie MS Excel ermöglichen auf einfache Weise, Trends in Datenverläufen zu schätzen und zu überprüfen, welche Arten von Trends sich am ehesten hinter den Datenverläufen verbergen. Diese Methoden, die bspw. in professionellen Gründungsberatungen mit gutem Datenzugang oder bei Marktanalysen größerer Einrichtungen angewendet werden, wird in der Fallstudie „*Markttrends für die Wundauflage FüDiWo*" in Kap. 3 adressiert.

Der **Marktanalyse folgt** die **Marketingpolitik**, also die Auswahl und Gestaltung des Leistungsspektrums. Dies geschieht zunächst auf einer strategischen Ebene von Entscheidungen größerer Reichweite: eine Klinik kann sich bspw. auf eine bestimmte Patient:innengruppe konzentrieren, oder ein Start-up muss entscheiden, welcher Kund:innengruppe die Leistungen zuerst angeboten werden sollen. Als Konzept der **strategischen Marketingpolitik** werden in der Fallstudie *Strategisches Marketing für die B-fit! GmbH* in Kap. 4 die ABC-Analyse und die BCG-Matrix angewendet, die diese Fragen anhand eines Unternehmens der betrieblichen Gesundheitsförderung adressieren.

Ein Klassiker der **operativen Marketingpolitik** ist das sogenannte „Marketing-Mix" bzw. die bewusste Gestaltung der „4 P" Product, Price, Promotion und Place für die geplanten Leistungen. Zur Produktpolitik gehört z. B. die Frage, wie die Leistungen genau ausgestaltet werden. Ein wichtiger Aspekt der Preispolitik, der mit der Produktpolitik in engem Zusammenhang steht, ist die Entscheidung über das Angebot von Selbstzahlerleistungen. Zudem muss das neue Angebot an die potenziellen Nutzer kommuniziert werden, was angesichts der rechtlichen und ethischen Sensibilität gesundheitlicher Leistungen nicht immer leicht ist. Und schließlich muss festgelegt werden, wie die Leistung die Patient:innen am besten erreicht. Diese Themen werden in genereller Weise in der Fallstudie *Vier P für die Wundauflage FüDiWo* in Kap. 5 bearbeitet.

Das Gesundheitswesen ist sehr dienstleistungsorientiert, sodass die gängigen Ansätze der Produktpolitik nicht immer optimal anwendbar sind. Ein konzeptioneller Ansatz, der speziell für die Gestaltung von Dienstleistungen entwickelt wurde, ist das sogenannte **Service Blueprinting**. Darin wird eine Dienstleistung analysiert anhand der „Customer Journey", d. h. der Kund:innenerfahrung vom Erst- bis zum Letztkontakt mit dem Dienstleister. Dies ist bspw. für eine größere Klinik relevant, die durch Verbesserung häufig auftretender Prozesse die Patient:innenzufriedenheit erhöhen möchte. Dieser Ansatz wird in der Fallstudie *Die holprige Customer Journey des Torben Schulz* in Kap. 6 vertieft.

Eine weitere Besonderheit des Marketings im Gesundheitswesen ist, dass die Preispolitik wesentlich durch verschiedene **Vergütungsformen** bestimmt wird. Um hierfür ein vertieftes Verständnis zu vermitteln, thematisiert die Fallstudie *Vergütungsszenarien für DiagBand zur Parkinsondiagnostik* in Kap. 7 die verschiedenen Kategorien der Vergütung neuer Gesundheitsgüter aus Perspektive einer Market Access Beratung.

Das „P" der **„Promotion"** bzw. Kommunikationspolitik ist gerade im Gesundheitswesen aus ethischer Sicht nicht immer unproblematisch: zwar ist es legitim und wünschenswert, dass potenzielle Kunden über die Charakteristika eines neuen Versorgungsangebotes
informiert werden. Aber wo ist die Grenze zu einer manipulativen Werbung, die die Autonomie der potenziellen Kunden nicht fördert, sondern untergräbt? Dieses Thema des wird
in der Fallstudie *Multimodales Therapiekonzept bei Adipositas* in Kap. 8 differenziert betrachtet.

Hat die Geschäftsführung geklärt, welche Leistungen genau wie angeboten werden
sollen, muss im Rahmen der **Sachfunktion „Leistungserstellung"** geplant werden, wie
sie genau erstellt werden. Generell ist diese Frage primär medizinisch oder pflegerisch und
daher nicht Gegenstand des Lehrbuches. Ein generisches Thema der Leistungserbringung,
welches insbesondere bei großen Anbietern wie Kliniken von Bedeutung ist, und welches
auch ein potenzielles Arbeitsgebiet bspw. für Public Health Absolventen darstellt, ist
Prozessmanagement.

In der medizinischen Leistungserbringung sind unter Zeit- und Kostendruck viele
Handgriffe zu tun und zu dokumentieren – da ist es günstig, unnötige Handgriffe wegzu-
lassen und nötige Handgriffe effizient durchzuführen. Um dies zu analysieren, hilft die
Einnahme einer **Prozessperspektive**, in die im Service Blueprinting bereits eingeführt
wurde. Dies geschieht in der Fallstudie *Die suboptimalen Prozesse im Krankenhaus St.
Eligius* in Kap. 9.

Will man komplexere medizinische Prozesse im Detail analysieren, stellt sich die Frage
nach einer grafischen Darstellungsweise. Spontan erstellte Pfeile und ergänzende Symbole geraten hierbei schnell an ihre Grenzen, wenn Prozesse gehaltvoller dargestellt werden sollen (etwa inklusive konditionalen Verzweigungen). Auch kann es bedeutsam sein,
dass die Beschreibung eindeutig und verständlich für verschiedene Personengruppen ist
(etwa, wenn ein neues Versorgungskonzept eine Softwareunterstützung enthält, in der die
beschriebenen Prozesse abgebildet und unterstützt werden sollen). Zu diesem Zweck
haben sich verschiedene Notationen herausgebildet, unter anderem die sogenannte **„Business Process Model and Notation" (BPMN)**, die im Rahmen der Fallstudie *BPMN der
Notaufnahme St. Eligius* in Kap. 10 vorgestellt wird.

Ziel des Prozessmanagements ist neben der Qualitätsverbesserung häufig die Überwindung von Engpässen und unnötigen Wartezeiten sowie die Kostenoptimierung. Ein
technisches Hilfsmittel hierfür ist die diskrete Ereignissimulation oder *Discrete Event Simulation* **(DES)**. Die abschließende Fallstudie zum Prozessmanagement *Standardversorgung oder First View in der Notaufnahme?* in Kap. 11 widmet sich der Prozessmodellierung und -optimierung mithilfe der DES-Software *ARENA*.

**Neben dem Realgüterprozess ist auch der Wertumlaufprozess von großer Be-
deutung für das Management**: eine bestehende Klinik oder ein neu gegründetes Unternehmen muss nicht nur die richtigen Leistungen gut erbringen, sondern auch gewährleisten, dass die Investition in diese Leistungen kein Verlustgeschäft ist. Im
Wertumlaufprozess sind die **zwei Schritte Rechnungswesen und Finanzwirtschaft zu
unterscheiden**.

Ein wichtiger Schwerpunkt des Rechnungswesens, der in diesem Lehrbuch vertieft wird, ist die **Kosten- und Erlösrechnung**. Dabei müssen bei der Berechnung der Profitabilität eines speziellen Leistungsangebotes bspw. auch die Kosten von Arbeitsschritten einbezogen werden, die keinem Leistungsangebot direkt zugeordnet werden können – wie etwa die Kosten eines Hausmeisters bzw. einer Abteilung für Facility Management im Krankenhaus. Hierzu werden in der Fallstudie *Kosten- und Erlösrechnung für die Tysa GmbH – Teil 1* in Kap. 12 Standardkonzepte wie das Anbauverfahren oder die Zuschlagskalkulation der Kostenrechnung angewendet. Die darauf aufbauende Fallstudie *Kosten- und Erlösrechnung für die Tysa GmbH – Teil 2* in Kap. 13 ergänzt dies um die Erlösperspektive und führt in Themen wie Deckungsbeitragsrechnung ein.

Ein wichtiges **Themenfeld der Finanzwirtschaft ist die Liquiditätsanalyse**: eine Klinik oder ein neu gegründetes Unternehmen muss jederzeit über genügend finanzielle Mittel in der Kasse bzw. auf dem Girokonto verfügen, um alle finanziellen Verpflichtungen erfüllen zu können. Eine Möglichkeit zur Einschätzung, ob die Liquidität angemessen ist, bietet die statische Liquiditätsanalyse. Sie gibt gleichzeitig einen ersten Zugang zum Thema „Bilanz", da sie auf Basis von Bilanzkennzahlen Liquiditätsgrade ermittelt. Dies wird in der Fallstudie *Viel hilft viel-aber auch bei der Liquidität?* in Kap. 14 vertieft.

Relevant ist dies insbesondere auch deswegen, weil eine höhere Liquidität bedeutet, mehr finanzielle Mittel in einer Unternehmung zu binden – was dem Ziel der Profitabilität entgehen läuft, die ja umso günstiger ist, je geringer der Mitteleinsatz ist. Als zweites Themenfeld der Finanzwirtschaft in diesem Lehrbuch die **Investitionsrechnung** vertieft, die diese Profitabilität ermittelt. In etablierten Unternehmen wie einer Klinik, die bspw. abschätzen möchte, wann sich die Investition in ein neues Röntgengerät amortisiert hat, sind hierfür die Verfahren statischer Investitionsrechnung besonders relevant. Diese werden in der Fallstudie *Investitionsrechnung in der Tysa GmbH* in Kap. 15 vertieft.

Ob eine Unternehmensgründung insgesamt erfolgversprechend ist, wird typischer Weise mittels dynamischer Investitionsrechnung abgeschätzt. Hier wird einbezogen, wann die jeweiligen Ausgaben und Einzahlungen anfallen, indem sie durch Verzinsung in einen Gegenwartswert umgerechnet werden. Die letzte Fallstudie im Abschnitt der Sachfunktionen des Managements, *Rechnet sich Lisas Gesundheits-Start-up?* in Kap. 16, widmet sich dieser Methode. Sie bildet insofern eine Brücke zum Beginn der Sachfunktionen, als sie die Frage des Marketing (ob eine neue Leistung Mehrwert aus Sicht der Kund:innen bietet) um die finanzwirtschaftliche Perspektive ergänzt (ob die Erbringung der Leistung auch Mehrwert aus Perspektive von Investor:innen bietet).

1.2   Führungsfunktionen

Eine andere und ergänzende Weise, das Thema „Management" zu strukturieren, ist entlang der Führungsfunktionen Entscheidung, Umsetzung und Feedback. Man kann diese zyklische Struktur auf Unternehmen insgesamt oder inhaltliche Problemfelder in Unternehmen anwenden. Sie findet sich bspw. in Anwendungsfeldern wie dem Qualitäts- oder

Gesundheitsmanagement oder im Public Health Action Cycle. Man kann sie grundsätzlich auch auf die einzelnen Sachfunktionen anwenden – etwa bei der Entscheidung über eine neue Marketingstrategie, die dann umgesetzt wird und schließlich auf ihre Wirkung hin überprüft und ggf. angepasst. Auch bei den drei zusammenfassenden Führungsfunktionen kann man weitere Teilschritte unterscheiden.

Ein erster Teilschritt der Entscheidungsfindung liegt in der **Identifikation von Zielen** bzw. in der Festlegung von Kriterien, die eine gute Entscheidung erfüllen sollte. Als zweiter Teilschritt müssen verschiedene Entscheidungsoptionen im Hinblick darauf analysiert werden, inwiefern sie zur Erreichung dieser Ziele bzw. Erfüllung dieser Kriterien beitragen. Im dritten Schritt wird die Entscheidung getroffen. Dabei muss aus entscheidungstheoretischer Sicht verschiedenen Formen von Unwissen über die Entscheidungsoptionen Rechnung getragen werden, und aus Sicht der positiven Entscheidungsforschung verschiedenen Typen von Verzerrungen und Irrtümern, die auch im Gesundheitswesen zu beobachten sind.

Die **Nutzwertanalyse** ist ein Konzept, welches einen expliziten und transparenten Einbezug verschiedener Entscheidungskriterien ermöglicht und durch eine darauf basierende Analyse eine nachvollziehbare Rangordnung von Entscheidungsoptionen ermöglicht. Die Fallstudie *Die Qual der Wahl beim Ultraschall* in Kap. 17 führt in die Nutzwertanalyse ein und zeigt anhand der Auswahl zwischen drei Typen eines neuen medizintechnischen Gerätes, wie sie die Entscheidungsempfehlung ändern kann.

In Nutzwertanalysen wird angenommen, dass die verschiedenen Entscheidungskriterien miteinander verrechenbar sind und die optimale Entscheidungsoption in einer quantitativen Analyse bestimmt werden kann. Gerade im Gesundheitswesen ist dies jedoch häufig nicht der Fall. Gutes Management kann hier bedeuten, **Entscheidungskriterien qualitativ vor dem Hintergrund ethischer Theorien abzuwägen**, statt sie quantitativ zu verrechnen. Die Fallstudie *Kampf den Schreibtischmördern!* in Kap. 18 führt hierzu ein in ethische Theorien zum Umgang mit Dilemmata im Gesundheitswesen.

In der Fallstudie *Ausbau der Augenklinik – eine gute Entscheidung? in Kap.* 19 werden anhand der Entscheidung über den Ausbau einer Augenklinik zum einen mögliche Ursachen von Fehlentscheidungen thematisiert, die im Rahmen der **positiven Entscheidungsanalyse** näher untersucht werden. Zum anderen werden klassische Regeln der **normativen Entscheidungsanalyse** unter Risiko und unter Unsicherheit auf die Investitionsentscheidung angewendet.

Wurde die Entscheidung über die Einführung eines neuen Leistungsangebotes getroffen, muss sie im Rahmen der **Führungsfunktion „Umsetzung"** realisiert werden. Dies bedeutet zunächst, eine Organisationsform zu entwickeln, in der die Leistung erbracht werden kann. Aufgabe von Personalmanagement und Führung ist dann, diese Organisation mit Mitarbeitenden zu füllen und deren Handeln so anzuleiten, dass die Umsetzung gelingt.

Einen wichtigen Komplex ökonomischer Theorien, die bei der **Gestaltung von Organisationsformen** unterstützt, bietet die Neue Institutionenökonomik. Einen Einstieg in die Anwendung zentraler Konzepte der Neuen Institutionenökonomik auf die

Aufbauorganisation vermittelt die Fallstudie *Buurtzorg – ein Gegenmodell zur Ökonomisierung der Pflege?* in Kap. 20. Anhand eines innovativen niederländischen Pflegedienstleisters werden dabei Bezüge zwischen dessen Organisationsmodell und zentralen Annahmen und Lösungsvorschlägen der Neuen Institutionenökonomik diskutiert.

Ein wichtiges Thema im Bereich der **Führung im Gesundheitswesen** ist der angemessene Umgang mit Konflikten. Die Fallstudie *Die umstrittene Stundenaufschreibung* in Kap. 21 widmet sich der Frage, wie in angemessener Weise mit Interessenkonflikten in der Führungspraxis umgegangen werden kann. Sie führt dazu in die Harvard-Verhandlungsmethode ein, die anstelle von positionsorientierter Diskussion die systematische Suche nach Win-win-Situationen unterstützt. Weitere Aspekte des Personalmanagements werden in den Fallstudien zum Anwendungsfeld BGM in den Kap. 28 und 29 adressiert.

Traditionell werden die Führungsfunktionen auch mit den Begriffen „Entscheidung", „Umsetzung" und „Kontrolle" belegt. Letzterer greift jedoch etwas kurz – Kontrolle ist lediglich ein Soll-Ist Abgleich sowie ggf. eine Analyse der Abweichungsursachen. Um dies strukturiert in das Management zu integrieren, bedarf es jedoch vorgeschaltet einer systematischen Erhebung und Aggregation von Informationen. Und aus dem Soll-Ist-Abgleich sollten typischer Weise Steuerungsmaßnahmen folgen, was dem Begriff des Controllings (von engl. to control = steuern) entspricht.

Der Abschnitt zu den Führungsfunktionen schließt mit drei Fallstudien, die man der **Führungsfunktion „Feedback"** in diesem breiteren Sinne zuordnen könnte. Hierzu gehört zunächst die Fallstudie *Stürze im Roselius Stift* in Kap. 22, die in zentrale Konzepte des **Informationsmanagements** einführt. Im Vordergrund steht die Suche nach möglichen Ursachen für vermehrte Stürze in einem Pflegeheim.

Die folgenden Fallstudien thematisieren **Kennzahlen zum Soll-Ist Abgleich** des Managements im Gesundheitswesen. Eine besonders wichtigste Kennzahl für Kliniken sind die Fallpauschalen, in deren Höhe stationäre Leistungen vergütet werden. In der Studie *Assessment Center für das Medizincontrolling* in Kap. 23 werden daher anhand eines imaginären Assessment Centers für eine Position im Medizincontrolling die Codierung von Fallpauschalen und ausgewählte Kenngrößen wie der sog. Case Mix Index thematisiert.

Eine Kennzahl für den Soll-Ist-Abgleich, die angesichts verstärkter Bemühungen zur Reduktion von Treibhausgasemissionen im Bereich der Gesundheitsversorgung an Bedeutung gewinnt, ist der **Carbon Footprint**, also die Treibhausgasemissionen der Versorgung äquivalent zu Tonnen CO_2. Carbon Footprints können zum einen für gesamte Einrichtungen des Gesundheitswesens ermittelt werden. Eine mögliche Datenquelle hierfür sind Daten der Buchhaltung, auf deren Basis CO_2-Emissionen geschätzt werden können. Die Fallstudie *Carbon Footprint der Zahnarztpraxis von Dr. Müller* in Kap. 24 führt in diesen Ansatz der Berechnung von CO_2-Emissionen ein.

Präzisere Ergebnisse kann man meist erzielen, wenn CO_2-Emissionen auf Basis der materiellen Ressourcenverbräuche und der jeweils damit verbundenen Umweltauswirkungen ermittelt werden. Um den Einblick in diese sehr aktuelle und voraussichtlich zukünftig an Bedeutung zunehmende Kennzahl zu vertiefen, führt die Fallstudie Carbon

Footprint der *Larynxmasken von Dr Meyher* in Kap. 25 ergänzend in diesen Ansatz zur Ermittlung von Carbon Footprints ein.

Ein Verfahren, um Kennzahlen so einzusetzen, dass sie gleichzeitig der **Steuerung** dienen, sind interne Verrechnungspreise. Gerade zur Förderung der Kostensensibilität bei der Steuerung von Leistungen zwischen Abteilungen in der stationären Versorgung gewinnen Verrechnungspreise an Bedeutung. Aus diesem Grunde wird in der Fallstudie *Interne Verrechnungspreise im Krankenhaus weiße Heide* in Kap. 26 in die Ermittlung von Verrechnungspreisen und damit verbundene Schwierigkeiten eingeführt.

Einen zusammenfassenden Überblick über die Führungsfunktionen des Managements mit ihren Untergliederungen bietet Abb. 1.2.

Der Kreislauf der Führungsfunktionen ist ein wertvolles Hilfsmittel zur Strukturierung von Managementaufgaben in sehr unterschiedlichen **Anwendungsfeldern**. Zwei klassische Bereiche stellen das Qualitätsmanagement und das betriebliche Gesundheitsmanagement (BGM) dar. Zur Abrundung des Fallstudienlehrbuches wird daher in diese beiden Anwendungsfelder eingeführt.

Der „Plan-Do-Check-Act"-Zyklus ist eine Form dieses Kreislaufes, welches im **Qualitätsmanagement** angewendet wird. In der Fallstudie *Qualitätsmanagement in der stationären Pflege* in Kap. 27 befassen sich die Studierenden mit der Frage, was bei der Einführung eines Qualitätsmanagementsystems in einem Pflegeheim zu bedenken ist.

Ein sehr verwandter Zyklus ist der „Public Health Action Cycle", den die Studierenden im Rahmen der beiden **Fallstudien zum BGM** in einem hypothetischen Krankenhaus

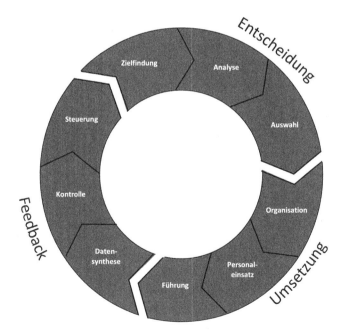

Abb. 1.2 Führungsfunktionen des Managements mit ihren Untergliederungen

kennenlernen. Die Fallstudien enthalten zwei Teile: die erste, *BGM in Wünschlich Nord* in Kap. 28 führt ein in das Thema BGM und thematisiert Stärken und Schwächen des im Gesundheitscontrolling prominenten Spätindikators *Krankenstand* in einem imaginären Krankenhaus.

Die zweite Fallstudie zum BGM, in Kap. 29, legt den Schwerpunkt auf den Workability Index (WAI), der anstelle dessen als Frühindikator verwendet wird. Mit einer Einführung in das Arbeitsbewältigungscoaching schließt sie den Kreis von der Definition von Gesundheitszielen zu Verbesserungsmaßnahmen und illustriert, wie eine Kennzahl direkt zur Einleitung von Verbesserungsmaßnahmen verwendet werden kann.

Führungs- und Sachfunktionen ergänzen einander, sodass die Zusammenschau aus beiden einen guten Überblick über Managementprobleme und Konzepte zu deren Lösung bieten kann. Neben den oben genannten Zuordnungen und Reihenfolgen der Fallstudien sind – z. B. für den Einsatz in Lehrveranstaltungen – auch **andere Gliederungen denkbar**. So bauen bspw. die beiden Fallstudien zur Wundauflage FüDiWo (Kap. 2 und 3) inhaltlich aufeinander auf und eignen sich daher auch gut als Sequenz. In der hypothetischen Geschichte zur B-fit! GmbH findet die Anwendung der Harvard-Methode (Kap. 21) nach der Anwendung der Methoden des strategischen Marketings statt (Kap. 4), sodass hier die umgekehrte Abfolge denkbar wäre. Und die Fallstudie zum Medizincontrolling (Kap. 23) hat starke Bezüge zur Vergütung, sodass sie sich auch gut als Ergänzung zur Fallstudie „Kategorien der Vergütung" (Kap. 7) eignet.

Die **Struktur der Fallstudien** ist immer gleich: sie beginnen nach einer kurzen Zusammenfassung mit einer Erläuterung zu den Konzepten, die in der jeweiligen Fallstudie angewendet werden. Diese Erläuterung zum Hintergrund der Fallstudie ist kurzgehalten, da das Lehrbuch komplementär zu bestehenden Vorlesungen bzw. Lehrbüchern angelegt ist, die diese Konzepte ausführlicher darlegen. Exemplarisch wird jeweils ein Hinweis auf weiterführende Literatur gegeben, sodass sich jede:r, der/die die Fallstudie bearbeiten möchte, diesen Hintergrund im Selbststudium aneignen kann.

Im nächsten Kapitelabschnitt folgt die jeweilige Fallstudie – eine Beschreibung konkreter Managementprobleme im Gesundheitswesen, in denen sich Studierende in Praktika oder nach dem Berufseinstieg sehr schnell wiederfinden können. Um die Realitätsnähe zu fördern, wurden viele der Fallstudien gemeinsam mit Praktiker:innen verfasst. Die Fallstudien sind mit Aufgaben verbunden, in denen es im Wesentlichen darum geht, die eingangs eingeführten Management-Konzepte zur Lösung der jeweiligen Fallstudie einzusetzen. Die Fallstudien schließen meist mit einer Aufgabe zur kritischen Reflexion des angewendeten Konzepts, um zu verdeutlichen, dass auch Managementkonzepte regelmäßig hinterfragt und auf Risiken und Nebenwirkungen untersucht werden sollten.

Wir stellen Lehrenden der Fallstudien gerne Lösungsvorschläge zur Verfügung, die sie den Studierenden aushändigen können, und sich in unseren Seminaren bewährt haben. Zwar dienen sie als Musterlösungen als klare Orientierung dafür, wie das Konzept in der Fallstudie korrekt angewendet werden kann. Gleichzeitig gilt natürlich, wie bei jedem anderen Praxisproblem, dass es meist verschiedene Wege gibt, die zu einer guten Lösung führen. Studierende und Lehrende, die sich mit den Fallstudien befassen, sind also ausdrücklich ermuntert, sich eigene Gedanken zur besten Lösung zu machen. Sollten sich hier Abweichungen von unseren Vorschlägen ergeben, oder sollten Ihnen andere Fehler, Verbesserungsmöglichkeiten oder gar Vorschläge neuer und zu ergänzender Fallstudien kommen, freuen wir uns sehr über jeden Hinweis!

Für einige Aufgaben und Lösungsvorschläge haben wir **zusätzliche Arbeitsmaterialien zum Download** bereitgestellt. Um auf das Zusatzmaterial zugreifen zu können, werden Sie bei entsprechenden Aufgaben auf den Link http://mig-fallstudien.uni-bremen.de hingewiesen, über den Sie auf die ergänzenden Dateien zugreifen können.

Gemeinsam mit den Autor:innen der Fallstudien wünsche ich Ihnen viel Freude und spannende Einsichten bei der Arbeit mit diesem Lehrbuch!

Teil I

Marketing

Kennzahlen der Marktforschung

2

Eugenia Larjow und Christian Reuschenbach

Diese Fallstudie erläutert zunächst Konzepte wie Marktumfeld und Marktforschung und stellt ihre Relevanz für das wirtschaftliche Handeln eines Gesundheitsbetriebes dar. Anschließend werden am Beispiel einer fiktiven Wundauflage mögliche Vorgehen für eine Absatzvolumenschätzung vorgestellt. In praktischen Teilaufgaben werden der Zielmarkt und mögliche Marktsegmente für die Wundauflage bestimmt. Darauf aufbauend erfolgt schrittweise eine Absatzvolumenschätzung für drei ausgewählte Marktsegmente, die exemplarisch nach den Settings differenziert werden, in denen eine chronische Wundversorgung erfolgen kann: in vollstationären Pflegeeinrichtungen, in der eigenen Häuslichkeit durch ambulante Pflegedienste und in Krankenhäusern. Das Schätzverfahren wird sowohl nach dem Bottom-up- als auch nach dem Top-down-Ansatz durchgeführt. Dabei wird der Umgang mit Informationen der Gesundheitsberichterstattung des Bundes thematisiert und illustriert, wie fehlende Fallzahlen für ein innovatives Produkt durch die Kombination von transparenten Annahmen und verfügbaren Quellen geschätzt werden können. Ziel der Fallstudie ist es aufzuzeigen, wie Informationen aus der Marktanalyse dabei helfen, strategische Entscheidungen zu treffen bzw. diese zu untermauern.

E. Larjow (✉)
Aufwandsermittlungen und Verfahrensanalysen für Bessere Rechtsetzung, Statistisches Bundesamt (Destatis), Bonn, Deutschland
E-Mail: larjow@ipp.uni-bremen.de

C. Reuschenbach
MCM Klosterfrau Vertriebsgesellschaft mbH Köln, Köln, Deutschland
E-Mail: christian.reuschenbach@klosterfrau.de

© Springer Fachmedien Wiesbaden GmbH, ein Teil von Springer Nature 2023   13
W. Rogowski (Hrsg.), *Management im Gesundheitswesen*,
https://doi.org/10.1007/978-3-658-39639-8_2

2.1   Hintergrund

Ein Unternehmen, das einen Markt im Gesundheitssektor betreten möchte, sollte sein
Marktumfeld kennen und diese regelmäßig beobachten. Das Marktumfeld ist im Gesundheitssektor durch Interaktionen zwischen Versicherten (Nachfragern) und Anbietern von
Dienstleistungen und Produkten gekennzeichnet. Aber auch Beziehungen zwischen
Leistungserbringenden und Versicherungen ebenso wie öffentliche Einrichtungen, die mit
ihrer Regelungskompetenz die Marktzugangschancen entscheidend beeinflussen, charak-
terisieren das Marktumfeld.

Marktforschung hat die Aufgabe, Informationen über das Marktumfeld bereitzustellen.
Erst nach einer fundierten Betrachtung der **Marktverhältnisse** kann ein Unternehmen ge-
zielt seine Marketinginstrumente zusammenstellen und damit Einfluss auf den Markt nehmen (vgl. Meffert et al. 2019, Kap. 3; Wöhe und Döring 2013, S. 376 f.). Weiterhin kann ein
Unternehmen mit Marktforschungsergebnissen die Realisierbarkeit und die Potenziale von
Unternehmenszielen (z. B. bezogen auf den jährlichen Umsatz oder den geplanten
Ressourceneinsatz) hinterfragen. Die Analyse von Marktinformationen kann dabei dem qualitativen oder dem quantitativen Ansatz folgen. Während die qualitative Marktforschung sich
in erster Linie mit Erwartungen, Einstellungen und Motiven von Kund:innen befasst, widmet sich die quantitative Marktanalyse v. a. Schätzungen zur Höhe der Nachfrage zum aktuellen Zeitpunkt (statisch) oder im Zeitverlauf (dynamisch). Neben der Erhebung von Primär-
daten spielt hier die Auswertung bereits vorhandener Daten, d. h. die Sekundärdatenanalyse
eine besondere Rolle (vgl. Frodl 2011). Die vorliegende Fallstudie befasst sich mit einer
zeitpunktbezogenen Schätzung von Markt- und Absatzvolumina.

Wertvolle Informationen für beide Vorgehensweisen stellt die Gesundheitsbericht-
erstattung des Bundes (GBE) bereit (GBE Bund 2019). Eine Übersicht mit weiteren
Informationsquellen für den Gesundheitssektor ist z. B. bei (Frodl 2011, S. 40) zu finden.
Mithilfe aggregierter Fallzahlen können Kund:innen des Marktes in jeweils homogene
Untergruppen, d. h. Marktsegmente untergliedert werden. Durch die Segmentierung des
Marktes können die *Vier P* des Marketing-Mix (vgl. Fallstudie *Vier P für die Wundauflage*
FüDiWo in Kap. 5) passgenau für die einzelnen Gruppen gewählt werden.

Eine Kalkulation der tatsächlich möglichen Absatzmenge ebenso wie das Überschlagen
des gesamten **Marktpotenzials** für ein Unternehmen kann mithilfe des Bottom-up- oder
des Top-down-Ansatzes erfolgen. Während beim **Bottom-up-Verfahren** Individualdaten
mittels Prävalenzangaben oder geschätzten Fallzahlen auf die Grundgesamtheit hoch-
gerechnet werden, beginnt der **Top-down-Ansatz** bei hochaggregierten Daten, die für
kleinere Einheiten umgerechnet werden. In der Praxis wird die Wahl des Vorgehens häufig
über die Datenverfügbarkeit entschieden (vgl. Koerber et al. 2016).

Eine allgemeine Einführung in die Marktforschung und die Abgrenzung relevanter
Märkte bietet (Meffert et al. 2019, insbesondere Kap. 4 und 5). Als weiterführende Literatur zum Thema Marktanalyse im Gesundheitswesen wird das Buch *Marketing im*
Gesundheitsbetrieb von (Frodl 2011) empfohlen. Eine Erläuterung der wichtigsten Begriffe zur Absatzwirtschaft, die an Fragestellungen von Gesundheitsbetrieben veranschau-

licht werden, enthält das Kapitel *Marktpotenzial der Innovation* (Koerber et al. 2016) aus dem Lehrbuch *Business Planning im Gesundheitswesen* (Rogowski 2016).

2.2   Fallstudie: Market Sizing für die Wundauflage FüDiWo

Während Ihrer langjährigen Tätigkeit in einem Pflegeheim hat Sie das Thema Wundversorgung gepackt. Besonders berührt hat Sie die Situation bei der Versorgung von chronischen Wunden. Ein Begleitphänomen von chronischen Wunden ist der unangenehme Geruch. Während dieser von Fachkräften als Begleiterscheinung hingenommen wird, kann er bei einigen Betroffenen Schamgefühle auslösen und sogar zu Isolation führen, weil Betroffene die Einsamkeit der Vorstellung vorziehen, bei ihren Mitmenschen Ekel auszulösen.

Um der Beeinträchtigung der Lebensqualität von Menschen mit chronischen Wunden entgegenzuwirken, haben Sie sich zum Ziel gesetzt, eine geruchsneutralisierende Wundauflage mit zu entwickeln. Eine ehemalige Schulfreundin, die Ihr Vorhaben mit Begeisterung teilt, unterstützt Sie mit ihrem Wissen als Pharmakologin. Das Ergebnis Ihrer Zusammenarbeit ist eine geruchsneutralisierende Wundauflage mit Haftrand. Aufgrund der Zusammensetzung von ausgewählten Inhaltsstoffen und ihrer Beschaffenheit kann Ihre Wundauflage potenziell bei allen Wundarten verwendet werden – also auch solchen, die nicht chronisch sind. Besonders geeignet ist sie jedoch für die Versorgung stark exsudierender Wunden mit Geruchsbildung, also Eigenschaften, die v. a. bei chronischen Wunden vorkommen. Sie kann im Regelfall 48 h belassen und auch bei einer bestehenden kritischen Kolonisation/Infektion verwendet werden (DNQP 2015).[1] Hinweis: In dieser Fallstudie wird angenommen, dass herkömmliche Wundauflagen im Durchschnitt alle 24 h gewechselt werden. Sie haben das Produkt *FüDiWo* genannt – als Akronym für *Fühl-Dich-Wohl*.

Für ambulante und stationäre Pflegeeinrichtungen ist Ihr Produkt aus zwei Gründen interessant: Zum einen können sie bei der Wundversorgung mit FüDiWo durch die geruchsneutralisierende Wirkung zur Steigerung der Lebensqualität von Pflegebedürftigen mit chronischen Wunden beitragen. Zum anderen können Einrichtungen durch weniger häufige Auflagenwechsel und damit verbundene Arbeitsschritte (z. B. Wundreinigung; Dokumentation der erfolgten Wundversorgung) Zeit einsparen. Daher könnte Ihr Produkt auch für Krankenhäuser durchaus interessant sein, denn auch hier verursachen chronische Wunden hohe Kosten durch erhöhten Pflegeaufwand, kostenintensive Therapie und verlängerte Krankenhausverweildauer. Für den Markteinstieg möchten Sie sich jedoch nur

---

[1] Eine evidenzbasierte Wundtherapie sollte in Anlehnung an Leitlinien der Arbeitsgemeinschaft der Wissenschaftlichen Medizinischen Fachgesellschaften (AWMF; vgl. hierzu online verfügbare Datenbank zur Leitlinien-Suche (AMWF 2019)) bzw. auf Basis der gültigen nationalen Expertenstandards der Pflege erfolgen, die vom Deutschen Netzwerk für Qualitätsentwicklung in der Pflege (DNQP) herausgebracht werden (vgl. DNQP 2015). Je nach Grunderkrankung, Lokalisation und Stadium der Wunde, Gewebetyp und Exsudation können unterschiedliche Typen von Wundauflagen verwendet werden. Für die vorliegende Fallstudie wird der Sachverhalt stark vereinfacht dargestellt und auf weitere Differenzierungen verzichtet.

auf vollstationäre Pflegeeinrichtungen fokussieren, da Ihnen dieser Bereich vertrauter ist. Aber ist dieser Fokus klug gesetzt? Bei der Beantwortung dieser Frage kann Ihnen die Schätzung möglicher Absatzvolumina in verschiedenen Versorgungssettings und der anschließende Vergleich helfen.

Während Ihre Freundin sich um die Zulassung von FüDiWo kümmert, sind Sie für die Vermarktung und die Suche nach Investor:innen zuständig. Mittels Daten der Gesundheitsberichterstattung des Bundes (GBE) sowie weiterer Informationsquellen starten Sie mit dem ersten Schritt der Marktanalyse und schätzen zunächst das gesamte Marktpotenzial für Wundauflagen. Anschließend können Sie über die Betrachtung des mengenmäßigen Marktvolumens für die chronische Wundversorgung in ausgewählten Marktsegmenten zu einer Absatzvolumenschätzung für FüDiWo gelangen. Folgende Annahmen ziehen Sie ergänzend zu den Ihnen verfügbaren Fakten und Informationen heran:

- Sie gehen sehr optimistisch davon aus, dass bereits im ersten Jahr für 30 % der Kund:innen mit chronischen Wunden eine Umstellung auf Ihr Produkt erfolgen wird.
- Sie nehmen an, dass ein:e Kund:in jährlich ca. 180 FüDiWo-Wundauflagen benötigen wird (365 Tage × 24 h/48 h Nutzungsdauer pro Auflage ≈ jährliche Fallzahl: 180).
- Für Ihre erste Schätzung gehen Sie statisch vor (zeitpunktbezogen) und vernachlässigen vorerst Trendverläufe ebenso wie Einflussfaktoren (z. B. Sterbefälle), die sich auf das Absatzvolumen auswirken. Um den Wundheilungsprozess in Ihrer Schätzung nicht gänzlich außer Acht zu lassen, reduzieren Sie zum Schluss Ihre geschätzte Absatzmenge in Pflegeheimen und in ambulanten Pflegediensten um 20 %.

2.3   Aufgaben

2.3.1   Zielmarktbestimmung und Marktsegmentierung

a) Schauen Sie sich Abb. 2.1 an. Bestimmen Sie die Verbraucher:innen, aus denen sich das Marktpotenzial zusammensetzen könnte und Verbraucher:innen, die dem Marktvolumen zugerechnet werden könnten.

b) Nach welchen Kriterien lässt sich der Markt bzw. der Kund:innenkreis von FüDiWo segmentieren?

c) Segmentieren Sie den Markt für die nächsten Aufgaben nach Settings, in denen die Versorgung von chronischen Wunden stattfinden kann (diese stellen zugleich mögliche Vertriebswege für Ihr Produkt dar) und vervollständigen Sie die Bezeichnungen des Kreisdiagramms (s. Abb. 2.1). Wo würden Sie das Absatzvolumen von FüDiWo im Kreisdiagramm lokalisieren? Welche Eigenschaften könnte das Versorgungssetting *Sonstige* in Abgrenzung zu den anderen drei Marktsegmenten aufweisen?

d) Welche Datenquellen könnten Sie bei der Quantifizierung des Zielmarktes und bei der Schätzung von Absatzmengen für Ihr Unternehmen heranziehen? Benennen Sie mindestens drei Informationsquellen.

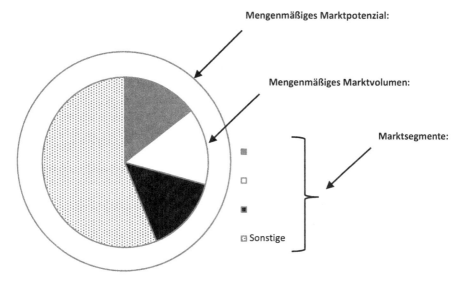

Abb. 2.1 Marktvolumenschätzung am Beispiel FüDiWo

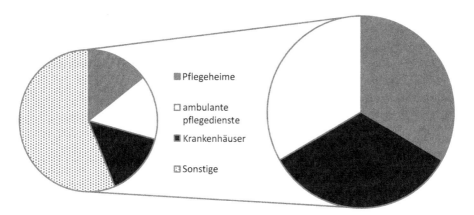

Abb. 2.2 Mengenschätzungen für drei ausgewählte Wundversorgungssettings

2.3.2   Bottom-up-Schätzung

Ihre Ausgangsfrage, die Sie zur Durchführung der Marktanalyse veranlasst hat, bezieht sich auf den Vergleich von Marktvolumina für drei ausgewählte Marktsegmente und die jeweils zu erwartende Absatzmengenschätzung. Für die nächsten Schritte konzentrieren Sie sich daher ausschließlich auf diese Teilbereiche des Gesamtmarktes für die chronische Wundversorgung (s. Abb. 2.2).

a) Wählen Sie aus dem Zahlenmaterial in Tab. 2.1 diejenigen Daten aus, die Ihnen für den Start der Schätzung nach dem Bottom-up-Ansatz relevant erscheinen und die Sie im Verlauf der Hochrechnung benötigen werden. Beachten Sie bitte, dass eine Anpassung Ihrer ersten Auswahl im Verlauf der Berechnungen durchaus legitim ist. Gleichen Sie gerne Ihre erste Auswahl mit Ihrer finalen Festlegung am Ende der Gesamtaufgabe ab.

b) Schätzen Sie mithilfe geeigneter Zahlen aus Tab. 2.1 die Anzahl von Personen mit chronischen Wunden (PCW) in jedem Marktsegment: d. h. PCW in Pflegeheimen, in der Versorgung durch ambulante Pflegedienste und in Krankenhäusern. Geben Sie auch die relative Verteilung (in %) an.

c) Aus wie vielen Personen setzt sich das mengenmäßige Marktvolumen für Wundauflagen für chronische Wunden zusammen?

d) Mit welcher jährlichen Absatzmenge kann FüDiWo unter Beachtung der getroffenen Annahmen im Marktsegment *Pflegeheime* rechnen? Geben Sie das Ergebnis in Stückzahl der Wundauflage an.

e) Schätzen Sie auch die jährliche Absatzmenge für die beiden anderen Marktsegmente.

Hinweis: Für die Ermittlung der Absatzmenge im Krankenhaus benötigen Sie die Angabe zur Verweildauer eines Patienten bzw. einer Patientin (Lfd.-Nr. 15). Diese ist notwendig, um zunächst die durchschnittliche Anzahl von Wundauflagen pro Patient:in in diesem Setting berechnen zu können. Bitte runden Sie Ihr Zwischenergebnis zum durchschnittlichen Auflagenverbrauch je Patient:in hier ab!

f) Passen Sie das rechte Kreisdiagramm aus entsprechend Ihren Ergebnissen an und geben Sie für jedes abgebildete Marktsegment das geschätzte Absatzvolumen für Ihr Unternehmen in verkauften Einheiten pro Jahr an.

g) Würden Sie auf Basis Ihrer Absatzmengenschätzung den Fokus auf dem Marktsegment *Wundversorgung in Pflegeheimen* beibehalten? Begründen Sie Ihre Antwort.

2.3.3 Top-down-Schätzung

Ihre Ausgangsfrage, die Sie zur Durchführung der Marktanalyse veranlasst hat, bezieht sich auf den Vergleich von Marktvolumina für drei ausgewählte Marktsegmente und die jeweils zu erwartende Absatzmengenschätzung. Für die nächsten Schritte konzentrieren Sie sich daher ausschließlich auf diese Teilbereiche des Gesamtmarktes für die chronische Wundversorgung (s. Abb. 2.2).

a) Wählen Sie aus dem Zahlenmaterial in Tab. 2.2 diejenigen Daten aus, die Ihnen für den Start der Schätzung nach dem Top-down-Ansatz relevant erscheinen und die Sie im Verlauf der weiteren Berechnungen benötigen werden. Beachten Sie bitte, dass eine Anpassung Ihrer ersten Auswahl im Verlauf der Berechnungen durchaus legitim ist. Gleichen Sie gerne Ihre erste Auswahl mit Ihrer finalen Festlegung am Ende der Gesamtaufgabe ab.

Tab. 2.1 Datenauswahl für Marktvolumenschätzung Bottom-up

Lfd.-Nr.	Bezugsgröße	Jährliche Fallzahl	Quelle	Relevanz
1.	Bevölkerung in Deutschland gesamt (in 2019)	83.166.700	Bevölkerungsstatistik (Statistisches Bundesamt 2019)	
2.	Pflegebedürftige gesamt (in 2019)	4.127.605	Pflegestatistik (Statistisches Bundesamt 2020)	
3.	Pflegebedürftige in einem Referenzpflegeheim	100	Eigene Beobachtung	
4.	Pflegebedürftige in Pflegeheimen (in 2019)	818.317	Pflegestatistik (Statistisches Bundesamt 2020)	
5.	Pflegebedürftige zu Hause versorgt (in 2019)	3.309.288	Pflegestatistik (Statistisches Bundesamt 2020)	
6.	Pflegebedürftige zu Hause versorgt allein durch Angehörige (in 2019)	2.116.451	Pflegestatistik (Statistisches Bundesamt 2020)	
7.	Pflegebedürftige zu Hause versorgt mit/durch ambulante Pflegedienste (in 2019)	982.604	Pflegestatistik (Statistisches Bundesamt 2020)	
8.	Vollstationäre Krankenhauspatient:innen (in 2016)	20.063.689	Krankenhausdiagnosestatistik (Statistisches Bundesamt 2017)	
9.	Anzahl Pflegebedürftige mit chronischen Wunden in einem Referenzpflegeheim	4	Eigene Beobachtung	
10.	Anzahl Pflegebedürftige mit chronischen Wunden je 100 ambulant Gepflegte	3	Interviews mit Wundmanager:innen	
11.	Personen mit chronischen Wunden im Krankenhaus je 100 Patient:innen	2	Interviews mit Wundmanager:innen	
12.	Anzahl Pflegeheime gesamt (in 2019)	15.380	Pflegestatistik (Statistisches Bundesamt 2020)	
13.	Anzahl ambulante Pflege- und Betreuungsdienste (in 2019)	14.688	Pflegestatistik (Statistisches Bundesamt 2020)	
14.	Anzahl Krankenhäuser (in 2019)	1914	Krankenhausstatistik (Statistisches Bundesamt 2021)	
15.	Durchschnittliche Verweildauer im Krankenhaus	7 Tage	Krankenhausdiagnosestatistik (Statistisches Bundesamt 2021)	

Tab. 2.2 Datenauswahl für Marktvolumenschätzung Top-down

Lfd.-Nr.	Bezugsgröße	Jährliche Fallzahl/ Prävalenz	Quelle	Relevanz
1.	Bevölkerung in Deutschland gesamt (in 2019)	83.166.700	Bevölkerungsstatistik (Statistisches Bundesamt 2019)	
2.	Prävalenz Personen mit chronischen Wunden in Gesamtbevölkerung	1,1 %	PMV Forschungsgruppe (Köster und Schubert 2015)	
3.	Pflegebedürftige insgesamt (in 2019)	4.127.605	Pflegestatistik (Statistisches Bundesamt 2020)	
4.	Pflegebedürftige in Pflegeheimen (in 2019)	818.317	Pflegestatistik (Statistisches Bundesamt 2020)	
5.	Pflegebedürftige zu Hause versorgt durch Angehörige (in 2019)	2.116.451	Pflegestatistik (Statistisches Bundesamt 2020)	
6.	Pflegebedürftige zu Hause versorgt mit/ durch ambulante Pflegedienste (in 2019)	982.604	Pflegestatistik (Statistisches Bundesamt 2020)	
7.	Dekubitusprävalenz in stationären Pflegeeinrichtungen	3,8 %*	Qualitätsbericht des MDS (MDS 2020)	
8.	Dekubitusprävalenz in ambulanten Pflegediensten	4,1 %*	Qualitätsbericht des MDS (MDS 2020)	
9.	Prävalenz Personen mit chronischen Wunden im Krankenhaus	2 %	Eigene Berechnungen auf Basis von Diagnose- & Fallpauschalendaten der Krankenhäuser (Statistisches Bundesamt 2021; Statistisches Bundesamt 2017)	
10.	Anzahl Pflegeheime gesamt (in 2019)	15.380	Pflegestatistik (Statistisches Bundesamt 2020)	
11.	Anzahl ambulante Pflege- und Betreuungsdienste (in 2019)	14.688	Pflegestatistik (Statistisches Bundesamt 2020)	
12.	Anzahl Krankenhäuser gesamt (in 2019)	1914	Krankenhausstatistik (Statistisches Bundesamt 2021)	
13.	Durchschnittliche Verweildauer im Krankenhaus	7 Tage	Krankenhausdiagnosestatistik (Statistisches Bundesamt 2021)	

*Dem Qualitätsbericht des MDS (2020) können neben der Dekubitusprävalenz auch Vorkommen für weitere Arten von chronischen Wunden bei Pflegebedürftigen entnommen werden (z. B. Ulcus cruris oder das diabetische Fußsyndrom). Da die MDS-Angaben hierzu auf Mehrfachnennungen

basieren, wurde für die Fallstudie stellvertretend nur die Diagnose mit der höchsten Prävalenzrate hinzugezogen, um einheitlich auf Personenebene anstatt auf Wundebene zu bleiben. Grundsätzlich wären für eine differenziertere Marktanalyse und Schätzung der jährlichen Gesamtabsatzmenge aber alle chronischen Wunden interessant, da eine Person mit drei chronischen Wunden auch drei Wundauflagen benötigen würde. Diese Information wird im Rahmen der vorliegenden Fallstudie vernachlässigt.

b) Bestimmen Sie zunächst die Anzahl aller Personen mit chronischen Wunden (PCW) in Deutschland.

c) Gehen Sie davon aus, dass bei der Hälfte der chronischen Wundpatient:innen die Wundversorgung in den drei ausgewählten Settings *(Pflegeheime, ambulante Pflegedienste, Krankenhäuser)* erfolgt. Aus wie vielen PCW setzt sich demnach das gesamte Marktvolumen für die ausgewählten Versorgungsbereiche zusammen?

d) Schätzen Sie nun die Anzahl von PCW in jedem ausgewählten Segment. Geben Sie auch die relative Verteilung der PCW (in %) auf die Segmente Pflegeheime, ambulante Pflegedienste und Krankenhäuser an.

e) Mit welcher jährlichen Absatzmenge kann FüDiWo unter Beachtung der getroffenen Annahmen im Marktsegment *Pflegeheime* rechnen? Geben Sie das Ergebnis in geschätzter Stückzahl der jährlich verkauften Wundauflagen an.

f) Schätzen Sie auch die Absatzmenge für die beiden anderen Marktsegmente.

   Hinweis: Für die Ermittlung der Absatzmenge im Krankenhaus benötigen Sie die Angabe zur Verweildauer eines Patienten bzw. einer Patientin (Lfd.-Nr. 13). Diese ist notwendig, um zunächst die durchschnittliche Anzahl von Wundauflagen pro Patient:in in diesem Setting berechnen zu können. Bitte runden Sie Ihr Ergebnis zum durchschnittlichen Auflagenverbrauch je Patient:in hier ab!

g) Passen Sie das rechte Kreisdiagramm aus entsprechend Ihren Ergebnissen an und geben Sie für jedes abgebildete Marktsegment das geschätzte Absatzvolumen für Ihr Unternehmen in verkauften Einheiten pro Jahr an.

h) Würden Sie auf Basis Ihrer Absatzmengenschätzung den Fokus auf dem Marktsegment *Wundversorgung in Pflegeheimen* beibehalten? Begründen Sie Ihre Antwort.

Literatur

AWMF (2019): Leitlinien. Website der Arbeitsgemeinschaft der Wissenschaftlichen Medizinischen Fachgesellschaften e. V. (AWMF), [online]. https://www.awmf.org/leitlinien.html [23.03.2019]

DNQP (2015): Expertenstandard Pflege von Menschen mit chronischen Wunden. 1. Aktualisierung 2015. [online] https://www.dnqp.de/fileadmin/HSOS/Homepages/DNQP/Dateien/Expertenstandards/Pflege_von_Menschen_mit_chronischen_Wunden/ChronWu_Akt_Auszug.pdf [23.03.2019]

FRODL, A. (2011): *Marketing im Gesundheitsbetrieb: Betriebswirtschaft für das Gesundheitswesen.* Wiesbaden: Gabler Verlag.

GBE BUND (2019): Online-Datenbank der Gesundheitsberichterstattung (GBE) des Bundes, Robert-Koch-Institut (RKI), Statistisches Bundesamt (destatis), [online] http://www.gbe-bund. de/gbe10/pkg_isgbe5.prc_isgbe?p_uid=gast&p_aid=0&p_sprache=D [23.03.2019]

KOERBER, F., PLANTA, C. V., JOHN, J. R. & ROGOWSKI, W. (2016): Marktpotenzial der Innovation, in: ROGOWSKI, W. (Hrsg.), *Business Planning im Gesundheitswesen. Die Bewertung neuer Gesundheitsleistungen aus unternehmerischer Perspektive.* Wiesbaden: Springer Gabler, S. 99–123.

KÖSTER, I. & SCHUBERT, B. (2015): Abschlussbericht für MedInform – Informations- und Seminarservice Medizintechnologie. Epidemiologie und Versorgung von Patienten mit chronischen Wunden. Eine Analyse auf der Basis der Versichertenstichprobe AOK Hessen/KV Hessen. Modul 1: Falldefinitionen und administrative Prävalenzschätzungen (UPDATE; Stand: 3. Dezember 2015). PMV forschungsgruppe, [online] https://www.info-wundversorgung.de/download/pmv-abschlussbericht-2015-12-03 [23.03.2019]

MDS (2020): *Qualität in der ambulanten und stationären Pflege: 6. Pflege-Qualitätsbericht des MDS nach § 114a Abs. 6 SGB XI.* Medizinischer Dienst des Spitzenverbandes Bund der Krankenkassen e.V. (MDS), Essen, [online] https://www.mds-ev.de/fileadmin/dokumente/Publikationen/ SPV/MDS-Qualitaetsberichte/6._PflegeQualitaetsbericht_des_MDS.pdf [19.10.2021]

MEFFERT, H., BURMANN, C. & KIRCHGEORG, M. (2019): *Marketing: Grundlagen marktorientierter Unternehmensführung – Konzepte – Instrumente – Praxisbeispiele.* 13., überarb. und erw. Aufl., Wiesbaden: Springer Gabler.

ROGOWSKI, W. (Hrsg.) (2016): *Business Planning im Gesundheitswesen: Die Bewertung neuer Gesundheitsleistungen aus unternehmerischer Perspektive.* Wiesbaden: Springer Gabler.

STATISTISCHES BUNDESAMT (2017): *Gesundheit. Diagnosedaten der Patienten und Patientinnen in Krankenhäusern (einschl. Sterbe- und Stundenfälle) 2016.* Fachserie 12 Reihe 6.2.1. Wiesbaden, [online] https://www.destatis.de/DE/Themen/Gesellschaft-Umwelt/Gesundheit/ Krankenhaeuser/Publikationen/Downloads-Krankenhaeuser/diagnosedatenkrankenhaus-2120621167004.pdf?__blob=publicationFile [22.11.2021]

STATISTISCHES BUNDESAMT (2019): *Bevölkerung und Erwerbstätigkeit. Bevölkerungsfortschreibung auf Grundlage des Zensus 2011.* Fachserie 1 Reihe 1.3. Wiesbaden, [online] https:// www.destatis.de/DE/Themen/Gesellschaft-Umwelt/Bevoelkerung/Bevoelkerungsstand/_inhalt. html#sprg233540 [23.03.2019]

STATISTISCHES BUNDESAMT (2020): *Pflegestatistik 2019. Pflege im Rahmen der Pflegeversicherung. Deutschlandergebnisse.* Wiesbaden., [online] https://www.destatis.de/DE/Themen/ Gesellschaft-Umwelt/Gesundheit/Pflege/Publikationen/Downloads-Pflege/pflege-deutschlandgebnisse-5224001199004.pdf?__blob=publicationFile [22.11.2021]

STATISTISCHES BUNDESAMT (2021): *Gesundheit. Grunddaten der Krankenhäuser 2019.* Fachserie 12 Reihe 6.1.1. Wiesbaden, [online] https://www.destatis.de/DE/Themen/Gesellschaft-Umwelt/Gesundheit/Krankenhaeuser/Publikationen/Downloads-Krankenhaeuser/grunddatenkrankenhaeuser-2120611197004.pdf?__blob=publicationFile [22.11.2021]

WÖHE, G. & DÖRING, U. (2013): *Einführung in die allgemeine Betriebswirtschaftslehre.* 25., überarb. und akt. Aufl., München: Verlag Franz Vahlen.

Schätzung von Markttrends

Wolf Rogowski, Daniel Dröschel, Fabia Gansen und Laura Birg

Während zeitpunktbezogene Schätzungen von Marktvolumina einen wichtigen Ansatzpunkt zur Abschätzung der zukünftigen Umsätze eines neuen Produktes bieten, hat natürlich ergänzend die Marktentwicklung einen entscheidenden Einfluss auf die Attraktivität eines Produktes für Investoren. Die Studie „Markttrends für Wundauflagen" führt ein in einfache Schätzungen linearer, logarithmischer und exponentieller Trends. Ergänzend werden verfügbare Datenquellen für Trend schätzungen betrachtet und qualitative Ergänzungen zum Einbezug möglicher Trendbrüche, z. B. durch sich ändernde regulatorische Rahmenbedingungen, diskutiert. In dieser Fallstudie befassen Sie sich mit Markttrends, die für die *FüDiWo*-Wundauflagen relevant sind.

W. Rogowski (✉)
Institut für Public Health und Pflegeforschung, Universität Bremen, Bremen, Deutschland
E-Mail: rogowski@uni-bremen.de

D. Dröschel
OptiMedis AG, Hamburg, Deutschland

SFL Services, Basel, Schweiz

SRH FernHochschule, Riedlingen, Deutschland

F. Gansen
B. Braun SE, Berlin, Deutschland
E-Mail: fabia.gansen@bbraun.com

L. Birg
Sektion Sozialpolitik und Sozialökonomie, Fakultät für Sozialwissenschaft, Ruhr-Universität Bochum, Bochum, Deutschland
E-Mail: laura.birg@ruhr-uni-bochum.de

© Springer Fachmedien Wiesbaden GmbH, ein Teil von Springer Nature 2023
W. Rogowski (Hrsg.), *Management im Gesundheitswesen*,
https://doi.org/10.1007/978-3-658-39639-8_3

3.1   Hintergrund

Märkte sind keine statischen Gebilde, sondern entwickeln sich im Zeitverlauf. Die Nachfrage nach Gütern ist nicht konstant, sondern unterliegt Schwankungen. Dies kann auf vielfältige Einflussgrößen zurückgeführt werden. Zum einen prognostiziert das Konzept des **Marktlebenszyklus** typische Verläufe der Nachfrage nach Produktgruppen (z. B. Röntgengeräte mit digitaler Bildgebung statt analogen Filmen) wie auch nach einzelnen Produkten (z. B. ein bestimmtes Röntgengerät-Modell eines Herstellers): Idealtypisch werden hierbei die Einführungsphase, die Wachstumsphase, die Reifephase, die Sättigungsphase sowie die Degenerationsphase voneinander unterschieden (vgl. für das Folgende Meffert et al. 2019). Die Nachfrage steigt in der Einführungs- der Wachstums- und der Reifephase exponentiell („immer steiler") an. In der Sättigungsphase stagniert zunächst das Wachstum, dann die Nachfrage, die schließlich sogar rückläufig wird. In der Degenerationsphase schließlich beschleunigt sich der Nachfragerückgang. Diese Unterteilung ist idealtypisch – im Einzelfall können die Nachfragemuster deutlich davon abweichen. Auch wenn dieses Zyklusmodell also kein allgemeingültiges Muster darstellt, kann es doch hilfreich sein, eine erste Einschätzung von Marktentwicklungen vorzunehmen.

Zudem spielen exogene Faktoren für die Nachfrageentwicklung eine Rolle, wie etwa Veränderungen der Morbidität (z. B. Zunahme chronischer Erkrankungen im Rahmen der Alterung einer Gesellschaft), veränderte Wahrnehmung einer Erkrankung und dadurch veränderte Diagnosen (z. B. die zunehmende Bedeutung von Burn-out in einer Gesellschaft, die größeren Wert auf subjektive Lebensqualität legt), Unterschiede in der Versorgung (z. B. schwankt der Anteil der Versorgung mit Kompressionstherapie bei inzidenten Ulcus cruris venosum regional sehr, obwohl dies die wichtigste Standardmaßnahme in der Versorgung chronischer Wunden darstellt; insgesamt wird diese Maßnahme nur bei ca. 33 % durchgeführt (Sauer et al. 2014)), saisonale Schwankungen (z. B. die Häufigkeit von Erkältungen und Grippe im Jahresverlauf), eine generell größere Nachfrage nach Gesundheitsleistungen im Zuge steigenden materiellen Wohlstandes und viele mehr. Derartige generelle Entwicklungen können grundsätzlich mit unterschiedlichen quantitativen und qualitativen Verfahren prognostiziert werden. Zu den qualitativen Verfahren zählen etwa die Delphi-Methode und die Szenario-Analyse.

Die vorliegende Fallstudie konzentriert sich auf drei Trendarten: gleichbleibende absolute Zuwächse pro Zeiteinheit (**lineares Wachstum**), Wachstum mit zunehmenden Zuwächsen pro Zeiteinheit (**exponentielles Wachstum**) sowie Wachstum mit Erreichen eines Sättigungsniveaus (**logarithmisches Wachstum**). Ein linearer Trend, also ein konstantes Wachstum, kann vorübergehend in der Wachstumsphase eines Marktes vorliegen. Zunehmende Zuwächse (exponentielles Wachstum) können in der Einführungs- und insbesondere der Reifephase zu beobachten sein, wohingegen das Erreichen eines Sättigungsniveaus (logarithmisches Wachstum) die Sättigungsphase auszeichnet.

Alle drei Trendarten lassen sich mit Hilfe von Trendkurven gut mit Tabellenkalkulationsprogrammen, wie beispielsweise Microsoft Excel, oder Statistikprogrammen wie SPSS, Stata, R oder EViews schätzen.

Die Trendschätzung und daraus abgeleitete **Trendprognose** beruhen auf drei Annahmen (Winker 2017): Die erste Annahme ist, dass die Beobachtungen grundsätzlich einer Systematik folgen (etwa, dass es ein konstantes Wachstum gibt). Die zweite Annahme besteht darin, dass diese für die Vergangenheit unterstellte Systematik auch für zukünftige Beobachtungen gelten wird – nur so lassen sich aus Trends der Vergangenheit Aussagen über die Zukunft ableiten. Wenn die Zukunft vollkommen anders ist, können wir aus der Vergangenheit nichts über sie lernen. Die dritte Annahme besteht darin, dass jede einzelne Beobachtung nicht nur deterministisch einer bestimmten Systematik folgt, sondern zusätzlich zur Systematik durch eine zufällige Störung beeinflusst wird. Man kann sich das ähnlich vorstellen wie das weiße Rauschen, das ein analoges Audiosignal stört. Diese Störung kann etwa durch von der Systematik nicht erfasste vielfältige kleine Einflüsse begründet sein oder tatsächlich Zufall sein, also prinzipiell nicht erklärbar.

Eine empirische Strategie zur Ermittlung eines systematischen Trends besteht darin, eine Funktion zu finden, die eine „bestmögliche" Anpassung an die Beobachtungen ermöglicht. Dies wird operationalisiert, indem man die Funktion so wählt, dass die Summe der quadrierten Abweichungen der Beobachtungen von dem Trendverlauf minimiert wird. Das Quadrieren bewirkt, dass die Abweichungen unabhängig von ihrem Vorzeichen berücksichtigt werden.

Für diese **Minimierungsaufgabe** muss man üblicherweise den grundsätzlichen funktionalen Verlauf spezifizieren (z. B. linear, quadratisch, logarithmisch), für den die Parameter so gewählt werden, dass die Minimierungsaufgabe gelöst wird (für eine lineare Funktion wird die Minimierung etwa über die Wahl einer Konstanten sowie der Steigung durchgeführt). Je nachdem, welcher Funktionsverlauf einem aufgrund einer visuellen Inspektion der Beobachtungen und aufgrund von theoretischen Erwägungen geeignet erscheint, gibt man diesen der Minimierungsaufgabe vor. Im Idealfall folgen die Abweichungen von dem so ermittelten Trend nur noch einem Zufallsmuster. Es sollten also die Abweichungen vom Trend mit der Zeit nicht größer oder kleiner werden. Darüber hinaus sollten die Abweichungen auch nicht gehäuft oberhalb oder unterhalb des Trends liegen.

Die Güte einer Trendanpassung kann u. a. anhand des **Bestimmtheitsmaßes R^2** beurteilt werden. Dieses gibt an, welcher Anteil der Streuung durch den Trend erklärt werden kann. Eine funktionale Spezifikation, die besser zu den Beobachtungen „passt" (etwa quadratisch statt linear) sollte auch ein höheres Bestimmtheitsmaß aufweisen. (Die theoretischen Grundlagen zu diesem Fallbeispiel finden Sie bei Meffert et al. 2019, insbesondere in Kap. 3, Abschn. „4.1 Absatzprognosen" und Kap. „5 Marketing-Mix: Produkt- und programmpolitische Entscheidungen".)

Weiterführende Hinweise zu Markttrends und ihren idealtypischen Verläufen finden Sie in (Meffert et al. 2019). Hinweise zu den ökonometrischen Grundlagen von Schätzverfahren sowie zum Umgang mit Daten finden Sie in (Winker 2017).

3.2   Fallstudie: Markttrends für Wundauflage FüDiWo

Die Geschäftsidee *FüDiWo* erweckte das Interesse von Risikokapitalgebern. Im Rahmen ihrer Due Diligence, d. h. der sorgfältigen Analyse der Geschäftsidee vor der Durchführung einer Investition, sollen jedoch ergänzend zur zeitpunktbezogenen Analyse der aktuellen Nachfrage mittels Trendextrapolation die Nachfrage in drei Jahren geschätzt werden.

Da *FüDiWo* eine hydroaktive Wundauflage ist, interessieren sich die Investoren besonders für die Verordnung von hydroaktiven Wundauflagen. Ein befreundeter Arzt teilt Ihnen mit, dass ca. 85 % der chronischen Wundpatienten Verbandstoffe verordnet werden. Um Ihren potenziellen Investoren das Potenzial von *FüDiWo* aufzeigen zu können, bereiten Sie zunächst einen Überblick über hydroaktive Wundauflagen vor. Sie finden heraus, dass die hydroaktive Wundversorgung die Abheilungschance im Vergleich zu passiven Wundauflagen um etwa 52 % erhöht (vgl. Heyer et al. 2013). Ihr befreundeter Arzt geht davon aus, dass die neuen Regelungen der Richtlinie des Gemeinsamen Bundesausschusses über die Verordnung von häuslicher Krankenpflege[1] zu einer Professionalisierung der Wundversorgung sowie einer deutlichen Kostenentlastung für die Betroffenen führen, da die Krankenkassen höhere Kosten der Wundversorgung übernehmen und Patienten besser zur Selbstversorgung angeleitet werden können.

Im nächsten Schritt beschäftigen Sie sich damit, welche Entwicklung sich aus der Verordnungspraxis von hydroaktiven Wundauflagen ableiten lässt. Bereits in der Entwicklung von *FüDiWo* hatten Sie engen Kontakt zu einer Krankenkasse der gesetzlichen Krankenversicherung. Da sie Interesse an der Markteinführung signalisiert hat und Ihre Erkenntnisse für ein laufendes Forschungsprojekt heranziehen möchte, erhalten Sie Zugriff auf aggregierte Verordnungsdaten der vergangenen Jahre. In den Daten finden Sie die Gesamtzahl an Verordnungen für Verbandmittel pro Quartal für die Jahre 2015 bis 2022 (siehe Tab. 3.1 und 3.2). Die Krankenversicherung, die Ihnen Daten zur Verfügung stellt, hat etwa 4 Mio. Versicherte. Die Prävalenz chronischer Wunden liegt etwa bei 1 %. Um *FüDiWo* im Vergleich zu konkurrierenden Produkten einordnen zu können, konzentrieren Sie sich im Anschluss auf hydroaktive Wundauflagen. Im Gespräch mit dem befreundeten Arzt haben Sie Schaumverbände, Hydrokolloide und Hydrogele als wichtige hydroaktive Wundauflagen identifiziert. Da *FüDiWo* die positiven Produkteigenschaften von Schaumverbänden mit der geruchsneutralisierenden Aktivkohle verbindet, analysieren Sie außerdem die Entwicklung von Aktivkohleverbänden.

---

[1] Richtlinie des Gemeinsamen Bundesausschusses über die Verordnung von häuslicher Krankenpflege (Häusliche Krankenpflege-Richtlinie) in der Fassung vom 17. September 2009, veröffentlicht im Bundesanzeiger Nr. 21a (Beilage) vom 9. Februar 2010, in Kraft getreten am 10. Februar 2010, zuletzt geändert am 18. März 2021, veröffentlicht im Bundesanzeiger (BAnz AT 15.04.2021 B3), in Kraft getreten am 1. April 2021. Abrufbar unter https://www.g-ba.de/downloads/62-492-2469/HKP-RL_2021-03-18_iK-2021-04-01.pdf, zuletzt abgerufen am 10.8.2021.

Tab. 3.1 Verordnungszahlen für hydroaktive, nicht-hydroaktive und sonstige Wundauflagen pro Quartal

	Hydroaktive Wundauflagen	Nicht-hydroaktive Wundauflagen	Sonstige Wundauflagen	Summe
1. Quartal 2015	3490	2015	178	5683
2. Quartal 2015	3527	1922	180	5629
3. Quartal 2015	3657	1932	177	5766
4. Quartal 2015	3637	1987	168	5792
1. Quartal 2016	3562	1885	173	5620
2. Quartal 2016	3695	1865	164	5724
3. Quartal 2016	3753	1941	166	5860
4. Quartal 2016	3616	1918	164	5698
1. Quartal 2017	3764	1891	156	5811
2. Quartal 2017	3775	1886	156	5817
3. Quartal 2017	3655	1891	150	5696
4. Quartal 2017	3831	1787	147	5765
1. Quartal 2018	3761	1797	143	5701
2. Quartal 2018	3807	1849	146	5802
3. Quartal 2018	3761	1799	136	5696
4. Quartal 2018	3950	1819	135	5904
1. Quartal 2019	3821	1772	137	5730
2. Quartal 2019	3908	1760	130	5798
3. Quartal 2019	3939	1694	128	5761
4. Quartal 2019	3966	1745	121	5832
1. Quartal 2020	3916	1712	123	5751
2. Quartal 2020	4033	1725	123	5881
3. Quartal 2020	3888	1654	116	5658
4. Quartal 2020	4119	1635	112	5866
1. Quartal 2021	4039	1674	107	5820
2. Quartal 2021	4100	1600	110	5810
3. Quartal 2021	4144	1671	104	5919
4. Quartal 2021	4007	1645	103	5755
1. Quartal 2022	4127	1584	95	5806
2. Quartal 2022	4229	1570	92	5891
3. Quartal 2022	4243	1614	94	5951
4. Quartal 2022	4139	1598	86	5823

Tab. 3.2 Verordnungszahlen für Schaumverbände, Hydrokolloide und Hydrogele pro Quartal

	Schaumverbände	Hydrokolloide	Hydrogele	Aktivkohle
1. Quartal 2015	1324	291	39	25
2. Quartal 2015	1542	372	42	29
3. Quartal 2015	1682	412	48	33
4. Quartal 2015	1797	465	47	36

(Fortsetzung)

Tab. 3.2 (Fortsetzung)

	Schaumverbände	Hydrokolloide	Hydrogele	Aktivkohle
1. Quartal 2016	1891	465	52	42
2. Quartal 2016	1920	510	58	42
3. Quartal 2016	1921	503	62	50
4. Quartal 2016	2036	520	62	54
1. Quartal 2017	2016	540	71	56
2. Quartal 2017	2031	538	73	60
3. Quartal 2017	2142	569	79	61
4. Quartal 2017	2116	587	89	66
1. Quartal 2018	2183	577	91	71
2. Quartal 2018	2237	586	95	79
3. Quartal 2018	2171	583	106	78
4. Quartal 2018	2260	610	115	87
1. Quartal 2019	2207	611	126	85
2. Quartal 2019	2303	617	131	90
3. Quartal 2019	2342	628	146	100
4. Quartal 2019	2280	629	149	103
1. Quartal 2020	2400	630	164	105
2. Quartal 2020	2368	637	177	112
3. Quartal 2020	2312	662	182	111
4. Quartal 2020	2414	666	195	112
1. Quartal 2021	2353	672	220	119
2. Quartal 2021	2423	660	222	120
3. Quartal 2021	2396	675	240	130
4. Quartal 2021	2377	673	270	127
1. Quartal 2022	2458	684	292	132
2. Quartal 2022	2402	671	288	135
3. Quartal 2022	2408	694	331	137
4. Quartal 2022	2545	701	351	155

3.3   Aufgaben

3.3.1   Datenquellen

a) Das hier genutzte Wundregister wurde von einer Krankenkasse für die vertrauliche Nutzung bereitgestellt. Was spricht Ihrer Auffassung nach für bzw. gegen eine *öffentliche* Bereitstellung derartiger Informationen?

b) Welche Datenquellen könnten ergänzend für die Analysen herangezogen werden?

c) Bitte nennen Sie exemplarisch Probleme, die auftauchen können, wenn derartige Beobachtungsdaten zur Analyse von Trendverläufen herangezogen werden.

3.3.2 Statistische Trendanalyse

a) Betrachten Sie die aktuellen Werte der Verordnungszahlen für hydroaktive, nicht-hydroaktive und sonstige Wundauflagen. Wie groß sind die Marktanteile im 4. Quartal 2022?

b) Welche statistischen Trends können Sie für hydroaktive, nicht-hydroaktive und sonstige Wundauflagen entdecken? Bitte schreiben Sie die Trends fort und prognostizieren Sie die Zahl an Verordnungen in drei Jahren.

c) Welche statistischen Trends können Sie für Schaumverbände, Hydrokolloide und Hydrogele entdecken? Bitte schreiben Sie die Trends fort und prognostizieren Sie die Zahl an Verordnungen in drei Jahren.

d) Welchen statistischen Trend können Sie Aktivkohleverbände entdecken? Bitte schreiben Sie die Trends fort und prognostizieren Sie die Zahl an Verordnungen in drei Jahren.

e) Ausgehend von ihren Trendschätzungen: Welchen Phasen im Lebenszyklus ordnen Sie die jeweiligen Produkte zu?

f) Für wie valide halten Sie die Ergebnisse der verschiedenen Analysen, wenn Sie allein den Produktlebenszyklus in Ihre Erwägungen einbeziehen?

3.3.3 Qualitative Trendanalyse

a) In der Fallstudie wurde eine Entwicklung genannt, die möglicherweise einen Trendbruch bewirken könnte. Bitte benennen Sie die Entwicklung und beschreiben Sie, welche Auswirkungen von Ihr ausgehen könnte.

b) Bitte nennen Sie weitere Faktoren, die Einfluss auf den Verlauf der Nachfrage nach Wundauflagen haben könnten.

c) Bitte nennen Sie zwei Verfahren, mit denen derartige Informationen in Trendprognosen einbezogen werden könnten.

3.3.4 Kritische Reflexion

a) Bitte benennen Sie Stärken und Schwächen quantitativer Trendprognosen.

b) Wie könnte man in der Entscheidungsfindung mit diesen Stärken und Schwächen umgehen?

Literatur

HEYER, K., AUGUSTIN, M., PROTZ, K., HERBERGER, K., SPEHR, C. & RUSTENBACH, S. J. (2013): Effectiveness of advanced versus conventional wound dressings on healing of chronic wounds: systematic review and meta-analysis. *Dermatology*, 226:2, 172–84.

MEFFERT, H., BURMANN, C. & KIRCHGEORG, M. (2019): *Marketing: Grundlagen marktorientierter Unternehmensführung – Konzepte – Instrumente – Praxisbeispiele*. 13., überarb. und erw. Aufl., Wiesbaden: Springer Gabler.

SAUER, K., ROTHGANG, H. & GLAESKE, G. (2014): *BARMER GEK Heil- und Hilfsmittelreport 2014. Auswertungsergebnisse der BARMER GEK Heil- und Hilfsmitteldaten aus den Jahren 2012 bis 2013*. Siegburg: Asgard Verlagsservice, [online] https://www.barmer.de/blob/36198/36 2c244cd158f4878856dd69592d7675/data/pdf-heil-und-hilfsmittelreport-2014.pdf

WINKER, P. (2017): *Empirische Wirtschaftsforschung und Ökonometrie*. 4. Aufl., Berlin, Heidelberg: Springer.

ABC-Analyse, BCG-Matrix

4

Wolf Rogowski und Stefan Dalichau

Portfolioanalysen wie die BCG-Matrix sind klassische Tools des strategischen Marketings, die auch für das Gesundheitswesen relevant sind. In dieser Fallstudie wird dieses Konzept auf die Analyse des Leistungsspektrums eines Anbieters verschiedener Programme der Betrieblichen Gesundheitsförderung angewendet. Die Ergebnisse werden zu denen einer ABC-Analyse in Beziehung gesetzt, bei denen Kund:innen bzw. Produkte nach ihrem Anteil am Gesamtumsatz in eine Rangordnung gebracht werden. Im Anschluss wird die Anwendbarkeit der Konzepte kritisch diskutiert.

4.1 Hintergrund

Nach dem Schritt der Marktforschung (vgl. Fallstudie *Market Sizing für die Wundauflage FüDiWo* in Kap. 2), in dem Informationen über Bedarf und Marktsituation erfasst wurden, müssen Unternehmen grundsätzlich über die Schwerpunkte ihres Leistungsspektrums entscheiden. Hierfür ist es ratsam, verschiedene Handlungsoptionen anhand geeigneter Kriterien strukturiert zu vergleichen.

Eine Herangehensweise stellen **Portfolioanalysen** dar, in denen das Leistungsspektrum entlang verschiedener Dimensionen verglichen wird. Häufig wird dabei eine interne

W. Rogowski (✉)
Institut für Public Health und Pflegeforschung, Universität Bremen, Bremen, Deutschland
E-Mail: rogowski@uni-bremen.de

S. Dalichau
Institut für angewandte Prävention und Leistungsdiagnostik, BG Ambulanz Bremen,
Bremen, Deutschland
E-Mail: stefan.dalichau@bga-bremen.de

© Springer Fachmedien Wiesbaden GmbH, ein Teil von Springer Nature 2023
W. Rogowski (Hrsg.), *Management im Gesundheitswesen*,
https://doi.org/10.1007/978-3-658-39639-8_4

Sicht (z. B. Kostenposition im Vergleich zu Wettbewerbern, technologisches Potenzial) mit einer externen Sicht (z. B. Marktgröße, Marktwachstum) kombiniert. Ein Klassiker hierfür ist die nach dem Beratungsunternehmen Boston Consulting Group benannte **BCG-Matrix**. In ihr werden verschiedene Produkte nach den Dimensionen „Marktwachstum" und „relativer Marktanteil" gruppiert. Ein hohes Marktwachstum stellt bei üblichen Verläufen von Produktlebenszyklen einen Indikator für Umsatzsteigerung und Profitabilität dar. Ein hoher Marktanteil kann bei üblicher Kostendegression in der Leistungserstellung als Hinweis auf vergleichsweise günstige Produktion im Vergleich zur Konkurrenz gedeutet werden. In einer Matrix, mit Marktanteil in Spalten und Marktwachstum in Zeilen abgetragen, werden 1. *Question Marks*, 2. *Stars*, 3. *Cash Cows* und 4. *Poor Dogs* unterschieden. Die damit jeweils verbundenen generischen Empfehlungen sind 1. Entscheidung über Investment oder Disinvestment, 2. strategische Schwerpunktsetzung, 3. Mitnahme der Gewinne ohne weitere Investition sowie 4. Marktausstieg.

Ein weiterer Analysetyp, der in der Fallstudie eingesetzt wird, ist die **ABC-Analyse**. Sie kann auf vielfältige Probleme angewendet werden – z. B. im Einkauf auf die Priorisierung von Produkttypen für weitere Preisoptimierung oder im Prozessmanagement auf die Auswahl von Prozessen, die weiterer Analyse und Standardisierung unterzogen werden. Hier wird sie auf die Auswahl von Kund:innengruppen im Hinblick auf die Attraktivität für das eigene Unternehmen angewendet. In ABC-Analysen werden analog zu einer Lorenzkurve ausgewählte Zielobjekte (z. B. hier: Produkttypen, Prozesse oder Kund:innengruppen) nach ihrem Beitrag zur relevanten Zielgröße (z. B. hier: Gesamtvolumen des Einkaufs, Gesamtsumme oder -kosten der Prozesse bzw. Umsatz) nach den drei Gruppen A, B und C klassifiziert. Die genaue Einteilung ist problem- und unternehmensspezifisch. Gängige Orientierungsgrößen sind, dass z. B. A-Objekte 80 %, B-Objekte 15 % und C-Objekte 5 % zur gesamten Zielgröße beitragen. Damit verbunden ist die häufig genannte Faustformel, dass 20 % der Kund:innen 80 % des Umsatzes ausmachen oder 20 % der Produkttypen 80 % des gesamten Einkaufsvolumens (Meffert et al. 2019, S. 476 f.).

Eine Einführung in die Strategiekonzepte ist bspw. im Gabler Wirtschaftslexikon zu finden. Als Lehrbuch kann z. B. das Marketing-Lehrbuch von (Meffert et al. 2019, S. 312 ff. und 476 f.) herangezogen werden.

4.2   Fallstudie: Strategisches Marketing für die B-fit! GmbH

In Ihren Semesterferien machen Sie ein Praktikum als Assistent:in der Geschäftsführung der B-fit! GmbH, einem Anbieter verschiedener Programme betrieblicher Gesundheitsförderung. B-fit! hat 14 Kurstypen im Angebot und der Geschäftsführer – der ganz offensichtlich seinen Koffeinkonsum etwas reduzieren sollte – erklärt Ihnen bei einer Fahrt zu einem Kunden am ersten Tag:

> *„Gut, dass Sie da sind. Wir sind nämlich grad in recht schwierigen Zeiten: zwar sind wir mit acht Mitarbeitern und fast einer Million Umsatz einer der größten Anbieter weit und breit, aber der Wind bläst uns grad verdammt hart ins Gesicht. Das ist ganz anders als damals, vor 20 Jahren, als wir angefangen haben und das Thema BGF noch ein brandneuer Trend war.*

Ehrlich gesagt, weiß ich selbst nicht so recht, was wir tun sollten. Aber Sie kommen ja direkt von der Uni, vielleicht haben Sie da ja eine Idee.

Also, insgesamt sind unsere Programme schon kostendeckend … verdammt nochmal, was macht denn diese Ommi auf der Überholspur? … aber durch den harten Wettbewerbsdruck mussten wir die Preise immer weiter senken und sind inzwischen von den satten Renditen damals bei einer schwarzen Null angekommen. Und, ehrlich gesagt, so richtig die besten sind wir auch nicht, obwohl wir da eigentlich viel Aufwand treiben – für jeden unserer Kurstypen machen die Mitarbeiter ja regelmäßig Fortbildung, um auf dem aktuellen Stand zu bleiben. Naja, sind halt ein solider Anbieter mit einem breiten Kursangebot, was viel abdeckt. Aber es ist schon so bissl Gemischtwarenladen, sagt mir unser Steuerberater immer wieder. Der hat Angst, dass wir pleitegehen und er einen treuen Kunden verliert … Aber ich hab' das ja alles aufgebaut, da hängt an jedem Kurstyp viel Herzblut dran, und natürlich an jedem Kurs Kunden, das will man ja nicht einfach so zusammenstreichen.

Auf jeden Fall, was wir so haben, das sind erstmal unsere Rückenschul-Kurse. Ein Klassiker des BGF. Rücken ist ja ein Riesenthema, auch wenn es immer weniger nachgefragt wird, wegen der modernen Stühle, und weil die Leute sich dann lieber ihren Sport rauspicken und dazu Kurse machen. Und wir sind auch nur ein ganz kleines Licht am Markt. Aber das ist einer der wenigen Kurse, die ich selbst noch halte, erst letzte Woche hab' ich wieder eine Kurseinheit abgeschlossen. Und hab grob abgeschätzt, dass wir damit … jetzt fahr' doch endlich! … Gewinn gemacht haben.

Unser Flaggschiff, das ist der Diabetes-Bereich, da sind wir richtig dick im Geschäft und machen auch satte Umsätze. Die Nachfrage nach Kursen wächst da zwar auch nicht mehr so sehr – die Leute wollen mehr Apps und so Kram. Aber es bleibt natürlich ein Riesenthema. Umgang mit Diabetes, das ist ein Kurs für Patienten mit Diagnose – und sobald ein Arbeitgeber von sowas weiß, muss er seinen Mitarbeitern ja irgendeinen Kurs anbieten. Aber wir haben auch einen Präventionskurs zur Diabetes. Diabetes, das ist einfach was, wo wir einen Namen haben und bei beiden Kursen sind wir entsprechend auch die Größten am Markt.

Richtig gut läuft auch der Kurs Gesund durch Bewegung, da sind wir auch bei den Größten. Naja, wir schaffen es auch, unseren Diabetes-Kursteilnehmern den Bewegungskurs noch im Anschluss aufzuschwatzen. Aber er ist glaub' auch wirklich gut, selbst wenn in dem Geschäftsfeld von wegen Wachstum auch die Luft raus ist.

Also ich persönlich möchte ja in jedem Fall unser Programm zur Raucherentwöhnung beibehalten. Das nutzen dieses Jahr ungefähr vier Unternehmen als Kunden, was ja bei unseren Kurspreisen einen Umsatz von um die 15.000 € bringt. Und es gibt Synergien zu unserem Programm Rauchprävention. Und vor allem – der Vater meines Mitgründers von B-fit! ist an Lungenkrebs gestorben, das war das erste Programm, das wir damals gemacht haben. Sowas gibt man nicht auf. Seit den E-Zigaretten rauchen die Leute zwar immer weniger und die Leute von Sanitas und Penuntia, die werden Sie noch kennenlernen, sind unsere Konkurrenten, sind da groß im Geschäft, wir sind da nicht so dick dabei, aber sei's drum. Apropos, hätten Sie mal ne Zigarette? Ich hab' meine irgendwo liegen lassen …

Also, was haben wir bis jetzt? Rückenschule, Diabetes, Bewegung und Raucherentwöhnung. Dann hätten wir noch Stressmanagement. Ist ein Programm mit Atemübungen und so'nem Zeug, soll … VERDAMMTE SCH***, KANNST DU NICHT BLINKEN??? FAST WÄRE ICH DIR HINTEN DRAUF GEFAHREN!!! … die Leute ruhiger machen, so von wegen Herz und Kreis … ICH DREH' HIER GLEICH DURCH!!! HABEN DIE ALLE IHREN FÜHRERSCHEIN IN DER CORNFLAKES-PACKUNG GEFUNDEN, ODER WAS??? … lauf, und so. Im Moment sind wir da noch nicht so stark vertreten, da gibt es Konkurrenten, die haben mehr Marktanteil, aber wer weiß, vielleicht ist das ja ein attraktives Geschäftsfeld.

Ach ja, was wir erst kürzlich angefangen haben, das ist das B-fit! Individualcoaching und B-fit! Führungscoaching. Das eine für Mitarbeiter, das andere für Führungskräfte, weil die ja sowohl auf ihre eigene als auch auf die Gesundheit der Mitarbeiter eine Riesenauswirkung haben. Zwar kann ich damit nicht so viel anfangen, ich bin noch aus der Generation, wo man einen Bewegungskurs gebucht hat und fertig is'. Aber ich hab' gehört, das ist eigentlich viel wirksamer – statt dem Standardkurs viel mehr direktes Coaching, fragen nach Verhältnissen und persönlichen Interessen und so. Die Kurse strecken sich über einen viel längeren Zeitraum, mit längeren Intervallen. Also, wir machen das Coaching eine Zeit lang, dann Treffen nochmal nach drei Monaten, dann nach sechs, dann noch zweimal jährlich. Ist vielleicht die einzige Chance, wirklich nachhaltig Verhaltensänderungen zu bewirken. Steckt also viel Potenzial drin, die Nachfrage steigt, weil das immer mehr so sehen, und wir sind beim Individual-Coaching klarer Marktführer. Beim Führungskräfte-Coaching sind wir eher Mittelfeld, die paar, die es anbieten, sind irgendwo gleichauf. Aber – bislang bringen beide kaum Umsätze, und hat keine Tradition bei uns, vielleicht ist das auch was, was man wieder einstampfen sollte. Konzentration auf das Wesentliche ist der Königsweg, sagt mein Steuerberater immer.

Es gab da noch einiges, fällt mir aber grad nicht ein. Vierzehn Kursangebote sind es insgesamt, wobei wir bei den anderen einen eher kleinen Marktanteil haben, und die Nachfrage auch eher zurückgeht. Warten se mal, ich hab' irgendwo eine Excel-Datei mit einer Umsatzübersicht vom letzten Jahr, die geb' ich ihnen mal. Moment, muss kurz suchen ... Huch, Mist, ... keine Angst, bin schon wieder auf meiner Spur. Tschuldigung, man sollte nicht auf der Autobahn fahren und gleichzeitig mit dem Notebook auf dem Schoß in seinen Dateien suchen. Machen Sie mal selbst, Umsatzübersicht B-fit!.xlsx heißt die Datei, hier auf dem Desktop, ziehen Sie sie einfach auf meinen USB Stick. Wo war der nochmal? Verflixt, vielleicht ist er mir hier runtergefallen? Ok, ok, ich hör schon auf zu suchen. Nehmen Sie Ihren.

Sie haben doch so Management-Vorlesungen an der Uni – lernt man da was zu derartigen Fragestellungen? Zum Beispiel ABC-Analyse, vielleicht können Sie mal schauen, wer unsere A-Kunden sind. Also, Kunden, das sind in unserem Fall Firmen, weil wir die Kurse ja normal nicht an Privatpersonen, sondern an Unternehmen verkaufen. Stundenaufschreibung und so'n Kram machen wir nicht, da würden mir die Mitarbeiter aufs Dach steigen. Daher hab' ich nur die Umsatzdaten, keine Kosten oder Gewinne pro Kurs.

Wir fahren jetzt ja noch ein bisschen, da können Sie sich noch ein paar Gedanken machen. Auf der Rückfahrt will ich Ihre Einschätzung hören."

4.3   Aufgaben

4.3.1   Problemstellung

a) Worin besteht das Problem des Geschäftsführers bzw. seines Unternehmens?
b) Welche Informationen stehen Ihnen für Lösungsvorschläge zur Verfügung?
c) Nennen Sie Konzepte zur Bewertung strategischer Entscheidungsoptionen, die auf dieser Basis Lösungsvorschläge machen.

4.3.2   ABC-Analyse: Grundsätze

a) Was versteht man unter einer ABC-Analyse?
b) Wofür kann die ABC-Analyse verwendet werden?
c) Welche Schritte sind bei einer ABC-Analyse durchzuführen?

4.3.3   Durchführung der ABC-Analyse: Zielobjekt Kund:innen

a) Laden Sie für die Bearbeitung der Aufgabe die Datei *ABC-Analyse_Umsatzuebersicht*
   aus dem bereitgestellten Zusatzmaterial *Fallstudie_Strategisches-Marketing*[1] herunter
   und öffnen Sie diese. Ermitteln Sie den Gesamtumsatz pro Kunde (in diesem Fall Firmenkunden, d. h. Firma 1, Firma 2 etc.).
b) Bitte führen Sie die genannten Analyseschritte einer ABC-Analyse mit Umsatz als
   Zielgröße und einzelnen Firmen als Zielobjekten durch. Welches Problem tritt auf?

4.3.4   Durchführung der ABC-Analyse: Zielobjekt Kurstypen

Auf Ihre Nachfrage, ob einzelne Firmenkunden tatsächlich die relevanten Zielobjekte der
Analyse sind, ergänzt der Geschäftsführer, dass die Umsätze pro Firma tatsächlich eigentlich weniger relevant seien. Viel wichtiger, so erklärt er, seien die Umsätze pro Kurstyp, da
für jeden Kurs hohe Fixkosten anfallen (z. B. Kosten der Weiterbildung für die jeweilige
Intervention; jährliche Lizenzen für die Möglichkeit, die einzelnen Kurse anzubieten; Aufwand für Aktualisierung der Kursmaterialien, der unabhängig von der Teilnehmer:innen-
zahl anfällt).

a) Bitte führen Sie auf Basis dieser Information nochmals eine ABC-Analyse durch, dies-
   mal jedoch mit Kurstyp (z. B. B-fit! Führungscoaching, B-fit! Individualcoaching) als
   Zielobjekten.
b) Sind die Grenzwerte 80 % und 5 % exakt anzuwenden? Wenn nicht, wie dann?
c) Welche Kurstypen würden Sie als A, B und C klassifizieren?

4.3.5   ABC-Analyse: Grafische Lösung

a) Zeichnen Sie eine *Konzentrationskurve*, indem Sie auf der X-Achse die Kurstypen
   (bzw. den Anteil der Kurstypen an der Gesamtzahl von Kurstypen) angeben und auf
   der Y-Achse den Anteil des jeweiligen Programms am kumulierten Gesamtumsatz.
b) Wie sieht die Konzentrationskurve aus, wenn Sie auf der Abszisse nicht den Anteil eines Kurstyps an allen (14) Kurstypen antragen, sondern die Verteilung aus 1.3.3.3 b)?

---

[1] Um auf das Zusatzmaterial zugreifen zu können, geben Sie bitte im Web-Browser http://www.
mig-fallstudien.uni-bremen.de ein. Sie werden zu einem Verzeichnis weitergeleitet, in dem die ergänzenden Dateien aller Fallstudien zum Download bereitstehen.

4.3.6 ABC-Analyse: Kritische Reflexion

a) Auf welche Produkte sollte sich die B-fit! GmbH nach der ABC-Analyse konzentrieren?
b) Interpretieren Sie die Konzentrationskurve: Welche Informationen können Sie daraus ablesen? Was sagt eine *steile* Konzentrationskurve aus?
c) Nennen Sie beispielhaft zwei Grenzen der ABC-Analyse.
d) Was sollte gegeben sein, damit die oben vorgenommene Klassifikation nach Kurstypen sinnvoll zur strategischen Neuausrichtung ist?

4.3.7 BCG-Matrix: Grundsätze und Durchführung

a) Was versteht man unter der BCG-Matrix? Wofür kann man sie verwenden?
b) Zeichnen Sie die entsprechende Vier-Felder-Matrix.
c) Tragen Sie alle notwendigen Informationen zur Erstellung einer BCG-Matrix in einer Tabelle zusammen. Für die Größen *Marktwachstum* und *Marktanteil* brauchen Sie keine quantitativen Informationen, hier reichen die Begriffe *wachsend/schrumpfend* und *hoch/gering*. Lokalisieren Sie die Programme und ordnen Sie jedem Programm eine Klassifikation als *Star*, *Question Mark*, *Cash Cow* oder *Poor Dog* zu.

4.3.8 BCG-Matrix: Kritische Reflexion

a) Wie würden Sie Ihre Empfehlung auf Basis der BCG-Matrix modifizieren? Begründen Sie Ihre Antwort.
b) Worin bestehen Grenzen der BCG-Matrix? Nennen Sie beispielhaft zwei Schwächen.
c) Welche anderen Konzepte zur Bewertung strategischer Entscheidungsoptionen kennen Sie? Welche zusätzlichen Informationen würden Sie einholen, um einen besser fundierten Lösungsvorschlag machen zu können?

Literatur

MEFFERT, H., BURMANN, C. & KIRCHGEORG, M. (2019): *Marketing: Grundlagen marktorientierter Unternehmensführung – Konzepte – Instrumente – Praxisbeispiele*. 13., überarb. und erw. Aufl., Wiesbaden: Springer Gabler.

Marketing-Mix

Fabia Gansen und Michael Pichotta

Mithilfe der sogenannten 4 P des Marketings – *Product, Price, Place, Promotion* – werden die marktrelevanten Entscheidungen eines Unternehmens zusammengefasst und strukturiert. Die Fallstudie *Vier P für die Wundauflage FüDiWo* thematisiert nach einer Einführung in die Produkt-, Preis-, Vertriebs- und Kommunikationspolitik die Ausgestaltung der Marketinginstrumente am Beispiel einer fiktiven Wundauflage für chronische Wunden. Vor dem Hintergrund der Besonderheiten des Marketings im Gesundheitswesen werden für jedes der 4 P im klassischen Marketing-Mix konkrete Maßnahmen ausgearbeitet. Im Vordergrund der Produktpolitik steht das Alleinstellungsmerkmal oder die *Unique Selling Proposition* (USP) der Wundauflage gegenüber Wettbewerbsprodukten. Die Preisgestaltung der Wundauflage erfolgt im Anschluss unter Berücksichtigung des Mehrwerts kostenbasiert. Die Festlegung einer Vertriebsstrategie führt in verschiedene Absatzmöglichkeiten des Medizinproduktemarkts sowie deren Vor- und Nachteile ein. Abschließend werden Möglichkeiten für eine zielgruppenspezifische Kommunikationspolitik aufgezeigt. Ziel der Fallstudie ist es, durch das Erarbeiten von konkreten Marketingmaßnahmen einen Überblick über das Marketing für Medizinprodukte zu vermitteln.

F. Gansen (✉)
B. Braun SE, Berlin, Deutschland
E-Mail: fabia.gansen@bbraun.com

M. Pichotta
Fachexperte Gesundheitswirtschaft, Potsdam, Deutschland
E-Mail: info@michael-pichotta.de

© Springer Fachmedien Wiesbaden GmbH, ein Teil von Springer Nature 2023   37
W. Rogowski (Hrsg.), *Management im Gesundheitswesen*,
https://doi.org/10.1007/978-3-658-39639-8_5

5.1   Hintergrund

Festgelegte Marketingziele können mithilfe von Marketinginstrumenten operationalisiert werden. Diese ermöglichen es einem Unternehmen, gestaltend auf Märkte einzuwirken (vgl. Bruhn 2016, S. 26 f.). Die Ausgestaltung der Marketinginstrumente wird auch als **Marketing-Mix** bezeichnet. Der klassische Marketing-Mix ist auf McCarthy (1960) zurückzuführen und umfasst die sogenannten **4 P:** **P***roduct* (Produkt), **P***rice* (Preis), **P***lace* (Vertrieb) und **P***romotion* (Kommunikation).

Die **Produktpolitik** bezeichnet alle Entscheidungen, die die Gestaltung des Leistungsprogramms und das Leistungsangebot eines Unternehmens betreffen. Maßnahmen der Produktpolitik können sich sowohl auf materielle (Sachgüter) als auch auf immaterielle Leistungen (Dienstleistungen) beziehen. Im Zentrum der Produktpolitik steht der Kunden:innennutzen, der durch das Produkt geschaffen wird (vgl. Bruhn 2016, S. 123 f.). Ein wesentliches Element der Produktpolitik ist das Alleinstellungsmerkmal, welches die angebotene Leistung von Wettbewerbsprodukten absetzt und als *Unique Selling Proposition* (USP) bekannt ist. Die **Preispolitik** bezieht sich auf die Preisgestaltung der Leistung oder des Produkts. Zwei Möglichkeiten zur Festlegung eines Verkaufspreises sind die an den Selbstkosten des Unternehmens ausgerichtete kostenbasierte Preisfindung und die wertbasierte Preisfindung, bei der sich der Preis am Wert des Produkts für den Kunden bzw. die Kundin orientiert. Im Gesundheitswesen wird die Preispolitik stark durch die Vergütungsform beeinflusst (vgl. Walzer et al. 2016, S. 207 ff.). So ist die Preisgestaltung eines Medizinprodukts, das im Rahmen einer Krankenhausbehandlung eingesetzt wird, davon abhängig, wie die Leistung im System der *Diagnosis Related Groups* (DRG-System) abgebildet ist. Mit dem Begriff **Vertriebspolitik** (auch als Distributionspolitik bezeichnet) werden Entscheidungen zu vertriebslogistischen Aktivitäten zusammengefasst. Als Vertriebssysteme lassen sich grundsätzlich direkter Vertrieb, bei dem der Verkauf direkt an den Kunden bzw. die Kundin erfolgt, und indirekter Vertrieb über Zwischenhändler unterscheiden. Im Gesundheitswesen ist der Vertrieb in bestimmten Bereichen systemimmanent – z. B. beim gesetzlich geregelten Absatz von verschreibungspflichtigen Medikamenten über Apotheken (vgl. Koerber und Rittweger 2016, S. 272 f.). Die **Kommunikationspolitik** umfasst alle Entscheidungen zur Kommunikation eines Unternehmens am Markt. Eingeschlossen sind damit neben der klassischen Werbung oder Reklame *(Advertising)* auch die Verkaufsförderung *(Sales Promotion)*, die Öffentlichkeitsarbeit *(Public Relations)* sowie das persönliche Treffen von Kund:innen *(Personal Selling)* (vgl. Betz 2014, S. 86; Koerber und Rittweger 2016, S. 267 ff.). Die Ausgestaltung der Kommunikationspolitik ist im Gesundheitswesen durch allgemeine Vorschriften wie das Gesetz gegen den unlauteren Wettbewerb (UWG) und systemspezifische Vorgaben wie das Heilmittelwerbegesetz (HWG) stark reguliert.

Im Gesundheitswesen werden verschiedene Ergänzungen des klassischen Marketing-Mix vorgeschlagen, z. B. unter Einbezug der **3 P** **P***layers* (Akteur:innen), **P***rocesses* (Prozesse) und **P***ositioning* (Positionierung). Hierbei finden die Erwartungen und Bedürfnisse der unterschiedlichen Akteur:innen (z. B. von Leistungserbringenden und Patient:innen) sowie die Prozesse im Gesundheitswesen (z. B. Anforderungen für die Zulassung) besondere Berücksichtigung. Die Positionierung erfolgt entsprechend der identifizierten Akteur:innen und Prozesse (vgl. Schreyögg 2013, S. 167 f.). Im Dienstleistungsmarketing, welches z. B. für Arztpraxen relevant ist, beinhaltet der erweiterte Marketing-Mix die 3 P **P***rocesses* (Prozesse), **P***hysical Facilities* (Ausstattung) und **P***ersonnel* (Personal) (vgl. Meffert et al. 2018, S. 268).

Als weiterführende Literatur zum Thema Marketing wird Bruhn (2016) empfohlen. Die Besonderheiten des Marketings im Gesundheitswesen werden von Frodl (2011) sowie im Lehrbuch *Business Planning im Gesundheitswesen* (Rogowski 2016) in den Kapiteln *Mehrwert der Innovation* (Rogowski et al. 2016), *Vergütungshöhe und Preissetzung* (Walzer et al. 2016) und *Vermarktung der Innovation* (Koerber und Rittweger 2016) behandelt.

5.2 Fallstudie: Vier P für die Wundauflage FüDiWo

Nachdem Sie das Marktpotenzial und das Absatzvolumen von *FüDiWo* – Ihrer geruchsneutralisierenden Wundauflage für die Behandlung chronischer Wunden – abgeschätzt haben (s. Kap. 2), haben Sie sich im nächsten Schritt die Entwicklung einer Marketingstrategie vorgenommen. Das wesentliche Ziel Ihrer Marketingstrategie ist es, dass FüDiWo möglichst schnell deutschlandweit bekannt und erhältlich ist. Hierzu gehört ein detailliertes Konzept für die Produkt-, Preis-, Distributions- und Kommunikationspolitik Ihres Unternehmens. Als junges Unternehmen haben Sie für die Umsetzung Ihrer Marketingstrategie nur ein geringes Budget zur Verfügung.

Sie beginnen mit der Produktpolitik. Während Sie sich bereits seit Monaten mit Ihrem Produkt beschäftigen und es daher *in- und auswendig* kennen, müssen Sie es für Ihre Marketingstrategien erstmals Ihren potenziellen Kund:innen präsentieren. Sie entschließen sich, zunächst eine Übersicht zu erstellen, um den Mehrwert Ihres Produkts zu ermitteln. Hierzu vergleichen Sie FüDiWo mit der Wundauflage *WundX*, die Sie bei Ihrer Wettbewerbsanalyse als bedeutendstes Konkurrenzprodukt identifiziert haben (s. Tab. 5.1).

Tab. 5.1 Übersicht über die Produkteigenschaften der Wundauflagen WundX und FüDiWo

	WundX	FüDiWo
Kurzbeschreibung	Wundauflage aus Polyurethan-Schaumstoff mit Haftrand	geruchsneutralisierende Wundauflage aus Polyurethan-Schaumstoff mit Haftrand
Eigenschaften	Polyurethan hält feuchtes Wundmilieu aufrecht effektive Exsudataufnahme ohne Austritt auf wundumgebende Haut Silikonkleber des Haftrands reduziert Schmerzen beim Entfernen kein zusätzliches Wunddistanzgitter zwischen Wunde und Auflage nötig in verschiedenen Farben erhältlich einfache Handhabung	Polyurethan sorgt für feuchtes Wundmilieu effektive Exsudataufnahme Silikonkleber des Haftrands reduziert Schmerzen beim Entfernen kein zusätzliches Wunddistanzgitter zwischen Wunde und Auflage nötig Aktivkohleschicht zwischen Schaumstoff und Haftrand wirkt geruchsneutralisierend einfache Handhabung
Indikation	mäßig exsudierende chronische und akute Wunden in allen Wundheilungsphasen	mäßig bis stark exsudierende chronische und akute Wunden in allen Wundheilungsphasen
Standardgröße	7,5 cm × 7,5 cm (weitere Größen verfügbar)	7,5 cm × 7,5 cm (weitere Größen geplant)
Verbandwechsel	Ø alle 24 h	Ø alle 48 h
Abgabepreis	7,65 €	steht aus
Marktzulassung in aktueller Form	01.04.2013	01.11.2018 (geplant)

5.3   Aufgaben

5.3.1   Produktpolitik

a) Nutzen Sie Ihre Vorarbeit zum Marktpotenzial von FüDiWo und sammeln Sie zunächst, welche Bedürfnisse die Zielgruppe Ihrer Endkund:innen – Patient:innen mit chronischen Wunden – in Bezug auf Wundauflagen haben.

b) Beschreiben Sie den Nutzen Ihres Produkts für Ihre Zielkund:innen, indem Sie erläutern, welche Kund:innenanforderungen Sie mit der Wundauflage FüDiWo erfüllen.

c) Formulieren Sie das Alleinstellungsmerkmal *(Unique Selling Proposition oder USP)* Ihres Produkts. Benennen Sie dazu den wesentlichen Vorteil Ihres Produkts gegenüber Ihrem Hauptwettbewerber.

d) Um Ihr Produkt von Ihrem größten Wettbewerber zu differenzieren, verwenden Sie ein sogenanntes *Product Positioning Statement*. Nutzen Sie dazu Ihre Antworten aus den Aufgabenteilen 1.4.3.1 a), b) und c), um die Aussage in Abb. 5.1 zu vervollständigen.

Abb. 5.1 Zu
vervollständigendes Product
Positioning Statement der
Wundauflage FüDiWo

Für _____, die _____
  _____(Zielkund*innen)_____

  _____
  _____(Kundenbedürfnis)_____

  _____, bietet die _____ _____,
                                              (Produkt)   (Name)

  _____
  _____(Nutzen)_____

  _____

  _____.

Im Vergleich zu _____ ist _____,
                (Wettbewerbsprodukt)

  _____
  _____(Unique Selling Proposition)_____

  _____.

5.3.2 Preispolitik

Nach Formulierung Ihres *Positioning Statements* beschäftigen Sie sich mit der Preissetzung für FüDiWo. Dabei gehen Sie davon aus, dass Ihr Produkt zunächst nicht durch die
gesetzliche Krankenversicherung (GKV) vergütet wird. Da Sie bereits eine Abschätzung
der Fertigungs- und Gemeinkosten für die Herstellung von 100 Wundauflagen erstellt haben, entscheiden Sie sich zunächst für eine kostenbasierte Preisermittlung.

a) Bestimmen Sie mithilfe der Angaben in Tab. 5.2 zunächst die Selbstkosten für die Herstellung von 100 Wundauflagen. Tragen Sie hierzu die fehlenden Beträge in die rechte
   Spalte der Kostentabelle ein. Die Angaben beziehen sich jeweils auf die Herstellung
   von 100 Wundauflagen.
b) Geben Sie auf Basis der Selbstkosten die Preisuntergrenze für eine Wundauflage an.
c) Bestimmen Sie den Zielverkaufspreis, indem Sie einen Gewinnzuschlag in Höhe von
   100 % der Selbstkosten und die Gewährung von Rabatten in Höhe von 10 % des Lis-
   tenpreises berücksichtigen.
d) Vergleichen Sie Ihren Zielverkaufspreis mit dem Abgabepreis von WundX. Da WundX
   durch die GKV vergütet wird, müssen die Patient:innen nur eine Zuzahlung in Höhe
   von 10 % des Abgabepreises bzw. mindestens 5 € bezahlen. Halten Sie eine Reduzie-
   rung Ihres Gewinnzuschlags für angemessen? Begründen Sie Ihre Antwort im Hinblick auf den Mehrwert von FüDiWo.

Tab. 5.2 Kostenbasierte Preisbestimmung Wundauflage FüDiWo. (Vgl. Walzer et al. 2016, S. 208)

	Kostenart	Erläuterung	Betrag in Euro
	Fertigungsmaterial (FM)	–	150,00
+	Materialgemeinkosten	10 % der FM	
+	Fertigungslöhne (FL)	–	200,00
+	Fertigungsgemeinkosten	5 % der FL	
+	Sonderkosten der Fertigung	–	0,00
=	Herstellungskosten (HSK)	–	
	Herstellungskosten (HSK)	–	
+	Verwaltungsgemeinkosten	10 % der HSK	
+	Vertriebsgemeinkosten	10 % der HSK	
=	Selbstkosten (SK)	–	
	Selbstkosten (SK)	–	
+	Gewinnzuschlag	100 % der SK	
=	Listenpreis (LP)	–	
	Listenpreis (LP)	–	
–	Rabatte	10 % des LP	
=	Zielverkaufspreis	–	

5.3.3 Vertriebspolitik

Ihr bisheriger Plan zur Vertriebspolitik sieht vor, sich auf den **Vertriebspartner** stationäre Pflegeeinrichtungen z. B. über dort angestellte Wundmanager:innen – zunächst nur im Raum Bremen – zu fokussieren (Strategie A). Eine alternative Strategie wäre eine Vertriebspartnerschaft mit einer deutschlandweit tätigen Sanitätshauskette (Strategie B).

a) Um welche Vertriebsart handelt es sich bei Strategie A und Strategie B, wenn Sie Patient:innen mit chronischen Wunden als Kund:innen betrachten?
b) Um welche Vertriebsart handelt es sich bei Strategie A und Strategie B, wenn Sie die Pflegeeinrichtungen als Kund:innen betrachten?
c) Welche Vor- und Nachteile haben die zwei von Ihnen identifizierten Vertriebsarten?
d) Welche Vertriebsart empfehlen Sie für FüDiWo? Begründen Sie Ihre Entscheidung.

5.3.4 Kommunikationspolitik

Im Rahmen Ihrer Marktanalyse haben Sie Pflegeheime als wichtigen Absatzmarkt identifiziert. Im Hinblick auf Ihre Kommunikationspolitik entscheiden Sie sich daher zunächst für die Fokussierung auf Zielgruppen im Pflegeheim, an die Sie Ihre Kommunikationsmaßnahmen richten werden. Als mögliche Zielgruppen identifizieren Sie (a) Pflegeleitungen von stationären Pflegeheimen und (b) in stationären Pflegeeinrichtungen untergebrachte Patient:innen mit chronischen Wunden.

a) Wählen Sie eine Zielgruppe, auf die sich die erste Phase Ihrer Kommunikationsmaßnahmen fokussieren wird und begründen Sie Ihre Entscheidung.
b) Welche Produktmerkmale stehen bei Ihrer Zielgruppe besonders im Vordergrund?
c) Welche Kanäle eignen sich für die Ansprache Ihrer Zielgruppe besonders gut?
d) Stellen Sie eine Beispielmaßnahme vor. Beachten Sie dabei die Vorgaben des Heilmittelwerbegesetzes (HWG) für Medizinprodukte sowie des Gesetzes gegen den unlauteren Wettbewerb (UWG).

Literatur

BETZ, B. (2014): *Praxis-Management für Physiotherapeuten, Ergotherapeuten und Logopäden: Praxen wirtschaftlich erfolgreich führen.* Berlin, Heidelberg: Springer.
BRUHN, M. (2016): *Marketing: Grundlagen für Studium und Praxis.* 13., aktual. Aufl., Wiesbaden: Springer Gabler.
FRODL, A. (2011): *Marketing im Gesundheitsbetrieb: Betriebswirtschaft für das Gesundheitswesen.* Wiesbaden: Gabler Verlag.
KOERBER, F. & RITTWEGER, R. (2016): Vermarktung der Innovation, in: ROGOWSKI, W. (Hrsg.), *Business Planning im Gesundheitswesen: Die Bewertung neuer Gesundheitsleistungen aus unternehmerischer Perspektive.* Wiesbaden: Springer Gabler, S. 263–276.
MCCARTHY, E. J. (1960): *Basic Marketing: A Managerial Approach.* Homewood: R.D. Irwin.
MEFFERT, H., BRUHN, M. & HADWICH, K. (2018): *Dienstleistungsmarketing: Grundlagen – Konzepte – Methoden.* 9., vollst. überarb. u. erw. Aufl., Wiesbaden: Springer Gabler.
ROGOWSKI, W. (Hrsg.) (2016): *Business Planning im Gesundheitswesen: Die Bewertung neuer Gesundheitsleistungen aus unternehmerischer Perspektive.* Wiesbaden: Springer Gabler.
ROGOWSKI, W., BARTOSCHEK, S. & JOHN, J. (2016): Mehrwert der Innovation, in: ROGOWSKI, W. (Hrsg.), *Business Planning im Gesundheitswesen: Die Bewertung neuer Gesundheitsleistungen aus unternehmerischer Perspektive.* Wiesbaden: Springer Gabler, S. 39–64.
SCHREYÖGG, J. (2013): Kundenmanagement im Gesundheitswesen – Einführung und methodische Grundlagen, in: BUSSE, R., SCHREYÖGG, J. & STARGARDT, T. (Hrsg.), *Management im Gesundheitswesen: Das Lehrbuch für Studium und Praxis.* 3. Aufl., Berlin, Heidelberg: Springer, S. 166–169.
WALZER, S., GERBER-GROTHE, A., JOHN, J. & ROGOWSKI, W. (2016): Vergütungshöhe und Preissetzung, in: ROGOWSKI, W. (Hrsg.), *Business Planning im Gesundheitswesen: Die Bewertung neuer Gesundheitsleistungen aus unternehmerischer Perspektive.* Wiesbaden: Springer Gabler, S. 205–234.

Produkt- bzw. Leistungspolitik mit Service Blueprinting

6

Wolf Rogowski und Tobias Schütz

Ein Ansatz des Dienstleistungsmarketings, mit dessen Hilfe Gesundheitsleistungen ganz aus Perspektive der behandelten Person und ihrer *Customer Journey* durch den Leistungsprozess analysiert werden kann, ist das sogenannte Service Blueprinting. Die vorliegende Fallstudie beginnt mit einer kurzen Einführung zur Begründung und zum Vorgehen dieses Ansatzes. Im Anschluss wird der Ansatz anhand der holprigen Customer Journey des imaginären Patienten Torben Schulz im Rahmen einer Bandscheiben-Operation kritisch diskutiert und auf einen Teilaspekt dieser Dienstleistung angewendet.

6.1   Hintergrund

Das *Produkt* im Gesundheitswesen ist zumeist eine **Dienstleistung**, die im Gegensatz zu einem physischen Produkt nicht auf Vorrat hergestellt und dann den Patient:innen ausgehändigt werden kann. Sie wird gleichzeitig hergestellt und konsumiert (Uno-actu-Prinzip) und am oder gemeinsam mit dem/der Patient:in erbracht (koproduziert). Bei der Gestaltung medizinischer Leistungen ist es daher sinnvoll, systematisch von der Interaktion zwischen Patient:in und Leistungserbringer:in auszugehen. Die Systematik dieses

W. Rogowski (✉)
Institut für Public Health und Pflegeforschung, Universität Bremen, Bremen, Deutschland
E-Mail: rogowski@uni-bremen.de

T. Schütz
ESB Business School, Hochschule Reutlingen, Reutlingen, Deutschland
E-Mail: tobias.schuetz@reutlingen-university.de

© Springer Fachmedien Wiesbaden GmbH, ein Teil von Springer Nature 2023
W. Rogowski (Hrsg.), *Management im Gesundheitswesen*,
https://doi.org/10.1007/978-3-658-39639-8_6

Vorgehens ist auch aus einem zweiten Grund wichtig: Die Weiterempfehlung eines Leistungserbringers bzw. einer Leistungserbringerin durch die Patient:innen, ein zentrales Ziel von Marketing im Gesundheitswesen, hängt auch vom Gesamteindruck der Patient:innen ab. Dieser Gesamteindruck wird zwar von einzelnen **Leistungsmerkmalen** beeinflusst, entwickelt jedoch eine darüber hinaus reichende Dynamik, die auch als Halo-Effekt bezeichnet wird. Dieser Effekt beschreibt die Tendenz faktisch unabhängige oder nur mäßig korrelierende Attribute fälschlicherweise als zusammenhängend wahrzunehmen. Anstelle einzelner Leistungsattribute ist daher eine Betrachtung der gesamten Erfahrung der Patient:innen ratsam. Ein dritter Aspekt besteht darin, dass die Weiterempfehlung durch Patient:innen auch davon abhängt, ob sie lediglich zufrieden oder positiv beeindruckt bzw. begeistert waren. Nach dem Kano-Modell der Kund:innenzufriedenheit wäre bspw. die medizinische Qualität der Leistung ein Basismerkmal, welches Unzufriedenheit schafft, wenn sie nicht gegeben ist. Um nachhaltige Weiterempfehlungen zu erreichen, sollten gesundheitliche Leistungen zusätzliche Leistungs- oder Begeisterungsfaktoren enthalten, die mit höherem Erfüllungsgrad die Zufriedenheit immer weiter steigern.

Ein Konzept des Services Marketing, welches die systematische Ausrichtung von Prozessen und Standards auf die Bedürfnisse der Kund:innen sicherstellt, ist das sogenannte *Service Blueprinting*. Mit Service Blueprinting (englisch für *Blaupause* bzw. *Bauplan*) wird eine grafische Herleitung und Darstellung eines Dienstleistungsprozesses bezeichnet. Bei der Erstellung eines Service Blueprints geht man systematisch von der ersten bis zur letzten Handlung der Kund:innen in Bezug zu der Leistung aus. Dies beginnt z. B. nicht in dem Moment, wo ein:e Patient:in die Praxis betritt, sondern früher, bei der ersten Bemühung zur Suche nach einer Praxis. Die Dienstleistung wird dann zunächst als Schritte einer *Customer Journey* entlang der *Touchpoints*, also der Kontakte mit dem dienstleistenden Unternehmen entworfen bzw. bei bestehenden Leistungen rekonstruiert. Ausgehend von den direkten **Berührungspunkten** mit den Kund:innen wird schrittweise überprüft, welche Prozesse im Hintergrund erfolgreich ablaufen müssen, damit diese Kontakte positiv verlaufen. Dabei werden zunächst die immer noch sichtbaren Aktivitäten im Unternehmen hinter der Kund:inneninteraktionslinie betrachtet, dann Hintergrundaktivitäten hinter der Sichtbarkeitslinie, und schließlich Unterstützungs-, Vorbereitungs- und Facilityaktivitäten hinter der internen Interaktionslinie. Die vorliegende Fallstudie wendet dieses Konzept auf die holprige Customer Journey des Torben Schulz im Rahmen einer Bandscheiben-Operation an.

Zur Einführung in das Service Blueprinting wird das Lehrbuch *Services Marketing. Integrating customer focus across the firm* von (Wilson et al. 2016) empfohlen, insbesondere das Kap. „Service innovation and design". Eine Anwendung auf das Krankenhaus bietet der Beitrag von (Schubert 2013) in (Bouncken et al. 2013, S. 35 ff.). Eine allgemeine Einführung in das Verhalten der Käufer:innen und den Halo-Effekt bietet das Lehrbuch von (Foscht et al. 2017, S. 104 ff.).

6.2   Fallstudie: Die holprige Customer Journey des Torben Schulz

Als Franziska Müller von ihrem Arzt erfährt, dass eine Bandscheiben-OP unvermeidlich ist, ist sie erstmal ratlos. Ihr Hausarzt empfiehlt das Marienstift in Unterobersdorf, der Orthopäde schlägt das Josefstift in Oberuntersdorf vor – aber welches ist nun wirklich besser? Sie erinnert sich, dass ein Kommilitone aus Studienzeiten sich einer sehr ähnlichen Operation unterziehen musste und wohl sogar im Josefstift war. Natürlich gilt ihm ihr erster Anruf – und Torben Schulz (Privatpatient) kann wenig Gutes von dem Haus berichten:

„Das Josefstift? Hör mir auf mit diesem Saftladen! Vorgestern bin ich aus meinem lang ersehnten dreiwöchigen Sommerurlaub zurückgekehrt. Und weißt Du, was ich im Briefkasten gefunden habe? Die Rechnung der Anästhesiologie. Nach eineinhalb Jahren. Mit einer Bezahlungsfrist von zwei Wochen. Und – du fasst es nicht – mit einer Mahnung dazu, die gestern gekommen ist. Das war quasi der schräge Schlussakkord in einem Konzert von Pleiten, Pech und Pannen, bei dem schon der Auftakt danebenging.

Erster Satz: Ich weiß noch, ich hatte das Josefstift in einem Krankenhaus-Vergleichsportal gefunden und weil das Haus sehr anständig bewertet war, bin ich am nächsten Tag gleich mal hingefahren. Also, ich habe versucht, hinzufahren. Nachdem ich nach mehrfachem Umkreisen des Komplexes endlich einen Parkplatz gefunden hatte, bin ich nach 15 Minuten Fußmarsch mit höllischen Rückenschmerzen am Stift angekommen … dachte ich. Wie sich herausstellte, war es die Wäscherei. Dann war ich in deren Diagnoseklinik, dann im Schwesternwohnheim. Und auf meine Frage, wo denn das Josefstift sei, kam immer ein ‚na, da sind Sie hier aber falsch. Fragen Sie doch mal bei XY nach …‘. Ich war schon auf 180, habe mich wegen der Schmerzen aber gar nicht getraut, mich aufzuregen. Als ich dann endlich da war, wollte ich mich eigentlich nur noch hinlegen.

Im Eingangsbereich war ein Tresen, und bevor ich sagen konnte, dass ich gern ein paar Infos über das Haus hätte, wurde ich angeblafft: ‚Haben Sie eine Nummer? Nein? Könnten Sie dann bitte eine Nummer ziehen und im Wartebereich Platz nehmen?‘ Nach einer halben Stunde Wartezeit wurde ich mit ein paar angegrauten Prospekten abgefertigt. Gut, die Postleitzahlen waren schon fünfstellig, aber dass die Ansprechpartner in der Broschüre noch die richtigen waren, konnte ich mir kaum vorstellen. Naja, nachdem mein Hausarzt meinte, dass die wirklich sehr gut seien, bin ich trotzdem hin, aber das Konzert ging grad weiter so.

Zweiter Satz: Terminwust bei den Vorgesprächen! Drei verschiedene Termine, an irgendwelchen Orten durch 1000 Gänge dieser Riesenklinik. OP-Aufklärung nennt sich das ja. Und mit jeder ‚Aufklärung‘ stieg meine Panik, weil ich eigentlich gar nicht aufgeklärt, sondern nur mit vielen unzusammenhängenden Fakten verwirrt wurde. Und wenn ich anfangen wollte zu fragen, wurde klar, dass der Arzt entweder gar nicht wirklich die Zeit hat, mir alles zu erklären oder meine Frage nicht genau in seinen Verantwortungsbereich fällt. Motto: ‚Das müssen Sie den Anästhesisten fragen!‘, ‚Da erkundigen Sie sich bitte direkt auf der Station.‘, ‚Das kann ich Ihnen nicht sagen – aber bringen Sie das doch mal beim Chirurgen an. Da waren Sie schon? Ah, ok.‘. Ich wusste nur: irgendwas wird gemacht, es sind verschiedene Dinge, alles kann furchtbar schiefgehen. Du weißt ja, wie viel Schiss ich bei gesundheitlichen Problemen habe … und eine Bandscheiben-OP ist ja nicht ohne! Nicht, dass da jemand aus Versehen die Nerven ganz durchschneidet und ich sitz den Rest meines Lebens im Rollstuhl. "

„Was der Chirurg genau gesagt hat? Ehrlich gesagt, erinnere ich mich nicht mehr wirklich daran. Ach ja, ich weiß noch, dass es ein kleines, bis unter die Decke mit Unterlagen vollgestopftes Büro war und dass Dr. Schnippelgut Turnschuhe und einen schmutzigen weißen

Kittel anhatte. Und er eben von diversen furchtbaren Dingen erzählte, die alle passieren könnten. Und ich mir nur dachte: auweia, wenn deren Hygiene im OP so ausgeprägt ist wie die Waschmaschine des Chefoperateurs, dann gute Nacht.

***Dritter Satz:** OP – gut, Raum zur Vorbereitung so charmant wie der Schlachthof, vom Rest kriegt man ja nichts mit, komische Phantasien im Aufwachraum. Ich hab' vor allem noch das furchtbare Schnarchen des Mitpatienten im Zimmer im Ohr, bei dem ich selbst vollgepumpt mit Schlafmitteln kein Auge zu bekommen hab. Das war besonders schlimm, da ich zwei Tage länger stationär war als ursprünglich geplant und mir niemand genau sagen konnte warum eigentlich. ‚Das schauen wir uns noch ein bisschen an' war schon die aufschlussreichste Information. Ganz ehrlich habe ich den starken Verdacht, dass mein Bett neu belegt werden sollte und der erwartete Nachfolger doch nicht kam. Dann haben sie mich noch ein wenig da behalten, um abrechnen zu können.*

*Und der **vierte Satz** der Symphonie dann die diversen und alle ziemlich hohen Rechnungen – untereinander völlig unkoordiniert und über einen ewigen Zeitraum verteilt. Was mich besonders genervt hat ist, dass in vielen Rechnungen eine Chefarztbehandlung ausgewiesen war. Dabei habe ich Dr. Schnippelgut nach der Vorbesprechung gar nie mehr gesehen, da er nach der OP alles an andere Ärzte delegiert hat – also ein anderer macht es, aber der Chefarzt rechnet einen höheren Satz ab! Da muss man sich doch nicht wundern, dass die Versicherungen immer teurer werden!"*

„Gesundheitliche Beschwerden? Nein, das war nur die eine OP, danach ist tatsächlich bis heute nichts mehr gekommen. Aber wie gut die war, dazu kann ich nichts sagen. Wollte den Operateur danach noch sprechen, aber der arrogante Fatzke wollte sich wohl nicht mit mir Otto Normalbürger abgeben, ich habe jedenfalls keinen Termin bekommen. Jedenfalls, bevor Du ins Marienstift gehst, ruf doch nochmal Ralf an. Du erinnerst Dich, das war der, mit dem ich damals auf Austauschstudium in Rotterdam war. Der hatte zum gleichen Zeitpunkt exakt die gleiche Geschichte wie ich. Wir hatten uns damals drüber unterhalten und er war ins Marienstift gegangen und klang ziemlich angetan. Oh, Franziska, ich seh' grad, meine Freunde sind da, ich muss dringend los. Ich wünsch Dir was, vor allem eine gute Entscheidung!"

Franziska Müller hörte noch Schritte und Stimmen, dann wurde das Telefonat beendet. Sie dachte sich: *„Ach ja, stimmt, der Ralf, den könnte ich auch fragen"* und begann, seine Telefonnummer zu suchen. Er hatte ihr sogar kürzlich davon erzählt! Er musste nach der ersten OP zwar noch zwei Mal hin, weil noch was zu machen war, aber er hatte berichtet, dass er immer super informiert war und alles hoch professionell ablief.

6.3   Aufgaben

6.3.1   Subjektive Einschätzung

Service Blueprinting befasst sich mit dem subjektiven Gesamteindruck, den eine Dienstleistung hinterlässt, auch im Hinblick darauf, ob sie weiterempfohlen wird.

a. Welchen Gesamteindruck vermittelt Torben Schulz? Was würden Sie vermuten, welche Entscheidung Franziska Müller auf Basis dieser Informationen trifft?
b. Welche Informationen haben Sie zur medizinischen Qualität der Behandlung und welche Entscheidung wäre auf Basis dieser Informationen zu erwarten gewesen?

6.3.2   Psychologischer Hintergrund

In der Literatur (z. B. Foscht et al. 2017) kann man über den Halo-Effekt lesen, der einen wichtigen Einfluss auf den subjektiven Gesamteindruck hat, den eine Dienstleistung hinterlässt.

a. Wie können Sie dieses Phänomen in dieser Fallstudie möglicherweise wiederfinden?
b. Welche Implikation hat dies für die Weiterempfehlung einer Klinik?
c. Was bedeutet dies für die Gestaltung von Aspekten medizinischer Leistungen, die aus ärztlicher Sicht ziemlich irrelevant sind (z. B. Zeitpunkt der Rechnungsstellung)?

6.3.3   Konzept des Service Blueprintings allgemein

Was versteht man unter dem Konzept des Service Blueprintings? Bitte erläutern Sie allgemein

a. das Ziel,
b. die verschiedenen Betrachtungsebenen und
c. das Vorgehen beim Durchführen dieses Konzeptes.

6.3.4   Anwendung des Konzepts auf die Fallstudie

Bitte analysieren Sie den in der Fallstudie beschriebenen Prozess mithilfe eines Service Blueprintings:

a. Wie verläuft der Ist-Prozess aus Sicht des Patienten als Kunde bzw. der Patientin als Kundin?
b. Welche Kontaktpunkte bestehen?
c. An welchen Kontaktpunkten hat sich das Josefstift wenig kund:innenorientiert gezeigt und Torben Schulz als zufriedenen Patienten verloren?
d. Wie könnte eine *ideale* Kund:innenreise aussehen? Entwickeln Sie einen Vorschlag und notieren Sie für diesen die Ebene der Kund:innenaktionen.
e. Nehmen Sie beispielhaft den letzten Teil der *idealen* Kund:innenreise heraus. Starten Sie bei dem Moment, an dem der/die Bandscheiben-OP-Patient:in erfährt, dass er/sie an diesem Tag entlassen wird. Erweitern Sie für diesen Teil die Kund:innenreise um Aktionen der Kund:innen auf anderen Ebenen des Service Blueprintings.
f. Definieren Sie für diesen Ausschnitt der Kund:innenreise mögliche Standards zur Sicherung einer hohen Kund:innenzufriedenheit. Formulieren Sie die Standards so, dass die prozessschrittverantwortlichen Personen diese verstehen und umsetzen können.

6.3.5   Kritische Reflexion

Jedes Managementkonzept hat spezifische Stärken und Schwächen, die bei der Auswahl eines Konzepts zur Problemlösung einbezogen werden sollten.

a. Welche Stärken und welche Schwächen können Sie am Konzept des Service Blueprintings allgemein erkennen?
b. Nennen Sie je ein Beispiel für eine Fragestellung, für die das Konzept eher gut oder eher nicht so gut anwendbar ist.

Literatur

BOUNCKEN, R. B., PFANNSTIEL, M. A. & REUSCHL, A. J. (2013): *Dienstleistungsmanagement im Krankenhaus I Prozesse, Produktivität und Diversität.* Wiesbaden: Gabler Verlag.
FOSCHT, T., SWOBODA, B. & SCHRAMM-KLEIN, H. (2017): *Käuferverhalten Grundlagen – Perspektiven – Anwendungen.* 6., akt. Aufl., Wiesbaden: Gabler Verlag.
SCHUBERT, E. D. (2013): Die Prozessanalyse mittels Service Blueprinting als Grundlage für ein Redesign der Prozesse eines OP-Bereiches, in: BOUNCKEN, R. B., PFANNSTIEL, M. A. & REUSCHL, A. J. (Hrsg.), *Dienstleistungsmanagement im Krankenhaus I: Prozesse, Produktivität und Diversität.* Wiesbaden: Springer Gabler, S. 35–69.
WILSON, A. M., ZEITHAML, V. A., BITNER, M. J. & GREMLER, D. D. (2016): *Services marketing integrating customer focus across the firm.* Third european edition, London: McGraw-Hill.

Daniel Dröschel und Wolf Rogowski

Die Umsätze medizinischer Leistungen sind maßgeblich davon geprägt, wie die Leistungen vergütet werden. Ein wichtiger Aspekt des Managements von Innovationen im Gesundheitswesen besteht daher darin, verschiedene Vergütungsszenarien entwickeln und beurteilen zu können. In der Fallstudie *Vergütungsszenarien für DiagBand zur Parkinsondiagnostik* versetzt sich der/die Leser:in in die Rolle eines Beratungsunternehmens, das den Hersteller eines neuen Medizinprodukts darin unterstützt, verschiedene Vergütungsszenarien zu entwickeln und eines auszuwählen.

7.1 Hintergrund

Auf normalen Märkten orientiert sich die **Preisbildung** an der geschätzten Zahlungsbereitschaft für das neue Gut, welches ein:e Unternehmer:in auf dem Markt anbieten möchte. Auf dem ersten Gesundheitsmarkt hingegen spielt die Zahlungsbereitschaft nur eine geringe Rolle bei der Nachfrage nach einzelnen Leistungen und der Wettbewerb ist zudem selten preisbildend. Anstelle dessen werden Leistungen administrativ (in Gebührenordnungen) festgelegt und durch die gesetzliche Krankenversicherung bzw. private Vollversicherungen vergütet. Zwar gibt es auch in der Gesundheitswirtschaft den Teil-

D. Dröschel (✉)
OptiMedis AG, Hamburg, Deutschland

SFL Services, Basel, Schweiz

SRH FernHochschule, Riedlingen, Deutschland

W. Rogowski
Institut für Public Health und Pflegeforschung, Universität Bremen, Bremen, Deutschland
E-Mail: rogowski@uni-bremen.de

© Springer Fachmedien Wiesbaden GmbH, ein Teil von Springer Nature 2023   51
W. Rogowski (Hrsg.), *Management im Gesundheitswesen*,
https://doi.org/10.1007/978-3-658-39639-8_7

bereich des zweiten Gesundheitsmarkts, bei dem die individuelle Zahlungsbereitschaft ausschlaggebend für die Kaufentscheidung ist. Dies gilt bspw. meist für gesundheitsrelevante Lifestyle-Produkte wie Fitness-Tracker. Einen weitaus größeren Anteil der Gesundheitswirtschaft macht jedoch der erste Gesundheitsmarkt aus.

Unternehmer:innen, die mit neuen Angeboten in der Gesundheitswirtschaft Fuß fassen wollen, müssen daher frühzeitig verschiedene Möglichkeiten analysieren, Finanzierung für ihr neues Produkt im Rahmen der **Vergütungssysteme** zu erreichen. Aus Unternehmenssicht sind dabei vor allem die Geschwindigkeit entscheidend, in welcher die Finanzierung (Vergütungsweg) erreicht werden kann, sowie die Höhe der erzielbaren Vergütung und die Größe der erreichbaren Zielgruppe. Vor dem Hintergrund dieser Kriterien wird die Vielfalt möglicher Finanzierungskategorien überprüft. Dies beinhaltet für Deutschland insbesondere:

a. private Finanzierung von Leistungen, …
  (1) … die als **frei verkauftes Einzelprodukt** aus dem zweiten Gesundheitsmarkt angeboten wird, und deren Preis vom Unternehmen selbst gewählt werden kann.
  (2) … die nach Vergütungskatalogen für die **privatärztliche Abrechnung** (insbesondere der Gebührenordnung für Ärzte, GOÄ; s. Gutermann Publisher Ltd. 2011) in Rechnung gestellt werden, jedoch aus eigener Tasche finanziert werden (dies beinhaltet auch *IGeL*, d. h. individuelle Gesundheitsleistungen durch niedergelassene Kassenärzt:innen).
  (3) … die nach privaten Vergütungskatalogen (s. Gutermann Publisher Ltd. 2011) oder analog dazu (Bundesärztekammer 2019) abgerechnet und von privaten Krankenvollversicherungen sowie ggf. Beihilfeeinrichtungen vergütet werden (vgl. Bundesärztekammer 2019; BMJV und BfJ 2019b).
b. gesetzliche Finanzierung in der ambulanten Versorgung …
  (4) … von Leistungen **niedergelassener Haus- und Fachärzt:innen** *(vertragsärztliche Versorgung),* die gemäß den Vorgaben des Einheitlichen Bewertungsmaßstabs (EBM; Kassenärztliche Bundesvereinigung 2019) abgerechnet werden.
  (5) … von **Heilmitteln**, d. h. persönlich erbrachten, ärztlich verordneten medizinischen Dienstleistungen, die von Angehörigen entsprechender Gesundheitsfachberufe geleistet werden (bspw. Physiotherapie), deren Vergütung von den Landesverbänden der Krankenkassen ausgehandelt wird.
  (6) … von **Hilfsmitteln**, d. h. Hörhilfen, Körperersatzstücken, orthopädischen und anderen medizinisch notwendigen Hilfsmitteln in der ambulanten Versorgung, die im Rahmen von Verträgen zwischen Leistungserbringenden und Krankenkassen vergütet werden.
c. gesetzliche Finanzierung der stationären Versorgung …
  (7) … von **Krankenhausleistungen**, die im Rahmen von Fallpauschalen (diagnosis-related groups, DRGs) vergütet werden (s. hierzu Webgrouper der DRG Research Group 2021)

(8) … von **neuen Untersuchungs- und Behandlungsmethoden im Krankenhaus**, für die noch keine DRGs vorliegen (und ggf. auch OPS Codes noch festgelegt werden müssen), und die durch Zusatzentgelte vergütet werden, deren Höhe zwischen Krankenkassen und Krankenhäusern verhandelt wird.

d. gesetzliche, sektorenunabhängige Finanzierung …

(9) … von **Arzneimitteln**, deren Vergütung insbesondere von Schutzrechten (v. a. Patenten), Verschreibungspflichtigkeit und ihrem vom Gemeinsamen Bundesausschuss festgestellten Zusatznutzen abhängt.

(10) … von **Digitalen Gesundheitsanwendungen** (DiGA), die einen erfolgreichen Prüfverfahren beim Bundesamt für Arzneimittel und Medizinprodukte (BfArM) durchlaufen müssen, bevor sie als erstattungsfähig im DiGA-Verzeichnis gelistet werden.

(11) … von Leistungen im Rahmen zusätzlicher Vergütungsmöglichkeiten, z. B. von **Selektivverträgen** mit spezifischen Leistungserbringenden (ambulant und/oder stationär) und ggf. weiteren Vertragspartnern wie Herstellern von Medizinprodukten (wie z. B. dem Hersteller des Akzelerometers in der Fallstudie) im Rahmen von Programmen zur leistungssektorenübergreifenden oder interdisziplinär fachübergreifenden Versorgung (integrierte Versorgung) nach § 140 SGB V (besondere Versorgung).

(12) … von **Präventionsleistungen**, die Krankenkassen mit größeren Gestaltungsspielräumen als Satzungsleistungen anbieten und die den Vorgaben des Präventionsleitfadens entsprechen müssen, den der GKV Spitzenverband (GKV-SV) in Kooperation mit weiteren Organisationen herausgibt.

Abb. 7.1 gibt einen Überblick über die genannten Finanzierungskategorien.

Sowohl Vergütungssysteme als auch die Wege in die Vergütung sind international sehr unterschiedlich, meist sehr komplex und von vielfältigen Sonderfällen geprägt. So gilt z. B. die DRG-Vergütung grundsätzlich auch für die private Krankenversicherung in Deutschland, bei Versicherungsverträgen mit Chefarztbehandlung können jedoch zusätzlich Vergütungen nach GOÄ mit reduziertem Satz abgerechnet werden.

Eine Einführung in die bestehende Vergütung in Deutschland bieten die Kapitel von (Dröschel et al. 2016) und von (Koerber et al. 2016) im Lehrbuch zum Business Planning in der Gesundheitswirtschaft (Rogowski 2016). Einführungen in die Vergütung bietet bspw. auch das Kapitel zum Finanzmanagement im Lehrbuch zum Management im Gesundheitswesen von (Busse et al. 2017). Informationen zum Erstattungsprozess Digitaler Gesundheitsleistungen und zu Anforderungen an Präventionsleistungen zur Finanzierung durch die Krankenkassen bieten der DiGA-Leitfaden des BfArM bzw. der Präventionsleitfaden des GKV-SV, die auf deren Websites kostenfrei verfügbar sind. Theoretische Vertiefungen zur optimalen Ausgestaltung von Vergütungssystemen bietet das zehnte Kapitel des Lehrbuches von (Breyer et al. 2013).

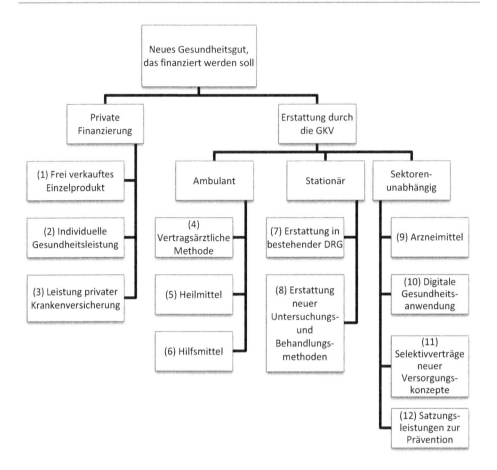

Abb. 7.1 Taxonomie von Finanzierungskategorien im deutschen Gesundheitswesen. (Quelle: eigene Darstellung; vgl. ähnlich auch Koerber et al. 2016, S. 181)

7.2   Fallstudie: Vergütungsszenarien für DiagBand zur Parkinsondiagnostik

Nachdem Sie das Thema *Innovation im Gesundheitswesen* von Anfang Ihres Studiums an fasziniert hatte, haben Sie sich nach Ihrem Abschluss erfolgreich bei einer Beratungsfirma beworben, die sich genau diesem Thema verschrieben hat – sie unterstützt junge Technologieunternehmen bei der Bewertung und Einführung neuer Produkte. In dem Projekt, welches jetzt auf Ihrem Schreibtisch liegt, geht es um ein neues Medizinprodukt für die Parkinsondiagnostik.

Die Kundin, eine sportbegeisterte Elektrotechnikerin, deren Großvater an Parkinson erkrankt war, hatte Ihnen am Telefon von einer Marktlücke in der Medizintechnik berichtet, die sie entdeckt hat und mit ihrem neuen Produkt füllen möchte:

„Gerade zu Beginn der Parkinson-Erkrankung kann man noch viel mit Medikamenten machen – nachdem das aber zum Teil ziemliche Hämmer sind, ist es wichtig, dass die Diagnostik stimmt. Dabei spielen motorische und nicht-motorische Symptome der Patienten eine Rolle. Die motorischen Symptome sind vor allem unwillkürliches Zittern und ebenso unwillkürliche Verkrampfungen. Als es bei Opa angefangen hat, sind wir erstmal zum Neurologen. Der hat ihm ein L-Dopa-Präparat verschrieben, und, der Wahnsinn, es ist tatsächlich erst mal wieder verschwunden. Man nennt das den Honeymoon-Effekt, der leider nur 3–5 Jahre andauert, wie uns der Arzt gleich sagte. Aber immerhin.

So war es auch, nach dreieinhalb Jahren ging es wieder los. Der Neurologe hat uns an das Uniklinikum Tübingen überwiesen, damit er medikamentös richtig eingestellt wird. Erstaunlich war, dass er nur ca. 15 Minuten Zeit hatte, um die wichtigsten Untersuchungen zu machen, und da er dann nicht entscheiden konnte, welche weitere Therapie am besten geeignet wäre, hat er uns an die Spezialisten verwiesen, die die Diagnose sehr viel genauer durchführen konnten. Dazu wurde Opa zunächst mal in einer ausführlichen Anamnese (ca. 45 Minuten) untersucht. Es wurde dann entschieden, ihn in einer 14-tägigen sogenannten multimodalen Komplexbehandlung richtig einzustellen. Ich war verblüfft, als ich gesehen habe, wie die Bewegungsmuster von Pflegekräften erfasst werden. Die sind immer wieder, wenn sie kurz Zeit hatten, zu Opa gegangen, haben geschaut, ob er gerade eine Verlangsamung der Bewegungen hat, also bradykinetisch ist, oder hyperkinetisch, also eine gesteigerte Beweglichkeit bzw. Motorik aufweist. Die haben ein Tagebuch, in dem sie das dann eintragen, mit Datum und Uhrzeit. Also, manchmal vergessen sie es auch, dann schätzen sie die Zeit danach – die haben ja so irre viel anderes um die Ohren. Auf jeden Fall: die meiste Zeit bleibt es natürlich unbeobachtet. Wo doch an einer genauen Erfassung der Bewegungsmuster so viel hängt!

Da habe ich auf mein Fitness-Armband geschaut und gedacht: das ginge doch viel einfacher und besser – solche Daten kann doch das Armband rund um die Uhr erheben. Ich habe das mit dem Oberarzt diskutiert und er hat mir Recht gegeben – er war eh gerade in ähnlichen Forschungsprojekten involviert und wir haben die Bewegungsmuster mit unterschiedlichen Fitness-Trackern erhoben. Er meinte auch, dass das ein riesiges Versorgungsproblem ist – weder die Kliniken noch die niedergelassenen Neurologen haben im Grunde die Zeit und die Hilfsmittel, um die Diagnostik so objektiv zu erfassen, dass keine Über-, Unter- oder Fehlmedikation mehr vorkommt. Mit all den Kosten, den Nebenwirkungen und vor allem dem unnötigen Leiden von Opa und den vielen anderen Patienten an Parkinson.

Drum haben wir uns an die Unterlagen aus dem Forschungsprojekt nochmal drangesetzt und einen Algorithmus entwickelt, um die für Parkinson diagnoserelevanten Bewegungsmuster per Armband aufzunehmen. Und als das so einigermaßen funktionierte, sind wir auf ein Netzwerk von Medizintechnik-Herstellern zugegangen und haben einen gefunden, der mit uns ein Armband zur Parkinson-Diagnostik bis zum Prototyp entwickelt hat. Einen richtigen Namen dafür haben wir noch nicht – bislang nennen wir's DiagBand.

Für die Entwicklung des DiagBands bis zur CE-Zertifizierung und zur Serienreife brauchen wir jetzt einen externen Investor – und die amerikanischen Investoren, mit denen wir Kontakt aufgenommen hatten, fragten als Erstes, ob und wie das Produkt später mal vergütet werden kann. Von sowas habe ich als Elektrotechnikerin natürlich keine Ahnung – können Sie mir hier weiterhelfen? Wie kann sowas aussehen? Also, was ist das überhaupt?"

Morgen findet der Termin statt, bei dem Sie vereinbart hatten, der Kundin einen ersten Überblick über das Thema *Vergütung* zu geben. Der Termin ist sehr wichtig, da davon vermutlich abhängt, ob Ihr Unternehmen den Beratungsauftrag bekommt oder nicht. Leider ist der erfahrene Kollege, der in den vergangenen Meetings meist dabei war, morgen verhindert, sodass Sie sich jetzt auf ein Gespräch alleine vorbereiten müssen.

7.3 Aufgaben

7.3.1 Wege in die Vergütung

Der Zugang zum großen Markt der Gesundheitswirtschaft ist maßgeblich geprägt von Regularien der Vergütung. Bitte erstellen Sie für die Ingenieurin einen Überblick über die Möglichkeiten der Vergütung neuer Gesundheitsgüter sowie der Anforderungen, die an deren Bewertung gestellt werden.

a. Vergütungsentscheidungen beziehen sich im Regelfall auf Gesundheitsleistungen, nicht auf einzelne Gesundheitsgüter i. S. v. spezifischen Produkten. Bitte benennen Sie kurz die Unterschiede und ein Beispiel, wo vergütete Gesundheitsleistung und spezifisches Gesundheitsgut zusammenfallen.
b. Welche Kategorien zur Finanzierung neuer Produkte oder Dienstleistungen im Gesundheitswesen kennen Sie? Erläutern Sie der Kundin die verschiedenen Markteintrittswege anhand der Abb. 7.1.
c. Bitte nennen Sie für diese verschiedenen Kategorien zur Finanzierung neuer Gesundheitsgüter je ein konkretes Beispiel und skizzieren Sie kurz die formellen Schritte, die zur Vergütung einer neuen Leistung unter dieser Vergütungsform notwendig sind.
d. Bitte ordnen Sie die nachfolgenden Leistungen einer der unter Teilaufgabe b) und c) genannten Finanzierungskategorie zu; nennen Sie zudem eine einfach zugängliche Informationsquelle, über die Sie an Informationen zu Preisen bzw. Vergütungsraten gelangen können und ermitteln Sie einen Preis bzw. eine Vergütungsrate (falls sie online verfügbar sind; falls es landesspezifische Unterschiede gibt: für Niedersachsen):
   a. Verhaltenstherapie (eine Form der Psychotherapie) für privat versicherte Parkinsonpatientin mit Depression;
   b. ein einfacher Fitness-Tracker für Freizeitsportler:innen;
   c. 25 Min. Stimm-, Sprech- und Sprachtherapie bei Parkinson-bedingten Schluckbeschwerden;
   d. kardiorespiratorische Polygrafie für gesetzlich Versicherte mit Verdacht auf Schlafapnoe;
   e. System zur kontinuierlichen Glukosemessung (interstitielle Messung);
   f. medikamentöse Standardtherapie bei Parkinson Levodopa (L-Dopa);
   g. stationäre Behandlung eines 40jährigen Patienten mit Primärem Parkinson-Syndrom (ohne schwere Komplikationen oder Komorbiditäten), der die durchschnittliche Verweildauer von 8 Tagen im Krankenhaus verbringt;
   h. die Verwendung eines Extrakorporalen Neurostimulationssystem für das periphere Nervensystem, eine neue Behandlungsmethode im stationären Bereich im Jahr 2022;

    i. Leistung zur videobasierten Parkinsondiagnostik, die aufgrund eines Vertrags zwischen einzelnen Kassen und Leistungserbringern finanziert wird;

    j. Lichttherapie gegen Winterdepression bei einem niedergelassenen Arzt bzw. einer niedergelassenen Ärztin;

    k. Zertifizierter präventiver Onlinekurs zur gesunden Ernährung (z. B. der Kurs „Smart essen bauchschlau handeln").

    l. Interaktives online-Therapieprogramm zur Unterstützung von Patient:innen mit Depressionen (z. B. die App „deprexis®").

7.3.2 Vergütungsszenarien für DiagBand

Im Anschluss an das Gespräch bekommt Ihr Unternehmen den Auftrag, zur Vorbereitung eines Business Plans eine kurze Darstellung zur möglichen Vergütung von DiagBand zu verfassen.

a. Bitte prüfen Sie zunächst für alle unter Abb. 7.1 genannten Finanzierungskategorien, ob sie für DiagBand relevant sind. Falls ja, bitte entwickeln Sie jeweils ein entsprechendes Szenario, wie die Vergütung gestaltet sein könnte. Benennen Sie dann je einen Vor- und einen Nachteil dieser Finanzierungskategorie, skizzieren Sie die wichtigsten nächsten Schritte, die zu gehen wären, um diese Vergütungsszenarien zu verfolgen, und benennen Sie offene Fragen, die vor diesen nächsten Schritten zu klären wären.

b. Bitte vergleichen Sie die Marktzugangsszenarien, die Sie in der vorhergehenden Teilaufgabe entwickelt haben. Welches Vorgehen würden Sie als Berater:in der Kundin empfehlen und wie würden Sie dies begründen?

7.3.3 Kritische Reflexion

Nehmen Sie sich abschließend Zeit, Ihr Vorgehen als Market Access Berater:in kritisch zu reflektieren.

a. Bitte nehmen Sie die *Vogelperspektive* eines Gesundheitssystems ein, welches einerseits medizinischen Fortschritt gewährleisten, anderseits Finanzierbarkeit und Verteilungsgerechtigkeit im Blick behalten muss. Mit welchen Anreizen und welchen Fehlanreizen sind Hersteller neuer Gesundheitsgüter beim Marktzugang konfrontiert?

b. Worauf könnten Sie achten, um Ihre Tätigkeit als Market Access Berater:in in einer Weise auszuführen, die verantwortungsvoll mit den unter a) genannten Problemen umgeht?

Literatur

BMJV & BFJ (2019b): Verordnung über Beihilfe in Krankheits-, Pflege- und Geburtsfällen, Bundesministerium der Justiz und für Verbraucherschutz, Bundesamt für Justiz, [online] http://www.gesetze-im-internet.de/bbhv/ [23.03.2019]

BREYER, F., ZWEIFEL, P. & KIFMANN, M. (2013): *Gesundheitsökonomik*. 6., vollst. erw. u. überarb. Aufl. 2013, Berlin; Heidelberg: Gabler Verlag.

BUNDESÄRZTEKAMMER (2019): Verzeichnis der Analogen Bewertungen der Bundesärztekammer, [online] https://www.bundesaerztekammer.de/aerzte/gebuehrenordnung/abrechnung/analoge-bewertungen/ [23.03.2019]

BUSSE, R., SCHREYÖGG, J. & STARGARDT, T. (2017): *Management im Gesundheitswesen: Das Lehrbuch für Studium und Praxis*. 4. Aufl., Berlin, Heidelberg: Springer.

DRG RESEARCH GROUP (2021): Webgrouper, [online] http://drg.uni-muenster.de/index.php?option=com_webgrouper&view=webgrouper&Itemid=112 [14.10.2021]

DRÖSCHEL, D., ROGOWSKI, W. & JOHN, J. (2016): Derzeitige Finanzierung der Versorgung, in: ROGOWSKI, W. (Hrsg.), *Business Planning im Gesundheitswesen: Die Bewertung neuer Gesundheitsleistungen aus unternehmerischer Perspektive*. Wiesbaden: Springer Gabler, S. 147–175.

GUTERMANN PUBLISHER LTD. (2011): GOÄ, [online] http://www.e-bis.de/goae/defaultFrame.htm [23.03.2019]

KOERBER, F., GAPP, O., SCHELLHORN, H. & JOHN, J. (2016): Aufnahme von Leistungen in die Vergütung, in: ROGOWSKI, W. (Hrsg.), *Business Planning im Gesundheitswesen: Die Bewertung neuer Gesundheitsleistungen aus unternehmerischer Perspektive*. Wiesbaden: Springer Gabler, S. 177–204.

ROGOWSKI, W. (Hrsg.) (2016): *Business Planning im Gesundheitswesen: Die Bewertung neuer Gesundheitsleistungen aus unternehmerischer Perspektive*. Wiesbaden: Springer Gabler.

Ethik in der Kommunikationspolitik zu Therapieangeboten

8

Solveig Lena Hansen und Deborah Janowitz

Angesichts der steigenden Prävalenz in Deutschland ist Adipositas ein zunehmend wichtiges Thema in Public Health und im Gesundheitswesen. Eine Möglichkeit der Therapie sind chirurgische Eingriffe. Sie bilden in dieser Fallstudie den Ausgangspunkt, um ethische Aspekte der Kommunikationspolitik im Gesundheitswesen zu diskutieren. Wir verorten zunächst Techniken dieser Kommunikationspolitik auf einem Spektrum zwischen Information und Zwang und arbeiten insbesondere die normativ-praktische Relevanz von Persuasion heraus. Die Fallstudie selbst widmet sich der Entwicklung eines multimodalen Behandlungskonzeptes bei Adipositas und der Abwägung von Interessen bei der Konzeption eines Marketing-Konzeptes. Ein besonderes Augenmerk der Lösungen liegt auf dialogischen und partizipativen Verfahren der Entscheidungsfindung.

8.1 Hintergrund

Gute Kommunikation wird in unserem beruflichen Alltag immer wichtiger. Doch was macht eigentlich gute Kommunikation aus? Neben Kriterien zur gelungenen und zielgerechten Kommunikation im Gesundheitswesen stellen sich hier auch ethische Fragen.

S. L. Hansen (✉)
Universität Bremen, Institut für Public Health und Pflegeforschung,
Bremen, Deutschland
E-Mail: sohansen@uni-bremen.de

D. Janowitz
Helios Hanseklinikum Stralsund, Klinik für Psychiatrie und Psychotherapie, Klinik für
Psychosomatische Medizin und Psychotherapie, Stralsund, Deutschland

Unimedizin Greifswald Klinik für Psychiatrie und Psychotherapie, Greifswald, Deutschland
E-Mail: deborah.janowitz@helios-gesundheit.de

© Springer Fachmedien Wiesbaden GmbH, ein Teil von Springer Nature 2023   59
W. Rogowski (Hrsg.), *Management im Gesundheitswesen*,
https://doi.org/10.1007/978-3-658-39639-8_8

Denn was und wie ich kommunizieren will, geht mit einer Abwägung von Zielen und Mitteln einher – einer Abwägung, die oft nicht genügend reflektiert wird. Wie sich dies ändern ließe, soll in dieser Fallstudie zum Marketing im Kontext der Adipositas-Chirurgie ausgeführt werden.

Nach der American Marketing Association umfasst **Marketing** Handlungen, Institutionen und Prozesse. Diese sollen Angebote schaffen und übermitteln sowie Akteure zu motivieren, sich über diese Angebote auszutauschen. Solche Angebote sollen wertvoll sein für Kund:innen, Mandant:innen, Partner:innen und die Gesellschaft, d. h. sie sollen den betroffenen Gruppen nützen (vgl. AMA 2017). Im Gesundheitswesen sind insbesondere Patient:innen eine wichtige Zielgruppe.

Innerhalb des operativen (ausführenden) Marketing spielt die Kommunikation über das Angebot und seines **Mehrwerts** eine zentrale Rolle. Kund:innen können von einem Produkt oder einer Dienstleistung nur profitieren, wenn sie wissen, dass es sie gibt. Diese Kommunikation ist sprachliches und visuelles Handeln, d. h. es stellt nicht nur bestimmte Inhalte *dar*, sondern bringt *Werte* zum Ausdruck. Versteht man Marketing als solches Handeln, geht damit auch eine ethische **Verantwortung** einher für die Art und Weise, wie etwas vermittelt wird und welche Zielgruppen ausgewählt werden. Diese Art und Weise, also das „Wie" der Vermittlung bezieht sich dabei nicht nur auf die verwendeten Medien (Plakate, Broschüren, Websites, Videos etc.), sondern auf verschiedene Kommunikationstechniken. Solche Techniken lassen sich in fünf Kategorien einteilen: *Information, rationale Argumentation, Persuasion, Manipulation* und *Zwang* (vgl. Schaper et al. 2019). Die Differenzierung dieser fünf Kategorien ergibt sich aus ihren Zielen, Mitteln und Folgen:

- **Information**: Neutrale Darstellung, kein moralischer Appellcharakter.
- Rationale **Argumentation**: Überzeugen von intersubjektiver Gültigkeit einer Aussage, Erzielung von Einverständnis über ein Ziel oder eine Norm.
- **Persuasion**: Zusätzlicher Einsatz arationaler Argumente (Bilder, Musik, etc.).
- **Manipulation**: Beeinflussung der Empfänger:innen, wobei das eigentliche Ziel verschleiert ist; Täuschung mit falschen Argumenten oder gezieltes Auslassen bestimmter Aspekte.
- **Zwang**: Drohungen sind an unerwünschte Handlungsoptionen geknüpft.

Mit diesen analysierten Typen lassen sich Techniken der **Gesundheitskommunikation** auf einem Spektrum verorten. Diese Typologie erlaubt Differenzierungen: wer den Anspruch hat, zu *informieren*, appelliert nicht, d. h. versucht nicht, sein Gegenüber von etwas zu überzeugen. Wenn jemand die Information ignoriert, bleibt dies ohne Konsequenzen. Wer hingegen *argumentiert*, befindet sich i. d. R. im Dialog mit dem Gegenüber und lässt sich auf die jeweilige Perspektive ein. Wer *manipuliert*, versucht bewusst, die Autonomie des Gegenübers zu untergraben. Wer *zwingt*, übt physischen oder verbalen Druck aus, was bis zur Gewalt reichen kann. Während Information und Argumentation i. d. R. ethisch unproblematisch sind, sind Manipulation und Zwang nur in selten Fällen ethisch zu legitimieren, etwa wenn sehr hohe Schutzgüter berührt sind.

Der interessante – da häufigste und ambivalenteste – Fall für das Marketing, die Persuasion, liegt zwischen diesen Polen:

> „Persuasion ist ein Oberbegriff für jegliche Form (versuchter) kommunikativer Einflussnahme. Der Begriff stammt aus dem Lateinischen und ist im Englischen (persuasion) gebräuchlich. Er lässt sich mit ‚überreden‘ und ‚überzeugen‘ übersetzen, was jedoch im deutschen Sprachgebrauch zwei verschiedene Dinge sind: Wenn ich jemanden überrede, bringe ich ihn dazu, etwas zu tun. Wenn ich jemanden überzeuge, räume ich seine Zweifel hinsichtlich einer Sache aus. In der ersten Bedeutung sind bei demjenigen, der überredet wird, Zweifel oder Widerstände vorhanden, die zur Seite geschoben werden. In der zweiten Bedeutung ist der Zweifel beseitigt, mithin der Adressat von einer Sache ‚überzeugt‘." (Schaper et al. 2019, S. 32).

Die Autor:innen argumentieren, dass **Persuasion** im Sinne des Überredens ethisch problematisch sei, wenn

- eine selbstbestimmte Entscheidungsfindung nicht mehr möglich ist, z. B. durch eine bestimmte Lenkung der Informationsvermittlung oder das Verschweigen von alternativen Handlungsmöglichkeiten,
- Personen/Zielgruppen ausgeschlossen oder unangemessen adressiert werden, z. B. durch Diskriminierung,
- Schädigungen entstehen, worunter auch Druck oder Schuldgefühle zählen,
- Akteure im Gesundheitswesen (insbesondere öffentliche Institutionen), in sensiblen Bereichen keinen vollumfänglichen Zugang zu moralisch relevanten Fragen bieten oder gar gezielt gesellschaftliche Herausforderungen auf den Schultern der Individuen austragen.

Zielgruppen zur Nutzung eines Produkts zu überreden, sollte im gesundheitlichen Bereich also sehr gut begründet und im Hinblick auf die Ziele abgewogen werden. Es ist etwa dann legitim, wenn der Nutzen sehr hoch ist und die Risiken bzw. Belastungen der Betroffenen sehr gering sind (Beispiel: Maßnahmen wirken persuasiv auf bessere Hygiene im Krankenhaus ein, wie etwa Händewaschen). Bei anderen Maßnahmen müssen Ziele und Mittel (selbst)kritisch bzw. im Dialog mit anderen geprüft werden. In der Kommunikation von Therapie-Angeboten ist dies besonders relevant, wie unser Beispiel der Adipositas-Chirurgie zeigen soll.

Die Klassifikation der Adipositas nach WHO beruht auf dem Body Mass Index (BMI), der sich aus Körpergewicht dividiert durch Körpergröße im Quadrat (kg/m^2) errechnet. Ab einem BMI von 30 spricht man medizinisch von Adipositas, die sich weiterhin in verschiedene Schweregrade unterteilen lässt. Operationen beziehen sich auf die Verkleinerungen des Magenvolumens, die überwiegend nicht rückgängig zu machen sind. Adipositas ist mit einer Reihe von anderen, weit verbreiteten Erkrankungen assoziiert, wie z. B. Diabetes mellitus Typ 2, Bluthochdruck (metabolisches Syndrom), Gallensteinen oder degenerativen Gelenkerkrankungen.

Einen Überblick über die komplexen Ursachen, die gesundheitlichen Folgen sowie Be-
handlungs- und Präventionsmöglichkeiten der Adipositas bietet das *Weißbuch Adipositas*
(Klein et al. 2016). Einen systematischen Überblick von ethischen Aspekten von Gesundheitskommunikation im Public-Health-Bereich bieten (Loss und Nagel 2009) sowie (Rossi
und Yudell 2012). Aus praktischer Sicht bietet der Sammelband von (Roski 2009) eine
umfassende Zusammenstellung verschiedener Ansätze und Bereiche der zielgruppenge-
rechten Gesundheitskommunikation. Für eine vertiefte Auseinandersetzung mit den ethischen, psychologischen und sozialen Aspekten der Persuasion eignet sich die Einführung
von (Jones und Simons 2017).

8.2   Fallstudie: Multimodales Therapiekonzept bei Adipositas

8.2.1   Erster Teil

Sie treten nach Ihrem Abschluss eine Stelle in der Marketingabteilung einer Universitäts-
klinik an. Der Großteil Ihres Jobs besteht darin, innovative Behandlungskonzepte der Klinik bundesweit zu bewerben, um mehr Patient:innen in die Klinik zu bringen. Kurz nach
Ihrer Einarbeitungsphase setzt Ihre Vorgesetzte ein Meeting an zwischen Ihnen und dem
kaufmännischen Geschäftsführer der Klinik (Herr Kaufmann). Herr Kaufmann strebt die
Zertifizierung der Klinik als Exzellenz-Zentrum für Adipositas-Behandlung an. Hierfür,
so argumentiert er bei Ihrem Treffen, müssten die Fallzahlen der Adipositas-Chirurgie auf
50 pro Jahr gesteigert werden, was eine Vermarktung der Angebote notwendig mache. Er
legt Ihnen nahe, die Kommunikationspolitik für dieses Therapiekonzept daran zu orientieren, dass die Klinik positive Deckungsbeiträge erzielen muss. Dies gelinge für die Adipositas am besten mit Operationen. Operationen seien zudem effizienter für die Gewichtsre-
duktion – Sie sollten also durch Kommunikation versuchen, Patient:innen von der
Sinnhaftigkeit einer Operation zu überzeugen. Sie verbleiben mit Herrn Kaufmann so,
dass Sie sich mit Ihrer Vorgesetzten absprechen und dann ein Marketingkonzept für die
Operationen vorlegen.
   Bitte blättern Sie jetzt vor zu den Aufgaben und beantworten Sie zunächst nur Fragen
zum ersten Teil der Fallstudie.

8.2.2   Zweiter Teil

Nach dem Gespräch mit Herrn Kaufmann besprechen sie das Thema bei einem Kaffee mit
einem Kollegen. Sie fragen ihn, ob er wisse, warum in Deutschland nicht alle Patient:in-
nen standardmäßig operiert werden, wenn dies doch die beste Maßnahme sei. Ihr Kollege
erzählt von einer Podiumsdiskussion, die er zu diesem Thema vor einigen Monaten in der
Klinik besucht habe. Dort haben der Psychologe Herrn Müller und die Chirurgin Frau
Schröder das Thema diskutiert, die beide adipöse Patient:innen behandeln. Ihr Kollege

meint zu erinnern, dass eine OP auch Nachteile haben kann, aber ganz sicher ist er sich nicht. Nachdem Sie das Gefühl haben, noch keine umfassende Perspektive zu der zu bewerbenden Intervention zu haben, vereinbaren sie einen Termin mit Herrn Müller und Frau Schröder. Die beiden geben Ihnen zunächst etwas mehr Hintergrundinformationen:

- Eine Indikation für Operationen besteht bei erwachsenen Patienten mit Adipositas Grad II (BMI $\geq$ 35 kg/m^2) mit adipositasassoziierten Begleiterkrankungen und Grad III (BMI $\geq$ 40 kg/m^2) sowie bei Patienten mit einem Diabetes mellitus Typ 2 in Kombination mit Adipositas (BMI $\geq$ 30 kg/m^2).
- Adipöse Patient:innen sollten laut S3-Leitlinie grundsätzlich vor chirurgischen Behandlungen über andere Therapiemöglichkeiten (Sport, Ernährungsumstellung, Psychotherapie, Änderungen von Verhaltensweisen) informiert werden und diese regelmäßig genutzt haben (AWMF 2018).
- Vor einem operativen Eingriff soll zudem eingeschätzt werden, in welchem Maß Patient:innen in der Lage sind, vereinbarte Therapieziele einzuhalten.
- Ausgeschlossen von einer Operation sind Patient:innen, die sich in instabilen psychopathologischen Zuständen befinden, substanzabhängig sind oder eine unbehandelte Bulimie haben. Können diese Erkrankungen erfolgreich behandelt werden, sollte eine Re-Evaluation durch die Behandelnden erfolgen.
- Wenngleich nach seiner Erfahrung die Mehrheit dafür sei, würden nicht alle Betroffenen die Operationen befürworten bzw. anstreben.

Beide betonen, dass diese Re-Evaluation und eine kontinuierliche Begleitung der Betroffenen sehr wichtig seien, da eine (irreversible) Operation auch Risiken beinhalte, wie etwa Mangelerscheinungen, Unverträglichkeit von Medikamenten sowie ggf. Folgeerkrankungen. Herr Müller ergänzt, dass die Suizid-Rate nach Adipositas-Operationen im Vergleich zur Gesamtbevölkerung erhöht sei und verweist auf die Studie von (Neovius et al. 2018). Alle Patient:innen müssen sich deshalb bei einem Mental Health Professional (Facharzt für Psychiatrie oder Psychosomatik, Psychologischer Psychotherapeut) vorstellen, der:die eine Beurteilung bezüglich aktueller und früherer psychischer Störungen und absichtlicher Selbstschädigung (v. a. Suizidversuche) vornimmt.

Operationen, so das Fazit der beiden, könnten zwar sinnvoll sein, man müsse aber immer fallbasiert entscheiden und dürfe nicht pauschal dafür werben. Beide haben vor, ein interdisziplinäres Adipositas-Board zu gründen, das sich solchen Fällen widmen soll. Dies beinhalte, wie Frau Schröder ausführt:

- Die Entwicklung eines multimodalen Therapiekonzeptes für Adipositas, welches Bewegung, Ernährung, Verhalten und chirurgische Optionen verbindet.
- Die Unterstützung von Patient:innen bei einem Antrag auf eine Operation bei der Krankenkasse.
- Eine Nachsorge der Operierten.

Hier setzt Herr Müller ein und weist auf die Besonderheiten der Zielgruppe hin

- Von Adipositas sind Gruppen mit sozioökonomisch niedrigem Status besonders betroffen.
- Adipositas ist ein sehr schambesetztes Thema, was bei Betroffenen oft mit Ängsten und Stigmatisierungserfahrungen sowie biografisch einschneidenden Erlebnissen einhergehe.
- Viele Betroffene sind auch psychisch/psychiatrisch erkrankt und haben z. B. Essstörungen oder Depressionen.
- Einige Patient:innen hätten übersteigerte Erwartungen an die Effizienz der Behandlung und würden Nebenwirkungen bzw. Spätfolgen eher ausblenden.

Nach diesen zusätzlichen Informationen regen Sie bei Ihrer Vorgesetzten einen Termin mit allen Beteiligten an, um sich über das gemeinsame Marketing-Konzept zu verständigen. Ihre Vorgesetzte befürwortet dies und Sie haben insgesamt drei Termine mit Herrn Kaufmann, Herrn Müller und Frau Schröder. Nach längeren Diskussionen einigen Sie sich schließlich auf folgendes Ziel: Patient:innen sollen über die Angebote des einzurichtenden interdisziplinären Adipositas-Boards informiert werden. Die Materialien sollen so aufbereitet sein, dass Patient:innen auf deren Basis gemeinsam mit Behandler:innen zu entscheiden, ob eine OP sinnvoll ist.

Ihre Vorgesetzte bittet Sie daraufhin um ein erstes Konzept zum Angebot, das anschließend an eine Marketing-Agentur verschickt werden kann.

8.3   Aufgaben

8.3.1   Aufgaben zum ersten Teil der Fallstudie:

1. Wer sind die Beteiligten in der Situation? Welche Interessen haben sie?
2. Wer ist neben den Beteiligten von dieser Maßnahme direkt oder indirekt betroffen?
3. Welche Fragen stellen sich für ein Marketing-Konzept nach den 4P (Product, Price, Promotion, Place)?
4. Genügen die Vorgaben von Herrn Kaufmann den Ansprüchen an Marketing aus Perspektive der 4P?
5. Sehen Sie ethische Herausforderungen bei dem anvisierten Ziel von Herrn Kaufmann?

8.3.2   Aufgaben zum zweiten Teil der Fallstudie:

1. Welche spezifischen Herausforderungen stellen sich für das Marketing dieses Konzeptes?
2. Bei wem holen Sie sich weiteren Rat bei der Entwicklung?
3. Welche Informationen benötigt die Zielgruppe? Was sind mögliche Kommunikationswege und -medien?

4. Sehen Sie Herausforderungen in Bezug auf die Stigmatisierung der Zielgruppen?
5. Was sollten Sie bei der Auswahl einer Agentur, an die Sie den Auftrag für die Konzepterstellung vergeben, berücksichtigen?

Literatur

AMA (2017): Definitions of Marketing, American Marketing Association (AMA), [online] https://www.ama.org/the-definition-of-marketing-what-is-marketing/ [11.11.2021]

AWMF (2018): S3-Leitlinie: Chirurgie der Adipositas und metabolischer Erkrankungen. Arbeitsgemeinschaft der Wissenschaftlichen Medizinischen Fachgesellschaften (AWMF) [online] https://www.awmf.org/uploads/tx_szleitlinien/088-0011_S3_Chirurgie-Adipositas-metabolische-Erkrankugen_2018-02.pdf

JONES, J. G. & SIMONS, H. W. (2017): *Persuasion in society.* 3rd Edition, London: Routledge.

KLEIN, S., KRUPKA, S., BEHRENDT, S., PULST, A. & BLES, H. (2016): Weißbuch Adipositas. *MWV Medizinisch Wissenschaftliche Verlagsgesellschaft mbH & Co. KG, Berlin.*

LOSS, J. & NAGEL, E. (2009): Probleme und ethische Herausforderungen bei der bevölkerungsbezogenen Gesundheitskommunikation. *Bundesgesundheitsblatt – Gesundheitsforschung – Gesundheitsschutz,* 52:5, 502–511.

NEOVIUS, M., BRUZE, G., JACOBSON, P., SJÖHOLM, K., JOHANSSON, K., GRANATH, F., SUNDSTRÖM, J., NÄSLUND, I., MARCUS, C., OTTOSSON, J., PELTONEN, M. & CARLSSON, L. M. S. (2018): Risk of suicide and non-fatal self-harm after bariatric surgery: results from two matched cohort studies. *The Lancet Diabetes & Endocrinology,* 6:3, 197–207.

ROSKI, R. (2009): *Zielgruppengerechte Gesundheitskommunikation: Akteure-Audience Segmentation-Anwendungsfelder.* Wiesbaden: VS Verlag für Sozialwissenschaften.

ROSSI, J. & YUDELL, M. (2012): The Use of Persuasion in Public Health Communication: An Ethical Critique. *Public Health Ethics,* 5:2, 192–205.

SCHAPER, M., HANSEN, S. L. & SCHICKTANZ, S. (2019): Überreden für die gute Sache? Techniken öffentlicher Gesundheitskommunikation und ihre ethischen Implikationen. *Ethik in der Medizin,* 31:1, 23–44.

Teil II

Leistungserbringung

Grundsätze der Prozessoptimierung

Wolf Rogowski und Eugenia Larjow

Die Fallstudie führt in eine Prozessperspektive auf Tätigkeiten und Abläufe ein, die während der Aufnahme und der Versorgung von Patient:innen in Gesundheitseinrichtungen stattfinden. Anwendungsbeispiel ist eine Situation aus dem Wartebereich einer psychiatrischen Ambulanz. Durch die Auswertung von Beobachtungen und Gesprächen mit Mitarbeitenden und einem Patienten aus der Ambulanz sollen auch potenzielle Vor- und Nachteile des Prozessmanagements identifiziert werden. Zugleich werden auch grundlege Prozessoptimierungstechniken vorgestellt, die anschließend auf die beobachteten Sachverhalte übertragen werden sollen.

9.1 Hintergrund

Die Erstellung medizinischer Leistungen in Gesundheitsbetrieben geschieht nicht immer nur in einzelnen Organisationseinheiten, wie z. B. einer psychiatrischen Station. Häufig durchlaufen Patient:innen verschiedene Stationen bzw. Behandlungsbereiche und spätestens bei Abrechnungsfragen sind zusätzlich Mitarbeiter:innen aus dem Verwaltungsbereich mit dem Fall befasst. Diese Divergenz von organisatorischer Zuständigkeit und Behandlungsabläufen führt nicht selten zu Problemen wie ungenügender Informationsweitergabe. Diese zu überwinden, ist das Ziel von **Prozessmanagement** im Gesundheits-

W. Rogowski (✉)
Institut für Public Health und Pflegeforschung, Universität Bremen, Bremen, Deutschland
E-Mail: rogowski@uni-bremen.de

E. Larjow
Aufwandsermittlungen und Verfahrensanalysen für Bessere Rechtsetzung, Statistisches
Bundesamt (Destatis), Bonn, Deutschland
E-Mail: larjow@ipp.uni-bremen.de

© Springer Fachmedien Wiesbaden GmbH, ein Teil von Springer Nature 2023
W. Rogowski (Hrsg.), *Management im Gesundheitswesen*,
https://doi.org/10.1007/978-3-658-39639-8_9

wesen. Ein erster Schritt erfolgreichen Prozessmanagements besteht darin, Behandlungs-
abläufe als Prozesse zu verstehen, darzustellen und sich anhand der Prozessdarstellung
Gedanken darüber zu machen, wie Prozesse verbessert werden können.

Prozesse sind Tätigkeiten, die sich in einem Betrieb regelmäßig wiederholen (Gadatsch
2015). Sie können durch definierte **Start- und Endpunkte** voneinander abgegrenzt werden. Während dieser Tätigkeiten sollen unterschiedlichste Informationen (Inputs) derart
verarbeitet werden, dass sie zu vordefinierten Ergebnissen (Outputs) führen. Speziell in
Betrieben des Gesundheitswesens werden sich wiederholende Vorgänge nach medizinischen und betriebswirtschaftlichen (Geschäfts-) Prozessen unterschieden. Eine reflektierte
Beobachtung von alltäglichen Abläufen mit dem Auftrag, gewohnte Routinen aufzu-
brechen, um sie auf ihre Geschäftstauglichkeit hin kritisch zu überprüfen, wird als Prozessanalyse bezeichnet. **Prozessanalysen** können dazu beitragen, Transparenz zu schaffen
und Vorschläge zu entwickeln, wie übergeordnete Geschäftsziele ressourcenschonender
und verlässlicher erreicht werden können. Der in diesem Kontext häufig ausgesprochene
Begriff *Workflow* ist v. a. auf die (zumindest zum Teil) computergestützte Ausführung von
Prozessen ausgerichtet (Gadatsch 2015; Gadatsch 2013). Das Bestreben, verlässlich hohe
Qualitätsstandards in der Behandlung von Patient:innen einzuhalten, ist mit der Entwicklung und Implementierung von *klinischen Behandlungspfaden* verbunden.

Eine Übersicht mit Analysemethoden für klinische Prozesse sowie Hinweise zur Entwicklung von Behandlungspfaden findet sich im *Praxishandbuch Integrierte Behandlungspfade* (Eckardt 2006). Als einführende Literatur wird das Kapitel *Geschäftsprozess-
management im Gesundheitswesen* aus dem Lehrbuch *IT-gestütztes Prozessmanagement
im Gesundheitswesen* von (Gadatsch 2013, S. 5–28) empfohlen.

9.2 Fallstudie: Die suboptimalen Prozesse im Krankenhaus St. Eligius

Am Tag nach der Abgabe Ihrer Public Health Bachelorarbeit sind Sie zufällig auf eine
Stellenanzeige des Krankenhauses *St. Eligius* mit dem Titel *Medizinmanagement und
Prozessoptimierung* gestoßen, die der neue Geschäftsführer geschaltet hatte. Sie haben
eine Bewerbung hingesendet. Nachdem Sie im Vorstellungsgespräch durch profundes
Wissen sowohl zu evidenzbasierter Medizin als auch zu Prozessmanagement glänzen
konnten, haben Sie eine Zusage erhalten. Heute ist Ihr erster Arbeitstag. Leider hat der
Geschäftsführer nur wenig Zeit – er erklärt Ihnen nur kurz, dass die Prozesse in der Psychiatrie dringend auf Vordermann gebracht werden müssen, da sich sowohl die Qualität als
auch die betriebswirtschaftlichen Kennzahlen im tiefroten Bereich bewegen würden. Sie
sollen sich selbstständig einen Überblick verschaffen und ihm einen Vorschlag für Verbesserungsmaßnahmen machen.

Glücklicherweise gelingt es, schnell einen Termin beim Chefarzt der Psychiatrie zu
bekommen. Prof. Dr. Manfred Seelig erklärt Ihnen:

„Bei uns steht der Patient im Mittelpunkt. Vom Moment der Aufnahme bis zur Entlassung versuchen wir, mit möglichst wenig Bürokratie und möglichst viel Menschlichkeit zu arbeiten. Deswegen halte ich auch nicht so viel von Prozessmanagement und so Zeug. Ständig diese Formulare überall, ich kann sie nicht mehr sehen! Klar, auch wir haben das ja schon vor längerem aufgedrückt bekommen und machen auch, aber es ist einfach nur lästig. Aber, wo Sie uns sehr helfen könnten: uns den MD[1] vom Hals zu halten. Erst heute kam wieder eine Prüfung, weil wir eine Schizophrenie-Patientin angeblich nicht leitliniengerecht behandelt … Bitte entschuldigen Sie, meine Sekretärin … Was sagen Sie, Frau Müller? Patient Meier wartet bereits eine halbe Stunde in meinem Sprechzimmer? … Es tut mir leid, ich muss weg, da habe ich wohl einen Termin in meinem separaten Kalender für Privatsprechstunden übersehen. Lassen Sie sich bitte von Frau Müller einen neuen Termin für Verwaltungsangelegenheiten bei mir geben …"

Nachdem Frau Müller Herrn Prof. Seelig noch die vergessene Patientenakte in das Sprechzimmer bringen muss und daher gerade nicht für Terminabsprachen verfügbar ist, nehmen Sie in der Notfallambulanz Platz. Die Notfallambulanz der Psychiatrie von *St. Eligius* ist eine Art Wartezimmer, in dem neue Patient:innen aufgenommen werden. Je nach Schwere der Diagnose werden sie in die Akutstation oder in die Tagesklinik überwiesen oder nach einer kurzen Behandlung wieder nach Hause entlassen. Die Sprechstundenhilfe betritt den Raum und drückt dem neben Ihnen sitzenden Patienten (Herr Schulze) einen Patient:innenerfassungsbogen in die Hand. Dies ist eine der Maßnahmen, die im Zuge der Prozessoptimierung eingeführt worden ist. Herr Schulze blickt sie an, beginnt zu zittern, bricht in Tränen aus und schluchzt:

„Ich halte das nicht mehr aus. Zum dritten Mal bin ich hier, zum dritten Mal drücken Sie mir ihren blöden Zettel in die Hand. Das erste Mal haben Sie mich wieder weggeschickt, weil Sie bei der Anamnese festgestellt haben, dass Ihnen die Überweisung vom Hausarzt fehlt. Das zweite Mal wollten Sie meine MRI[2]-Ergebnisse vom vergangenen Monat noch haben. Sie haben alle meine Daten schon beim ersten Mal erhoben. Ich schaffe das nicht! Tante Erna hatte recht, es ist das Schicksal, das meine Schandtaten aus früheren Leben rächt. Es hat alles keinen Sinn, ich muss mich dem Urteil über mein Leben fügen …".

Zitternd steht der Patient auf und will in Richtung Tür gehen. Die Mimik der Sprechstundenhilfe gefriert und sie beschwichtigt den Patienten:

„Nein, nein, bitte bleiben Sie sitzen! Das passt schon. Warten Sie noch kurz, ich muss nur schnell den diensthabenden Arzt suchen, er war vorhin in eine Gruppe mit Privatpatienten gerufen worden, um den Gruppenleiter zu unterstützen …"

---

[1] Der Medizinische Dienst (MD) berät die Kranken- und Pflegekassen in medizinischen und pflegerischen Fragen und führt verschiedenartige Prüfungen durch, z. B. bei vermuteten Behandlungs- oder Abrechnungsfehlern (s. hierzu auch Informationen auf der Website des MD, https://www.medizinischerdienst.de/).

[2] Magnetic Resonance Imaging (MRI) ist ein bildgebendes Verfahren in der medizinischen Diagnostik zur Darstellung von Struktur und Funktion der Gewebe und Organe im Körper.

Sie verlässt eilig den Raum mit dem unausgefüllten Anamnesebogen in der Hand. Im Herauseilen murmelt sie vor sich hin:

„Schon wieder sowas, ich hoffe sehr, es klappt mit meiner Bewerbung im Roten Kreuz Krankenhaus …"

Sie legen dem noch immer langsam weiter in Richtung Tür gehenden Patienten freundlich die Hand auf die Schulter und sagen:

„Wollen Sie sich nicht wieder hinsetzen? Das war sicher nur ein Versehen. Ich glaube, wegen der Urlaubszeit ist hier gerade etwas wenig Personal. Aber Sie werden sicher bald gut versorgt".

Der Patient kehrt zurück auf seinen Platz und erzählt:

„Wissen Sie, wenn's nur das wäre. Die Klinik kooperiert mit einem betreuten Wohnen, wo ich auch bin. Früher, wenn ich was hatte, bin ich zu dem Sozialpädagogen und konnte das alles bereden. Irgendwann haben die so ein Prozessmanagement eingeführt oder wie das heißt, da mussten die alles dokumentieren, in so komplizierten Bögen. Da hatten die dann keine Lust drauf, weil ich nicht so ein Fall nach Schema F bin. Plötzlich war keiner mehr da, wenn ich was hatte, weil sie dann nichts dokumentieren mussten. Ach, ich könnte viel über diese Klinik sagen. Aber es ist halt nun mal die einzige im Umkreis, drum muss ich da hin. Die sagen einem auch nie, wenn sie die Medikamente ändern. Abends kommt dann die Schwester mit ganz neuen Tabletten – ohne zu wissen warum und wieso, es steht einfach auf ihrem Zettel: für Herrn Schulze 120 mg Medikament XY. Und da krieg ich immer die Panik, dass alles wieder von vorne losgeht, weil ich nicht weiß, warum, und weil es ja auch eine Verwechselung sein kann. Beim letzten Mal hat die Schwester dann den Nachtdienst geholt – der war erst auch ganz verwirrt, weil er keine Begründung dazu in meiner Akte gefunden hatte. Erst später fanden wir das Protokoll der Visite, wo die das beschlossen haben, die Medikamente zu ändern, der Zettel war noch auf dem Schreibtisch des Oberarztes. Die protokollieren ihre Visite immer erst im Nachhinein. Wahnsinn, war ich erstmal am Boden. Und wenn Sie von der Akutstation auf die Tagesstation wechseln, geht's erst richtig los. Die haben einen Prozess definiert, wie für ihre Patienten Therapieziele festgelegt werden, wenn sie neu auf die Station kommen. Und der geht jedes Mal los – auch bei mir damals, als ich von der Akut- in die Tagesklinik überwiesen wurde. Immer Schema F abarbeiten statt sich um das Wohl der Patienten zu kümmern. Das schlimmste ist, dass meine erfolgreich begonnene Arbeitstherapie, die mir richtig viel gebracht hat, mit dem Wechsel abgebrochen wurde. Früher wurde da immer irgendwie eine Lösung für spontan auftretende Probleme gefunden, auch, wenn's mal unkonventionell war. Heute machen die nur noch, was in ihrem Prozesshandbuch steht."

Die Tür geht auf, ein junger Arzt blickt hinein und sagt:

„Herr Schulze, bitte!".

Ein Herr auf der anderen Seite des Raums steht auf, geht zu dem jungen Arzt, und drückt ihm einen ausgefüllten Fragebogen in die Hand. Der junge Arzt sieht den Patienten etwas irritiert an. Während die beiden in Richtung der Sprechzimmer gehen, hört man ihn noch sagen:

> *„Das wäre ja wirklich nicht nötig gewesen …"*

Dann sind die beiden verschwunden.

> *„Ja, Schulze ist ein häufiger Name hier …"*

sagt der Patient neben Ihnen.

> *„… Ach, aber es tut gut, sich mal etwas Luft zu verschaffen. Außer Tante Erna konnte ich das bisher nie jemandem erzählen. Ich will aber auch nicht, dass das alles zu negativ klingt. In dem betreuten Wohnen, da kümmern sich die Pädagogen wirklich rührend. Selbst kochen tun sie für uns. Da bleibt zwar dann manchmal etwas zu wenig Zeit für die sozialpädagogischen Gespräche, aber sie folgen jedenfalls dem eisernen Vorsatz unseres Chefarztes, den Patienten immer in den Mittelpunkt zu stellen."*

9.3   Aufgaben

9.3.1   Positive und negative Wirkungen von Prozessmanagement

a) Welche positiven Wirkungen sollen durch Prozessmanagement erreicht werden?
b) Welche unerwünschten Wirkungen können damit verbunden sein?

9.3.2   Mögliche positive und negative Wirkungen von Prozessmanagement in St. Eligius

a) Nennen Sie für möglichst viele der genannten positiven Wirkungen des Prozessmanagements mithilfe von Textfundstellen Beispiele aus der Fallstudie, für die Sie Optimierungsbedarf in Richtung dieser erwünschten Wirkungen sehen. Erläutern Sie, falls notwendig, Ihre Antwort.
b) Für welche unerwünschten Wirkungen können Sie Beispiele in der Fallstudie finden?

9.3.3   *Verschlimmbesserungen* durch Prozessmanagement in St. Eligius

a) Bitte identifizieren Sie bereits durchgeführte Prozessmanagement-Maßnahmen und beschreiben Sie, was sie grundsätzlich hätten erzielen sollen.

b) Inwiefern wurde dieses Ziel Ihres Erachtens nicht erreicht bzw. die Situation sogar *verschlimmbessert*?

9.3.4   Möglichkeiten zur Optimierung von Prozessen

Beschreiben Sie möglichst viele der genannten Phänomene als Prozessschritte, jeweils mit einem IST-Zustand, sowie einer damit verbundenen Optimierungsmöglichkeit. Bitte orientieren Sie sich dabei an der grafischen Darstellung in Abb. 9.1 zu Möglichkeiten der Optimierung von Prozessen.

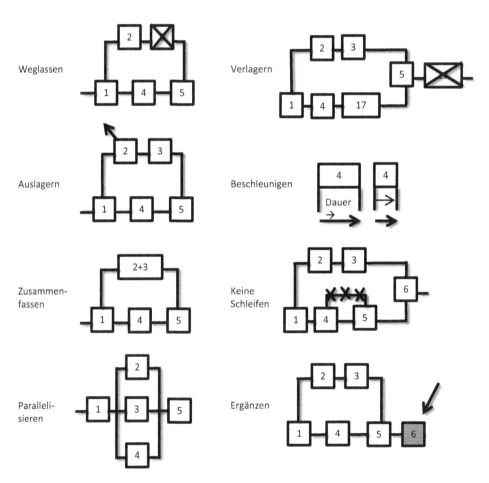

Abb. 9.1 Optimierungsmöglichkeiten für Prozesse. (Quelle: eigene Darstellung nach Gadatsch 2013, S. 21)

Literatur

ECKARDT, J. R. (2006): *Praxishandbuch Integrierte Behandlungspfade. Intersektorale und sektorale Prozesse professionell gestalten.* Heidelberg [u.a.]: Economica [u.a.].

GADATSCH, A. (2013): *IT-gestütztes Prozessmanagement im Gesundheitswesen.* Wiesbaden: Springer Vieweg.

GADATSCH, A. (2015): *Geschäftsprozesse analysieren und optimieren. Praxistools zur Analyse, Optimierung und Controlling von Arbeitsabläufen.* Wiesbaden: Springer Vieweg.

Business Process Model and Notation

10

Wolf Rogowski und Walter Swoboda

Ein wichtiger Aspekt der Leistungserstellung ist die Planung und Optimierung von medizinischen und administrativen Prozessen. Insbesondere wenn Prozesse im Zuge verstärkter Digitalisierung im Gesundheitswesen durch Informationstechnologien abgebildet und unterstützt werden sollen, bedarf es einer präzisen und allgemein konsentierten Notation zur grafischen Darstellung von Prozessen. Ein weithin anerkannter Standard hierfür ist die Business Process Model and Notation (BPMN).

Nach einer allgemeinen Einführung in Prozessmodellierung und in BPMN wird im Rahmen dieser Fallstudie das bereits eingeführte Szenario der Notaufnahme St. Eligius vertieft. Zur Vorbereitung einer Neustrukturierung der Notaufnahme werden verschiedene Aspekte eines verbal beschriebenen neuen Aufnahmeprozesses mit BPMN modelliert und die Leistungsfähigkeit verschiedener Prozessnotationen miteinander verglichen.

10.1 Hintergrund

Erfolgreiche **Prozessoptimierung** setzt voraus, dass die verschiedenen beteiligten Akteur:innen ein gemeinsames Verständnis der **Prozessabläufe** entwickeln und sie dokumentieren. Verbale Beschreibungen stoßen insbesondere bei komplexeren Abläufen schnell an ihre Grenzen, sodass hier typischerweise auf **grafische Darstellungen** zurückgegriffen wird. Für grafische Darstellungen gibt es verschiedene Möglichkeiten. Sie

W. Rogowski (✉)
Institut für Public Health und Pflegeforschung, Universität Bremen, Bremen, Deutschland
E-Mail: rogowski@uni-bremen.de

W. Swoboda
Institut DigiHealth, Hochschule Neu-Ulm, Neu-Ulm, Deutschland
E-Mail: walter.swoboda@hnu.de

können zum einen auf einer intuitiv und spontan erstellten Abfolge von Pfeilen mit ergänzenden Erläuterungen beruhen, was den Vorteil hat, dass es hierfür keiner Vorbereitung
oder Ausbildung bedarf. Nachteil ist jedoch, dass die Grafiken möglicherweise nicht für
alle Beteiligten eindeutig verständlich sind. Um dem zu begegnen sind verschiedene, standardisierte Prozessnotationen entstanden, die sich aus festgelegten Symbolen zusammensetzen. Beispiele hierfür sind z. B. die sogenannte *Ereignisgesteuerte Prozesskette* mit
einer Anzahl festgelegter Symbole wie z. B. Pfeilen und Rauten für Verzweigungen. Im
Bereich der **evidenzbasierten Medizin** wird zur Abbildung klinischer Algorithmen von
der Arbeitsgemeinschaft der Wissenschaftlichen Medizinischen Fachgesellschaften eine
Notation aus vier Symbolen für klinischen Zustand, Entscheidung, Handlung und logi-
scher Sequenz empfohlen (AWMF 2004). Eine vergleichende Darstellung von Notationen
findet sich z. B. bei (Gadatsch 2013a, S. 64 ff.) oder mit Schwerpunkt auf Bezügen zum
Gesundheitswesen z. B. ebenfalls bei (Gadatsch 2013b, S. 36 ff.).

Gerade wenn komplexe Sachverhalte abgebildet werden sollen und wenn eine **Prozessdarstellung** auch dazu dient, dass Prozesse mit digitalen Medien unterstützt oder ggf. mit
ihren Dauern, Kosten und Effekten modelliert werden sollen, benötigen Softwareent-
wickler:innen jedoch hoch präzise Angaben. Eine Prozessnotation, die hierbei häufig eingesetzt wird, ist *Business Process Model and Notation (BPMN)*. Sie wird von dem Konsortium *Object Management Group* gepflegt, einem herstellerübergreifenden Konsortium
zur Entwicklung von Programmierungsstandards. Details zur Notation können kostenfrei
von der Website heruntergeladen werden (Object Management Group 2019). Zur praktischen Anwendung der Notation für die Prozessmodellierung und -simulation gibt es eine
Reihe unterstützender Software-Angebote wie z. B. dem Bizagi Modeler, der kostenfrei
auf der Website des Unternehmens zur Verfügung gestellt wird.

Das folgende Fallbeispiel orientiert sich stark an dem Buchbeitrag *Prozessoptimierung
und Prozessdokumentation: Funktioniert BPMN in der Praxis?* von Walter Swoboda
(Swoboda 2016) aus dem Buch *Dienstleistungsmanagement im Krankenhaus* (Pfannstiel
et al. 2016). Ein Großteil des Textes besteht aus wörtlichen Zitaten mit freundlicher Genehmigung von Autor und Verlag für den Wiederabdruck.

10.2   Fallstudie: BPMN für die Notaufnahme St. Eligius

Leider ist in Bezug auf die Krankenhausaufsicht für St. Eligius der Worst Case eingetreten:
Bei dem Vorfall im Wartezimmer (s. Fallstudie *Die suboptimalen Prozesse im Krankenhaus St. Eligius* in Kap. 9) saß zufällig ein Mitarbeiter der Krankenhausaufsicht mit im
Wartezimmer, der eigentlich einen Termin mit der Krankenhausleitung vereinbaren und
sich vorab einen Einblick in den Alltag des Krankenhauses verschaffen wollte. Zwar ist er
Klagen von Patient:innen gewohnt und legt nicht jede Aussage über angeblich schlecht
funktionierende Behandlungsprozesse auf die Goldwaage – aber dass in der Psychiatrie
ein Patient mit offensichtlicher Gefahr der Selbstschädigung allein gelassen wird und
dass in der Notaufnahme kein ärztliches Personal anwesend war (er hatte auf die Uhr

geschaut – es hatte eine Viertelstunde gedauert, bis der Arzt kam), brachte ihn auf den Plan. Zudem war die offensichtliche Verwechselung zweier Patienten nicht aufgefallen – selbst nach einer weiteren Stunde hatte niemand nach dem richtigen Herrn Schulze gefragt. Hier hätte es ein Krankenhausinformationssystem (KIS) geben müssen, welches systematisch Patient:innendaten von der Aufnahme bis zur Entlassung bzw. Verlegung dokumentiert. Das Krankenhaus bekam daher die Auflage, einen systematischen, in ein KIS integrierten Prozess der medizinischen Triage einzuführen – wird die Auflage nicht umgesetzt, droht die Schließung des Hauses. Auf Sie wartet ein Sprung ins kalte Wasser als Expert:in für Medizinmanagement und Prozessoptimierung, der größer kaum sein könnte: Die Geschäftsführung beauftragt Sie mit der Vorbereitung dieser Einführung.

Aus Ihrem Studium wissen Sie noch, dass die medizinische Triage der grundlegende klinische Prozess in einer medizinischen Nothilfe-Einrichtung ist. Sie stellt ein in der Notfallmedizin etabliertes Verfahren zur Einteilung ankommender Patient:innen nach Behandlungsdringlichkeit dar. Es existieren verschiedene Modelle mit unterschiedlichen Notfallkategorien. Eines davon ist etwa der *Emergency Severity Index* (ESI) mit fünf Kategorien, bei denen 1 und 2 für *sofortige Behandlung notwendig* und 3–5 für Patient:innen mit niedrigerer Behandlungspriorität stehen.

Sie initiieren zwei Treffen mit der Klinikleitung, in der Anforderungen an die Sollprozesse benannt wurden, und bilden ein Team mit Teilnehmer:innen aus Pflege, Medizin, IT-Abteilung und Verwaltung, in der die geforderten Merkmale erfasst wurden. Folgende notwendige Kernfunktionalitäten des Systems bildeten sich dabei heraus:

- medizinische Triage aller Patient:innen
- zweigleisiges Vorgehen bei Patient:innen der hohen und niedrigen Triage-Stufen
- systematische Einbindung ins KIS
- systematische Erfassung von Patient:innen mit Fallnummern, die möglichst frühzeitig vergeben werden sollten (auch für die Dokumentation im KIS)
- Oberärzt:innen sollen jederzeit Überblick über Patient:innen und Behandlungskapazitäten haben
- mehr Patient:innenzufriedenheit durch automatische Information, wenn Patient:in an der Reihe ist

Nach einer Analyse der relevanten Guidelines und Ausschöpfung allen Optimierungspotenzials definiert das Projektteam innerhalb mehrerer Workshops zur bestmöglichen Umsetzung der Prozessziele die Sollprozesse, die im Folgenden beschrieben sind.

1. Startaktivität und Basisprozess

Der Prozess startet, wenn Patient:innen in die Notaufnahme gelangen. Als Erstes erfolgt die Triage, eine Einteilung in fünf ESI-Einschätzungsgruppen. Danach wird zweigleisig weiterverfahren: Bei Patient:innen mit Triage-Stufe 1–2 hat die medizinische Behandlung Vorrang. Deshalb werden nur für die Leistungsanforderungen und Dokumentation vorbereitete

Dummy-Fallnummern vergeben und die Patient:innen werden ohne weitere Verzögerung behandelt (mit allen dazugehörigen Aktivitäten wie z. B. Differenzialdiagnostik am Anfang und Dokumentation am Ende). Patient:innen mit Triage-Stufe 3–5 kommen in die Normalaufnahme und nach den Aufnahmeaktivitäten in eine Warteschleife. Sie werden nur dann behandelt, wenn gerade keine Patient:innen mit höheren Triage-Stufen versorgt werden müssen. Der Basisprozess der Notaufnahme endet, nachdem die Patient:innen entlassen bzw. auf eine andere Station verlegt wurden.

2. **Triage-Gruppen 3–5: Normalaufnahme, Warteschleife und Patient:innen-Alarmierung**

Bei der Normalaufnahme der weniger kritischen Fälle (Triage-Gruppen 3–5) werden neben der Triagestufe auch andere Patient:innendaten sowie der Aufnahmezeitpunkt erfasst und in das KIS übermittelt. Mit der Triagegruppe steht auch die eventuell einzuhaltende maximale Wartezeit bis Behandlungsbeginn fest (Patient:innen der Stufe 3 müssen nach maximal 30 Minuten behandelt werden, für Patient:innen der Stufen 4 und 5 gibt es keine festen Zeitfenster). Dieser Zeitpunkt wird ebenfalls vom KIS ermittelt.

Die Patient:innen werden von einem mobilen Trackinggerät benachrichtigt, wenn ihre Behandlung erfolgen soll. Dieses Trackinggerät wird nach der Aufnahme ausgehändigt und die jeweiligen Patient:innendaten werden elektronisch zugeordnet. Gerade für nicht so kritische Fälle stellt diese automatische Benachrichtigungseinrichtung eine wesentliche Erleichterung dar, da sie ein temporäres Verlassen des eigentlichen Behandlungsbereichs ermöglicht, z. B. um Anrufe zu tätigen oder anderweitige Dinge zu erledigen. Da in der Nothilfe ein:e Patient:in nicht von der Ankunftsreihenfolge auf seinen/ihren Behandlungsbeginn schließen kann, erwarten sich die tätigen Kliniker:innen davon eine deutliche Entspannung. Im Behandlungsfall erfolgt auch gleich die Übermittlung der Nummer des zugeteilten Behandlungsraums.

Neben der maximalen Wartezeit bis Behandlungsbeginn dokumentiert das IT-System, ob die Behandlungskapazitäten frei oder belegt sind. Darauf aufbauend, können zwei Dinge den Tracker und in Folge die Behandlung auslösen: Die Warteschleife kann zum einen dadurch unterbrochen werden, dass Behandlungsressourcen frei werden. Zum anderen wird eine Fehlermeldung ausgeworfen, wenn der/die Patient:in länger als die maximale Wartezeit in der Warteschleife verbringt. In diesem Falle wird ausnahmsweise die Behandlung von Patient:innen mit niedrigerer Priorität zeitweilig unterbrochen. Hier sind nicht triviale und medizinisch wichtige Entscheidungen zu treffen. Das Freimachen von Kapazität mit niedrigerer Priorität geschieht daher in enger Absprache mit einem bzw. einer Notfall-Manager:in, da ein autonom arbeitender Algorithmus dies nicht leisten kann.

Die Informationen zu den Patient:innen in der Warteschleife und zu den mit niedrigerer Priorität beschäftigten Kapazitäten sowie sonstige Daten aus dem KIS stehen aufbereitet in einer dafür entwickelten Anzeige zur Verfügung.

3. Dateneingabe der Triage-Gruppen 1–2 und Gesamtprozess

Das Ergebnis der Triage wird herkömmlich in Papierform dokumentiert, da nicht genügend mobile IT-Geräte zur Verfügung stehen und die Triage ein weitgehend ortsungebundener und patient:innennaher Prozess ist. Bei Patient:innen mit Triagestufe 3–5 wird dieser Triagebogen gemeinsam mit den Patient:innen in die Station zur Normalaufnahme weitergeleitet und dessen Inhalt gemeinsam mit den sonstigen Patient:inneninformationen im KIS erfasst. Bei Patient:innen mit der Triagestufe 1–2 wird der Bogen in das Büro zur mobilen Aufnahme gebracht.

Insgesamt gibt es also drei Bereiche der Notaufnahme: Zum Ersten ist dies der Bereich *Medizin*, in dem Triage, Warteschleife und Behandlung stattfinden. Hiervon zu unterscheiden ist der Bereich *Normalaufnahme*, in der die Daten der Patient:innen mit Triagestufen 3–5 eingegeben und zum Schluss die Verlegung bzw. Entlassung durchgeführt wird sowie ggf. die Tracker (bei Patient:innen mit höheren Triagestufen) wieder eingesammelt werden. Der dritte Bereich ist schließlich das Büro für die mobile Aufnahme. Für Patient:innen der Triagestufen 1–2 wird der Triagebogen hierher gebracht, wo auch die Patient:innenakte unabhängig von der Behandlung nachträglich angelegt wird und die Daten einschließlich der Triagestufe bis spätestens zur Entlassung bzw. Verlegung ins KIS eingegeben werden.

Nie wieder sollen notwendige Ressourcen für die Notaufnahme fehlen, und zudem soll den Patient:innen größtmögliche Transparenz gewährleistet werden, indem sie jederzeit über ihren erwarteten Behandlungszeitpunkt informiert sind.

Ihre nächste Aufgabe besteht nun darin, diese definierten Prozesse so zu dokumentieren, dass sie für die Softwareentwicklung in Routinen und Module des KIS umsetzbar sind. Hierfür soll eine Notation zur Beschreibung von Prozessen verwendet werden.

10.3 Aufgaben

10.3.1 Vergleich von Prozessnotationen

a) Wie können Prozessabläufe dargestellt werden?
b) Worin besteht der Nutzen standardisierter Prozessnotationen?
c) Bitte recherchieren Sie im Internet nach den Notationen EPK, BPMN und den Empfehlungen der AWMF für die Darstellungen klinischer Algorithmen. Vergleichen Sie die drei Prozessnotationen.
d) Nach welchen Kriterien würden Sie eine Notation für die Prozessbeschreibung auswählen?
e) Welche scheint Ihnen am geeignetsten zur Darstellung der oben genannten Prozesse?

10.3.2 Anwendung einer Notation auf das Fallbeispiel

a) Bitte stellen Sie den *Basisprozess* der Nothilfe mithilfe von BPMN dar (d. h. eine möglichst einfache Darstellung ohne Details z. B. zur Datenspeicherung oder der Kapazi-
tätsplanung).
b) Bitte stellen Sie den Teilprozess für die Triagegruppen 3–5 in BPMN dar. Anzeigen
können ergänzend zur regulären Notation als Monitor dargestellt werden, das KIS als
ein Zylinder, der Notfallmanager als Strichmännchen.
c) Bitte stellen Sie den vollständigen Prozess in BPMN dar.

Literatur

AWMF (2004): Erarbeitung von Leitlinien für Diagnostik und Therapie – methodische Empfehlungen. [online] http://www.awmf.org/fileadmin/user_upload/Leitlinien/Werkzeuge/Publikationen/
methoden.pdf [23.03.2019]
GADATSCH, A. (2013a): *Grundkurs Geschäftsprozess-Management. Methoden und Werkzeuge für
die IT-Praxis: eine Einführung für Studenten und Praktiker.* 7., akt. Aufl., Wiesbaden: Vie-
weg+Teubner Verlag.
GADATSCH, A. (2013b): *IT-gestütztes Prozessmanagement im Gesundheitswesen.* Wiesbaden:
Springer Vieweg.
OBJECT MANAGEMENT GROUP (2019): Business Process Model and Notation, [online] http://
www.bpmn.org/ [23.03.2019]
PFANNSTIEL, M. A., MEHLICH, H. & RASCHE, C. (2016): *Dienstleistungsmanagement im
Krankenhaus.* 1. Aufl. 2016, Wiesbaden: Springer Gabler.
SWOBODA, W. J. (2016): Prozessoptimierung und Prozessdokumentation. Funktioniert BPMN in
der Praxis?, *Dienstleistungsmanagement im Krankenhaus.* Wiesbaden: Springer Gabler,
S. 325–332.

Prozessoptimierung mit Discrete Event Simulation

11

Laura Maaß, Xiange Zhang und Julian Gansen

Mit der Discrete Event Simulation (DES) können komplexe Systeme modelliert werden. Aus diesem Grund eignet sich das Tool zur Optimierung von Prozessen wie etwa dem in einer Notaufnahme. Diese Rettungsstellen werden charakterisiert durch ein hohes Aufkommen von Patient:innen, eine knappe Ressourcenverteilung und hohe Wartezeiten. Über DES kann einfach und schnell aufgezeigt werden, wie sich verschiedene Gestaltungen der Prozesse auf die Wartezeiten und Kosten in der Notaufnahme auswirken. In der folgenden Fallstudie wird die Computersoftware ARENA benutzt, um den Standard-Ablauf der Versorgung von Patient:innen einer fiktiven Notaufnahme zu modellieren, Schwachstellen und Engpässe aufzuzeigen und schließlich mithilfe einer Umstrukturierung zu verbessern.

11.1 Hintergrund

Mit Discrete Event Simulation (DES) bezeichnet man in der Regel die computerbasierte Simulation eines komplexen Systems. Dieses System ist typischerweise eine Einrichtung oder ein Prozess, welcher durch verschiedene Variablen charakterisiert wird. Diese

L. Maaß (✉)
SOCIUM – Forschungszentrum Ungleichheit und Sozialpolitik, Universität Bremen, Bremen, Deutschland
E-Mail: laura.maass@uni-bremen.de

X. Zhang
School of Health Services Management, Anhui Medical University, Hefei, China

J. Gansen
Mementor GmbH, Leipzig, Deutschland
E-Mail: julian.gansen@mementor.de

beschreiben den Status des Systems zu einem bestimmten Zeitpunkt. Das Kernkonzept von DES beinhaltet Agent:innen, Attribute, Ereignisse und Ressourcen (Caro et al. 2015). Agent:innen sind definiert als modellierte Objekte (z. B. Patient:innen), welche sich durch eine Reihe von Ereignissen in einem System bewegen und ggfs. Ressourcen konsumieren. Attribute sind individuelle Eigenschaften der Agent:innen (z. B. Alter, Krankheitsgeschichte oder die Ankunftszeit) und können sich über die Zeit verändern (Gadatsch 2013). Ereignisse innerhalb dieses Systems sind definiert als Dinge, die zu bestimmten Zeitpunkten im System geschehen und Einfluss auf die Agent:innen und die von ihnen konsumierten Ressourcen haben. Ressourcen schließlich sind in DES definiert als Objekte, welche eine Leistung für die Agent:innen erbringen. Während sie verwendet werden bzw. nicht verfügbar sind, können Warteschlangen und Engpässe entstehen (Gadatsch 2013; Caro et al. 2015). Die Abb. 11.1 zeigt den grundsätzlichen Aufbau der Discrete Event Simulation.

Eins der bekanntesten Programme für DES ist ARENA. Dieses liefert eines der umfangreichsten DES-Software-Pakete und ist für Studierende kostenfrei. Für die folgende Fallstudie wird das Programm ARENA benutzt, um ein Modell zu konzipieren. Die kostenfreie Version der Software zusammen mit einem Einführungsvideo ist auf der Website zum Programm des Herstellers Rockwell Automation Technologies Inc. (2019) zu finden. In der Toolbar des Programms bietet ARENA HELP bei auftretenden Problemen eine schnelle und einfache Hilfe. Die Software hat die Vorteile, dass sie sehr weit verbreitet und auf DES spezialisiert ist. Zusätzlich bietet sie viele verschiedene Funktionen. Jedoch ist ARENA, abgesehen von der kostenfreien Studentenversion, kostspielig. Alternativen zu ARENA sind die Programme SIMUL8 oder Anylogic. Alle drei zeichnen sich durch eine einfache Benutzeroberfläche sowie eine mögliche Animierung der Prozesse aus. Allerdings sind sie weniger flexibel und langsamer als die kostenfreien Alternativen R und C++, für die hingegen ein gewisses Programmierverständnis vorhanden sein sollte (Karnon et al. 2012).

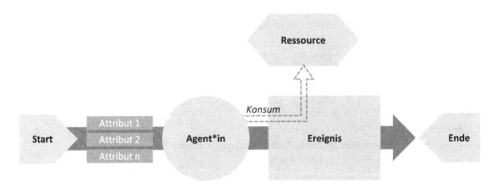

Abb. 11.1 Einfaches Schema des Grundgerüsts von DES. (Quelle: eigene Darstellung nach Gadatsch 2013)

Für weitere Informationen zu DES wird das Lehrbuch von (Gadatsch 2013) zum Thema IT-gestütztes Prozessmanagement im Gesundheitswesen empfohlen. Anwendungsbeispiele zu ARENA und DES finden sich bspw. in Artikeln von (Karnon et al. 2012), (Salleh et al. 2017) oder (Marshall et al. 2015).

11.2   Fallstudie: Standardversorgung oder First View in der Notaufnahme?

Lena Maier hatte in ihrem Public Health Studium immer großes Interesse am Thema *Prozessoptimierung im Gesundheitswesen*. Nach ihrem Studienende hat sie deshalb beschlossen, den Schritt in die Selbstständigkeit zu wagen. Als frisch gebackene Prozessberatung *LeMa Consult* hat sie ihr Leistungsangebot bei einem städtischen Krankenhaus vorgestellt, in dem sie schon als Werkstudentin gearbeitet hatte und war darüber prompt zu ihrem ersten Auftrag gekommen: der Optimierung der internistischen Notaufnahme.

In einem ersten Gespräch mit der Chefärztin der Notaufnahme, Frau Dr. Petersen, erfährt sie, dass die Notaufnahme zu jeder Zeit mit 5 Internist:innen und 6 Pflegekräften bestückt ist. Eine Pflegekraft führt stets die Einstufung der Dringlichkeit der Patient:innen in zwei Kategorien (dringend und nicht dringend) mithilfe eines einheitlichen Triage-Verfahrens durch.

Lena entscheidet sich nach dem Gespräch mit der Chefärztin, ein Assessment der Notaufnahme durchzuführen, indem sie die Problemherde mithilfe des Datenmanagementsystems und mit Befragungen der Mitarbeiter:innen identifizieren will. Zuerst sichtet sie die Eigenschaften der Patient:innen im System: Nur 15 % aller Patient:innen sind im vergangenen Jahr mit dringenden Verletzungen und Erkrankungen in die Notaufnahme eingeliefert worden (Stufe 1). Die restlichen 85 % wurden der Kategorie nicht dringend zugeführt (Stufe 2). Aufgrund von Krankenhausvorgaben durfte die Pflegekraft, welche die Ersteinschätzung durchführte, diese Patient:innen allerdings nicht wegschicken. Alle Patient:innen werden innerhalb ihrer Dringlichkeitsstufe entsprechend des FIFO-Verfahrens (First In First Out) behandelt. Grundsätzlich wird zuerst Stufe 1 und dann 2 behandelt.

Um den tatsächlichen Ablauf der Versorgung der Patient:innen zu beobachten, begleitet Lena eine Woche lang Pflegekräfte bei ihrer Arbeit in der Rettungsstelle. Die Warte- und Behandlungszeiten extrahiert sie anschließend aus dem EDV-System der Notaufnahme. Daraus ergeben sich die folgenden Behandlungspfade und Zeiten für die Patient:innen:

Im Durchschnitt trifft alle 7 min ein:e neue:r Patient:in ein. Nach der Ankunft werden alle Patient:innen durch eine Pflegekraft in eine der o. g. zwei Dringlichkeits-Kategorien eingeteilt. Die Einteilung (Triage) dauert zwischen 2 und 5 min (im Durchschnitt 4 min) für alle Patient:innen.

Für die Untersuchung und die Behandlung von Patient:innen der Triage-Gruppe 1 werden pro Patient:in ein:e Arzt/Ärztin sowie eine Pflegekraft benötigt. Diese Untersuchung dauert zwischen 5 und 15 min (im Durchschnitt 12 min). Hinzu kommt die Zeit, die die Ärzt:innen für diagnostische Tests brauchen: 10 bis 60 min (im Durchschnitt benötigen die

Tests 20 min) für alle Kategorie-1-Patient:innen. Alle Tests werden von Radiolog:innen und Laborant:innen durchgeführt und beanspruchen somit keine Ärzt:innen oder Pflegekräfte der Notaufnahme. Nachdem alle Tests beendet wurden, werden Patient:innen in Stufe 1 zwischen 40 und 80 min (im Durchschnitt für 60 min) behandelt. Anschließend werden alle diese Patient:innen stationär aufgenommen.

Patient:innen der nicht dringenden Kategorie 2 werden nach der Triage zurück ins Wartezimmer geschickt, bis ein:e Arzt /Ärztin für sie Zeit hat. Die Untersuchung und Behandlung übernehmen in dieser Kategorie jeweils ein Arzt bzw. eine Ärztin und eine Pflegekraft. Sobald ein Arzt bzw. eine Ärztin für die Patient:innen der Kategorie 2 Zeit hat, beträgt die Untersuchungszeit 2 bis 15 min (im Durchschnitt 7 min). 80 % dieser Patient:innen benötigen anschließend diagnostische Tests, die zwischen 10 und 120 min (im Durchschnitt 30 min) benötigen (20 % können ohne Tests behandelt werden). Der hohe Wert von 120 min liegt an zeitaufwendigen Blutuntersuchungen, die für eine Diagnose und Behandlung dringend benötigt werden. Diese Tests entfallen für Kategorie-1-Patient:innen in der Notaufnahme, da sie zu viel Zeit in Anspruch nehmen. Sie werden nach der Notfallbehandlung auf der Station nachgeholt (was die kürzere Testzeit ergibt). Sobald die Ergebnisse vorliegen, dauert die Behandlung von Kategorie-2-Patient:innen zwischen 5 und 30 min (im Durchschnitt 15 min). Nach der Behandlung werden die Kategorie-2-Patient:innen entweder stationär aufgenommen oder nach Hause entlassen. Insgesamt werden 35 % aller in der Notaufnahme behandelten Patient:innen stationär aufgenommen.

Im Gespräch mit den Mitarbeiter:innen der Notaufnahme findet Lena außerdem heraus, dass das Personal unglücklich mit der Handhabung von Laboruntersuchungen ist. Besonders stört die Mitarbeiter:innen, dass die Patient:innen der Kategorie 2 in einem Behandlungsraum und nicht im Wartezimmer auf ihre Testergebnisse warten und so ein Behandlungsbett für dringendere Patient:innen blockieren. Auf die Frage von Lena, weshalb nicht während der Triage Blut abgenommen und ans Labor geschickt werden würde, antworten die Mitarbeiter:innen, dass die Ärzt:innen das Labor anordnen müssen. Da die Ärzt:innen keine Triage durchführen, kann folglich kein Labor währenddessen angeordnet werden. Ebenfalls sind die Pflegekräfte damit unzufrieden, dass sie bei der Triage keine Patient:innen wegschicken dürfen, die die Notaufnahme wegen Nichtigkeiten (z. B. einem Schnupfen oder einer Prellung) aufsuchen. Laut den Mitarbeiter:innen wären dies 15 % aller Kategorie-2-Patient:innen.

Für eine Erhebung der Kosten spricht Lena mit dem Leiter der Controlling-Abteilung des Krankenhauses, Herrn Fischer. Er teilt Lena mit, dass die Arbeitgeberkosten für Pflegekräfte in der Notaufnahme bei 22,90 € pro Stunde und bei Ärzt:innen im Durchschnitt bei 42,90 € pro Stunde liegen würden.

Nachdem Lena diese Informationen gesammelt hat, sucht sie in der Literatur nach einer Möglichkeit, um die Durchlaufzeit der Patient:innen (die Zeit, die sie von der Ankunft in der Notaufnahme bis zum Verlassen dieser verbringen) zu reduzieren, ohne viel neues

Personal einstellen zu müssen. Sie findet dabei die First View Methode, bei der die Pflege-kraft bei der Triage durch einen Arzt bzw. eine Ärztin ausgetauscht wird. Die Vorteile an diesem System sind, dass die erfahrenen Triage-Ärzt:innen *Bagatell*-Patient:innen direkt an den ambulanten Sektor verweisen können (diese werden folglich nicht in der Notauf-nahme behandelt) und dass sie die Anordnungen für diagnostische Tests noch während der Triage geben können. Zum Beispiel können Triage-Ärzt:innen den Patient:innen direkt während der Triage Blut abnehmen und ins Labor schicken. Die Patient:innen nehmen anschließend im Wartezimmer Platz, bis der behandelnde Arzt bzw. die behandelnde Ärz-tin Zeit für sie hat. Sie blockieren während der Wartezeit auf ihre Testergebnisse folglich kein Behandlungszimmer mehr (Hogan et al. 2012). Ferner bedeutet dies, dass die Unter-suchungszeit bei der Standardversorgung in diesem Modell entfällt (Triagezeit entspricht Untersuchungszeit), da die Triage-Ärzt:innen neben der Triage eine Untersuchung und Tests direkt anordnen können.

Gleichzeitig wird ärztliche Arbeitszeit für die Triage gebunden – das bestehende Sys-tem war eingerichtet worden, damit die Ärzt:innen sich primär auf die *echten* Notfälle konzentrieren können und die anderen Patient:innen in den Behandlungslücken ab-gearbeitet werden. Die Triage verlängert sich darum im First View Modell auf 5–15 min (mit im Durchschnitt einer Länge von 10 min).

11.3 Aufgaben

11.3.1 Probleme der Notaufnahme

In der Fallstudie werden Probleme einer Notaufnahme geschildert, die durch *LeMa Con-sult* gelöst werden sollen.

a) Welche Probleme bestehen in der Notaufnahme hinsichtlich der Standardversorgung?
b) Wie könnte First View zur Lösung beitragen?

11.3.2 Einsatz von Discrete Event Simulation

a) Was versteht man unter DES? Wie könnte Lena DES einsetzen und wie würde ihr das helfen?
b) Skizzieren Sie zunächst auf Papier grob den Prozessablauf in der Notaufnahme, um sich einen Überblick zu verschaffen und die Softwareumsetzung vorzubereiten.
c) Notieren Sie alle relevanten Zahlen (Dauern von Untersuchungen, Tests etc.; Ressourcenverbrauch; Triage-Verteilungen; etc.), die für die folgende Software-umsetzung relevant sind.

11.3.3 Softwareumsetzung mit ARENA

*Ab dieser Aufgabe arbeiten Sie mit der Software ARENA. Bei den Zusatzmaterialien Fall-
studie_Discrete-Event-Simulation[1] finden Sie eine auf diese Aufgabe zugeschnittene Einführung als PDF, die Ihnen die ersten Schritte erklärt. Laden Sie für die Bearbeitung der
Aufgabe die Datei DES_Anleitung-ARENA herunter. Das Durchgehen der Einführung
direkt mit ARENA bearbeitet weitestgehend Teilaufgabe a). Sollten Sie eine Heraus-
forderung suchen und eine gewisse Software-Affinität mitbringen, können Sie die Einführung gerne ignorieren und die folgenden Aufgaben nur mit der offiziellen Dokumentation von ARENA bearbeiten. Die Dokumentation können Sie in der Oberfläche von ARENA
unter Help und unter ARENA Product Manuals aufrufen.*

a) Setzen Sie den Prozessablauf für die Standardversorgung innerhalb von ARENA um.
   Spezifizieren Sie die Einordnung nach der Triage dabei so, dass im Fall „true" Pa-
   tient:innen der Kategorie 1 entsprechen und im Fall „false" der Kategorie 2. Spezifizieren Sie die Frage, ob ein Test der Patient:innen der Kategorie 2 nötig ist, so, dass
   im Fall „true" kein Test erforderlich und er im Fall „false" erforderlich ist. Da der Test
   für 80 % der Patient:innen der Kategorie 2 erforderlich ist, ordnen Sie also dem Fall
   „true" eine Wahrscheinlichkeit von 20 % zu.
       Denken Sie an Ressourcen, Dauern und Verteilungen. Achten Sie darauf, dass Sie
   die Ressourcen immer in der gleichen Reihenfolge angeben, also etwa immer die
   Pflegekraft als erste Ressource und der Arzt als zweite Ressource. Nutzen Sie dazu Ihre
   Notizen aus 11.3.2.
b) Speichern Sie eine separate Datei, um das Modell der Standardversorgung an die First
   View Methode anzupassen.

11.3.4 Simulation

a) Simulieren Sie zunächst das Modell der Standardversorgung. Wie hoch sind durchschnittliche Durchlaufzeit, längste Wartezeit, Personalauslastung und Gesamt-
   personalkosten?
b) Simulieren Sie analog das Modell des First View. Welche Unterschiede fallen ins
   Auge? Beachten Sie hierbei, dass Sie die Spezifikation der Testentscheidung gegenüber 11.3.3 a) beibehalten. Beachten Sie, dass unter den 75 % Patient:innen der Kategorie 2 auch die 15 % Bagatellfälle fallen. Daher entfällt die Entscheidung, ob ein Test
   nötig ist.

---

[1] Um auf das Zusatzmaterial zugreifen zu können, geben Sie bitte im Web-Browser http://www.
mig-fallstudien.uni-bremen.de ein. Sie werden zu einem Verzeichnis weitergeleitet, in dem die ergänzenden Dateien aller Fallstudien zum Download bereitstehen.

c) Gibt es bei der First View Methode weiteres Optimierungspotenzial? Führen Sie weitere Simulationen mit unterschiedlichen Personalplänen durch, um Ihre Vermutung zu überprüfen und halten Sie die zentralen Ergebnisse (s. Teilaufgabe a) in einer Tabelle fest.

d) Vergleichen Sie Ihre Ergebnisse. Welche Variante/n würden Sie empfehlen und warum?

11.3.5 Kritische Reflexion

Jedes Management-Tool hat spezifische Stärken und Schwächen, die bei der Bewertung der Lösungsvorschläge berücksichtigt werden sollten.

a) Aus didaktischen Gründen berücksichtigt die dargestellte Simulation nicht alle relevanten Aspekte. Welche weiteren Aspekte könnten möglicherweise Einfluss auf Kosten und Ergebnisse der Prozesse haben? Bitte hinterfragen Sie Ihren konkreten Lösungsvorschlag kritisch und nennen Sie unerwünschte Probleme, die mit dem Prozess auftreten und das ursprüngliche Ziel konterkarieren könnten.

b) Welche Stärken und Schwächen können Sie bei der Anwendung von DES im Gesundheitswesen identifizieren?

Literatur

CARO, J. J., MÖLLER, J., KARNON, J., STAHL, J. & ISHAK, J. (2015): *Discrete event simulation for health technology assessment*. Chapman and Hall/CRC.

GADATSCH, A. (2013): *IT-gestütztes Prozessmanagement im Gesundheitswesen*. Wiesbaden: Springer Vieweg.

HOGAN, B., RASCHE, C. & VON REINERSDORFF, A. B. (2012): The First View Concept: introduction of industrial flow techniques into emergency medicine organization. *European Journal of Emergency Medicine*, 19:3, 136–139.

KARNON, J., STAHL, J., BRENNAN, A., CARO, J. J., MAR, J. & MÖLLER, J. (2012): Modeling using discrete event simulation: a report of the ISPOR-SMDM Modeling Good Research Practices Task Force–4. *Medical decision making*, 32:5, 701–711.

MARSHALL, D. A., BURGOS-LIZ, L., IJZERMAN, M. J., OSGOOD, N. D., PADULA, W. V., HIGASHI, M. K., WONG, P. K., PASUPATHY, K. S. & CROWN, W. (2015): Applying dynamic simulation modeling methods in health care delivery research—the SIMULATE checklist: report of the ISPOR Simulation Modeling Emerging Good Practices Task Force. *Value in health*, 18:1, 5–16.

ROCKWELL AUTOMATION TECHNOLOGIES INC. (2019): Arena® Simulation Software, [online] https://www.arenasimulation.com/academic/students [23.03.2019]

SALLEH, S., THOKALA, P., BRENNAN, A., HUGHES, R. & DIXON, S. (2017): Discrete Event Simulation-Based Resource Modelling in Health Technology Assessment. *PharmacoEconomics*, 35:10, 989–1006.

Teil III

Rechnungswesen

Kostenrechnung

12

Laura Birg

Um ein Unternehmen leiten zu können, benötigt die Unternehmensführung einen Überblick über den aktuellen Geschäftsbetrieb. Hierfür müssen Vorgänge im Unternehmen dokumentiert und hinsichtlich ihrer Auswirkungen auf Erlöse und Kosten des Unternehmens ausgewertet werden. In dieser Fallstudie werden Sie sich als neuer Mitarbeiter des Salbenherstellers Tysa zunächst einen Überblick über die Kostenrechnung des Unternehmens verschaffen.

12.1 Hintergrund

Unter Kosten eines Unternehmens versteht man nach gängiger Auffassung bewerteten **Ressourcenverbrauch**. Der Ressourcenverbrauch beinhaltet den faktischen Verbrauch oder die Abnutzung von Gütern. Die Bewertung beinhaltet eine Einschätzung der ökonomischen Konsequenzen. Auch wenn auf den ersten Blick der Verbrauch und die ökonomische Bewertung Größen zu sein scheinen, die es einfach nur zu dokumentieren gilt, machen sie vielfach **Interpretationen** erforderlich. Wenn beispielsweise eine Maschine zehn Jahre lang genutzt wird, dann lässt sich ihr Verschleiß typischerweise nicht verlässlich über Stunden, Tage, Wochen und Jahre messen. Stattdessen kann man beispielsweise annehmen, dass der Verschleiß gleichmäßig über die Nutzungszeit von zehn Jahren erfolgt. Wenn beispielsweise der Wasserhahn in der Teeküche eines Unternehmens ausgetauscht werden muss, dann ist es nicht von vornherein klar, welchem Teil der

L. Birg (✉)
Sektion Sozialpolitik und Sozialökonomie, Fakultät für Sozialwissenschaft, Ruhr-Universität Bochum, Bochum, Deutschland
E-Mail: laura.birg@ruhr-uni-bochum.de

© Springer Fachmedien Wiesbaden GmbH, ein Teil von Springer Nature 2023
W. Rogowski (Hrsg.), *Management im Gesundheitswesen*,
https://doi.org/10.1007/978-3-658-39639-8_12

Leistungserstellung eines Unternehmens diese Kosten zuzuordnen sind. Wenn der Fahr-
dienst eines Unternehmens, der für Vorstandsmitglieder bereitsteht, die Dienste einer
unternehmensinternen Werkstatt in Anspruch nimmt, dann ist nicht automatisch klar, welchen Erlösen die entstandenen Kosten zuzuordnen sind. Wenn ein Unternehmen zu unterschiedlichen Zeitpunkten Verbrauchsmaterial zu unterschiedlichen Preisen einkauft und
zu unterschiedlichen Zeitpunkten entnimmt, dann ist es nicht eindeutig, welchem Material-
verbrauch man welche Einkaufskosten zuordnet – dies ist für die Bewertung der Vorgänge
aber von hoher Relevanz. Je nach unterstellter Annahme bzw. verwendeter Methode kann
der gleiche Vorgang unterschiedlich in der **Kostenrechnung** dokumentiert werden.

Eine Hauptaufgabe der Kosten- und Erlösrechnung ist es, für das jeweilige Erkenntnis-
ziel **passende Informationen** bereitzustellen und die Informationen problem- und
adressatengerecht aufzuarbeiten und zu verdichten. In dieser Fallstudie werden beispielhaft einige Konzepte der Kostenrechnung vorgestellt. Dies sind insbesondere das sogenannte Anbauverfahren zu Verrechnung innerbetrieblicher Leistungsverflechtungen
zwischen Vor- und Endkostenstellen, die Äquivalenzziffernkalkulation zur Darstellung der
Kosten verschiedener Produktvarianten und die Zuschlagskalkulation zur Verrechnung
von Gemeinkosten auf Kostenträger.

Das **Anbauverfahren** dient der Erfassung und internen Verrechnung von im Unternehmen erstellten Vorleistungen, die nicht für den Verkauf bestimmt sind. Hierbei werden
die entstandenen Primärkosten ausschließlich den Endkostenstellen zugerechnet, d. h. die
Leistungsbeziehungen zwischen Vorkostenstellen bleiben unberücksichtigt. Das grund-
sätzliche Vorgehen besteht darin, dass zunächst für jede Leistung ein Verrechnungssatz
berechnet wird, der sich aus den Primärkosten der jeweiligen Vorkostenstelle im Verhältnis zur Leistungsabnahme aller Endkostenstellen ergibt. Jede Endkostenstelle wird dann
pro abgenommener Leistungseinheit mit diesem Verrechnungssatz belastet.

Die **Äquivalenzziffernkalkulation** erlaubt es, die Kosten unterschiedlicher Erzeug-
nisvarianten auf Grundlage der Kosten für eine Basisvariante darzustellen. Hierzu wird
eine Basisvariante bestimmt und ihr die Äquivalenzziffer 1 zugeordnet. Den anderen
Varianten werden nun Äquivalenzziffern entsprechend ihrer Kosten im Verhältnis zu den
Kosten der Basisvarianten zugeordnet. Ein Produkt, das beispielsweise doppelt so aufwendig in der Herstellung ist wie die Basisvariante, erhält die Äquivalenzziffer 2. Für
jede Variante lassen sich nun sogenannte Recheneinheiten ermitteln, die sich aus dem
Produkt von jeweiliger Äquivalenzziffer und Produktionsmenge pro Variante ergibt. Auf
dieser Basis lassen sich dann die Kosten pro Variante und die Kosten pro Stück jeder
Variante ermitteln.

Die **Zuschlagskalkulation** dient der Verrechnung von Gemeinkosten auf Kostenträger. Hierzu werden Zuschlagssätze angewandt, die die Gemeinkosten einer Endkostenstelle zu einer Bezugsgröße der Endkostenstelle ins Verhältnis setzen. Hierbei
sollte die Bezugsgröße so gewählt werden, dass eine Endkostenstelle, die einen höheren
Wert der Bezugsgröße aufweist, auch tatsächlich höhere Gemeinkosten verursacht. Für
Materialgemeinkosten ist es etwa üblich, den Zuschlagssatz als Anteil der Material-
einzelkosten zu wählen.

Grundlagen der Kostenrechnung werden in zahlreichen Lehrbüchern zur Betriebswirtschaftslehre dargestellt. Für die vorliegende Fallstudie können Hinweise zu den verwendeten Verfahren entnommen werden aus (Joos 2014) und (Hutzschenreuter 2015).

12.2 Fallstudie: Kosten- und Erlösrechnung in der Tysa GmbH – Teil 1

Klaus Taler tritt nach erfolgreichem Studium der Betriebswirtschaftslehre und zahlreicher Praktika seine Stelle in der Buchführungsabteilung eines Familienunternehmens, der Tysa GmbH, an. Tysa produziert verschiedene Sorten von Cremes, insbesondere auch Wundsalben, die je nach Hauttyp die Wundheilung unterstützen (Typensalbe, Tysa).

Im Rahmen des Bewerbungsgespräches ist deutlich geworden, dass die Hausbank in letzter Zeit engeren Kontakt mit der Unternehmensleitung sucht und einen detaillierteren Einblick in die interne Buchführung wünscht. Dort ist in der Vergangenheit einiges liegengeblieben, da sich die zuständige Buchhalterin, ein Mitglied der Besitzerfamilie, in letzter Zeit verstärkt aktiv an aktuellen Diskussionen in Haustierforen beteiligte. Im Bewerbungsgespräch hat der Geschäftsführer Klaus Taler zu verstehen gegeben, dass man natürlich eine Buchführung brauche und dass das alles auch bestimmt ganz wichtig sei, er selbst sich darum aber auch nicht kümmere und er, ehrlich gesagt, auch gar nicht verstehe, warum das eigentlich alles immer so kompliziert sein müsse. Auf einer Autofahrt könne Taler ihm ja einmal erklären, wie die moderne Kostenrechnung eigentlich funktioniere.

In seinen ersten Arbeitstagen nimmt sich Klaus Taler vor, sich zunächst einen Überblick über das Unternehmen zu verschaffen und einige Unterlagen zu ergänzen.

12.3 Aufgaben

1. Klaus Taler bereitet einen Spickzettel vor, der für die angekündigte Autofahrt die Funktionen der Kostenarten-, Kostenstellen- und Kostenträgerrechnung prägnant zusammenfasst. Was sollte Ihrer Auffassung nach dieser Zettel unbedingt enthalten?
2. Klaus Taler hat von seiner Kollegin zahlreiche Unterlagen erhalten. Um sich besser konzentrieren zu können, hat er sich einige Akten mit nach Hause genommen und geht sie abends in Ruhe durch. Nach einer langen Nacht wacht er am Schreibtisch auf, bemerkt, dass er im Schlaf seine Kaffeetasse über einige Unterlagen geleert hat, die jetzt unleserlich geworden sind. Ihm ist das unangenehm und er möchte – möglichst ohne, dass es auffällt – aus den bestehenden Unterlagen die zerstörten Aufzeichnungen rekonstruieren. Ihm liegt noch eine Tabelle vor, in der Informationen über Primär- und Sekundärkosten in drei Vorkostenstellen und drei Endkostenstellen des Unternehmens dargestellt sind (s. Tab. 12.1). Die Kosten der Vorkostenstellen muss er nun mittels des „Anbauverfahrens" den Endkostenstellen zuordnen.

Tab. 12.1 Primär- und Sekundärkosten in den Vor- und Endkostenstellen der Tysa GmbH

		Vorkostenstellen			Endkostenstellen		
		Abteilung I	Abteilung II	Abteilung III	Abteilung IV	Abteilung V	Abteilung VI
	Primär-kosten	100.000	15.000	17.000	200.000	800.000	300.000
Abteilung I	Leistungs-volumen	1600					
	Abgabe an Kostenstelle		200	700	100	400	200
Abteilung II	Leistungs-volumen		3430				
	Abgabe an Kostenstelle			130	2000	500	800
Abteilung III	Leistungs-volumen			1400			
	Abgabe an Kostenstelle	100		100	200	500	500

a. Berechnen Sie die Umlage der Kosten der Vorkostenstellen an die Hauptkosten-stellen mittels des „Anbauverfahrens".

b. Klaus Taler erinnert sich noch, dass seine Professorin immer gemahnt hatte, dass das Anbauverfahren nicht ohne Probleme wäre. Welche Probleme sehen Sie bei der Verwendung des Anbauverfahrens?

3. An seinem ersten Arbeitstag gibt seine neue Kollegin Klaus Taler einen ersten Über-blick über die Abläufe im Unternehmen. Während sie redet, schaut sie weiter auf ihren Bildschirm und tippt gelegentlich etwas. Klaus Taler ist sich nicht ganz sicher, ob er unkonzentriert ist oder sie. Zumindest findet er es schwierig, ihr zu folgen. „Also, unsere Salben, die sind ja nicht für jedermann. Jede Haut bekommt von uns ihre Salbe. Vier Sorten sind es. Zusammen kostet uns die Herstellung immer eine Mio. Euro. Das war früher viel billiger. Obwohl, vor dem Euro war es ja teurer, nicht? Eine Salbe, die 3, die ist so speziell, davon stellen wir nur 500 Einheiten her. Aber für die Menschen mit dieser empfindlichen Haut ist das natürlich ein Segen. Allerdings ist die auch teuer. Uns kostet die Herstellung der 3 fünfundzwanzigmal so viel wie die Herstellung der 4. Die nehme ich ja immer, die hilft auch gut. Einmal hatte mein Kater so einen Kratzer links. Da habe ich die Salbe auch draufgetan. Am nächsten Tag war er dann weg, also der Kratzer. Ich weiß ja gar nicht, ob Katzen auch Hauttypen haben. Aber wir haben zumindest die gleiche Haarfarbe. Von der 1 stellen wir z. B. 10.000 Einheiten her. Und die ist immerhin noch zehnmal teurer als die 4. Wir haben da diese seltenen Heilerden drin. Die 2 produzieren wir auch immer 10.000-mal, aber die kostet nur halb so viel wie die 1. Die kann man dann auch mal etwas dicker auftragen. Von der 4 produzieren wir nur 4000, obwohl die ja die billigste ist. Also da haben wir wirklich Glück, also mit dem Hauttyp." Hier schweigt die Kollegin und tippt konzentriert etwas auf ihrer

Tastatur. Klaus Taler bedankt sich kurz für die Einführung und geht zurück an seinen Schreibtisch. Er ist sich nicht ganz sicher, ob er alles verstanden hat. Um seine Notizen zu ordnen, nimmt er sich vor, die Kosten pro Stück und die Kosten pro Sorte (1, 2, 3 und 4) anhand der Äquivalenzziffernkalkulation zu berechnen. In welcher Höhe belaufen sich die Kosten pro Stück und pro Sorte?

4. An seinem zweiten Arbeitstag wird Klaus Taler durch die Produktion geführt. Das Unternehmen stellt die Verpackungen für die Salben selbst her („Das ist Tradition! Und eine gute Verpackung ist schon das halbe Geschäft", sagt ihm der Abteilungsleiter). Die Salben werden in Dosen, Tuben und Einmalampullen (A, B, C) abgefüllt. Der Produktionsleiter führt aus, dass es früher ja nur Dosen gegeben hätte. Aber gerade jüngere Kunden fänden Tuben gut. Und die Einmalampullen wären sehr praktisch, wenn man etwas in der Reiseapotheke mit sich führen wolle. Als Klaus Taler sich zum Abschied für die Führung bedankt, drück ihm der Produktionsleiter noch einen handgeschriebenen Zettel in die Hand. Er wird etwas unsicher. Man habe früher einfach seinen Verbrauch gemeldet. Aber neuerdings erwarte die Geschäftsführung einen Bericht mittels differenzierender Zuschlagkalkulation. Mit Tuben und Ampullen kenne er sich ja nun inzwischen aus, aber Zuschläge habe er zuletzt bei einer Fahrt im IC bezahlen müssen (hier lacht er). Ob Kollege Taler ihm hier aushelfen könne? Klaus Taler verspricht sich die Kalkulation einmal anzusehen und ihm die ausgefüllte Tabelle per Hauspost zukommen zu lassen.

Die Tab. 12.2 enthält Angaben aus dem handschriftlichen Zettel zu Kosten und Kostenschlüsseln.

a. Berechnen Sie die fehlenden Werte mittels der differenzierenden Zuschlagskalkulation.

b. In der Mittagspause unterhält sich Klaus Taler mit einem Kollegen aus der Vertriebsabteilung. Dieser teilt ihm mit, dass man ja im letzten Jahr effizienter geworden sei

Tab. 12.2 Zuschlagskalkulation für die Produkte A, B und C

	Kalkulationssatz	Produkt A	Produkt B	Produkt C
Materialeinzelkosten		50	100	70
Materialgemeinkosten	25 % der MEK			
Materialkosten				
Lohneinzelkosten		100	200	60
Lohngemeinkosten	33 % der LEK			
SEK der Fertigung		11	20	12
Herstellkosten				
Verwaltungsgemeinkosten	20 % der HK			
Vertriebsgemeinkosten	8 % der HK			
SEK des Vertriebs		10	10	10
Selbstkosten				
Produktionsmenge (Stück)		100	120	400
Selbstkosten/Stück				

und sich die Vertriebsgemeinkosten insgesamt nur auf 50 € belaufen. Klaus Taler ändert nach der Mittagspause daraufhin seine Angaben in der gerade erstellten Tab. 12.2. Wie müsste der Zuschlag für die Vertriebsgemeinkosten geändert werden, wenn die Zuschläge nur die tatsächlichen Kosten decken sollen?

5. Klaus Taler verbringt die Mittagspause inzwischen häufiger mit dem Kollegen aus der Vertriebsabteilung. Eines Mittags fragt er Klaus Taler, ob dieser sich eigentlich immer einen Job in der Kostenrechnung gewünscht habe. Im Vertrieb, da verkaufe er ja ein Produkt. Das sei dann im Idealfall gut für den Kunden und auch gut für das Unternehmen. Aber in der Kostenrechnung – für was könne man sich da begeistern? Klaus Taler ist sich nicht ganz sicher, ob Begeisterung sein Verhältnis zu seiner Arbeit richtig beschreibt. Aber er legt dar, warum er gerne konzentriert arbeitet und auch glaubt, dass er einen wichtigen Beitrag für die Unternehmensführung leisten kann. Am Ende sagt er, dass der Vertrieb vielleicht ohne Leute wie ihn langfristig nichts mehr zu tun hätte. Wie könnte er das meinen?

Literatur

HUTZSCHENREUTER, T. (2015): *Allgemeine Betriebswirtschaftslehre: Grundlagen mit zahlreichen Praxisbeispielen.* 6. Aufl., Wiesbaden: Springer Gabler.

JOOS, T. (2014): *Controlling, Kostenrechnung und Kostenmanagement.* 5. neu gestaltete und erw. Aufl., Wiesbaden: Springer Gabler.

Erlösrechnung

13

Laura Birg

In dieser Fallstudie werden Sie sich als neuer Mitarbeiter des Salbenherstellers Tysa weiterhin einen Überblick über die Kosten- und Erlösrechnung des Unternehmens verschaffen und darüber hinaus dem Unternehmen helfen, das Vertrauen der Hausbank zurückzugewinnen. Diese Fallstudie baut auf der Fallstudie „Kosten- und Erlösrechnung der Tysa GmbH – Teil 1" auf.

13.1 Hintergrund

Aufbauend auf den Daten der Kostenrechnung werden in dieser Fallstudie beispielhaft einige Konzepte der Erlösrechnung vorgestellt. Dies sind insbesondere Verbrauchsfolgeverfahren zur Bewertung von Verbrauchsmengen sowie die Deckungsbeitragsrechnung zur Ermittlung des Beitrages von Produkten oder Unternehmensteilen zur Deckung von Fixkosten.

Verbrauchsfolgeverfahren dienen der Bewertung von Lagerbeständen, die veräußert werden. Wenn Lagerbestände zu unterschiedlichen Preisen eingekauft oder zu unterschiedlichen Kosten hergestellt wurden, gibt es verschiedene Möglichkeiten, dem Lager entnommene Bestände zu bewerten. Dies gilt insbesondere dann, wenn man den entnommenen Mengen nicht „ansehen" kann, zu welchen Kosten sie ins Lager eingestellt wurden (beispielsweise bei Entnahme von Flüssigkeiten aus einem Tank). Grundsätzlich lassen sich entnommene Mengen mit den durchschnittlichen Kosten bewerten, zu denen sie ins Lager aufgenommen wurden. Alternativ kann man hypothetisch davon ausgehen,

L. Birg (✉)
Sektion Sozialpolitik und Sozialökonomie, Fakultät für Sozialwissenschaft, Ruhr-Universität Bochum, Bochum, Deutschland
E-Mail: laura.birg@ruhr-uni-bochum.de

© Springer Fachmedien Wiesbaden GmbH, ein Teil von Springer Nature 2023
W. Rogowski (Hrsg.), *Management im Gesundheitswesen*,
https://doi.org/10.1007/978-3-658-39639-8_13

dass entweder die zuerst ins Lager aufgenommenen Mengen auch das Lager zuerst wieder verlassen (First In – First Out, FIFO) oder aber die zuletzt aufgenommenen Mengen das Lager zuerst verlassen (Last In – First Out, LIFO).

Die **Deckungsbeitragsrechnung** dient der Ermittlung des Beitrags einzelner Produkte oder Unternehmensteile zur Deckung von Fixkosten. Auf Produktebene werden von den Erlösen die variablen Kosten abgezogen. Die so ermittelten Deckungsbeiträge können nun produktspezifischen Fixkosten zugeordnet werden. Deckungsbeiträge höherer Ordnung (etwa von Produktgruppen oder Unternehmensbereichen) werden ermittelt, indem die Deckungsbeiträge (nach Abzug der jeweiligen Fixkosten) der jeweiligen unteren Ebene aufsummiert werden. Die so ermittelten Deckungsbeiträge können dann den Fixkosten etwa für Produktgruppen oder Unternehmensbereiche gegenübergestellt werden.

Grundlagen der Erlösrechnung werden wie die der Kostenrechnung in zahlreichen Lehrbüchern zur Betriebswirtschaftslehre dargestellt. Lehrbücher, für die Hinweise zu den Verfahren in der vorliegenden Fallstudie übernommen werden können, sind bspw. (Joos 2014) und (Hutzschenreuter 2015).

13.2 Fallstudie: Kosten- und Erlösrechnung in der Tysa GmbH – Teil 2

Klaus Taler lernt die Tysa GmbH immer besser kennen und verschafft sich einen Überblick über die verschiedenen Geschäftsfelder. Er merkt, dass er seine Kenntnisse aus dem Studium gut anwenden kann. Er lernt aber auch, dass es viele sehr unterschiedliche Herausforderungen bei diesem Unternehmen gibt, denen er sich ausgesetzt sieht. Er gewinnt zunehmend den Eindruck, dass die Unternehmensleitung bei einigen Vorgängen in der Tysa aber auch insgesamt den Überblick verloren hat. Taler sieht es als seine Aufgabe an, hier wieder mehr Übersicht in das Unternehmen hineinzubringen.

13.3 Aufgaben

1. Das Unternehmen handelt nebenbei auch mit Glycerin, einem Grundstoff für viele Salben, das es kauft und verkauft. Dies erfährt Klaus Taler bei einem Besuch der Einkaufsabteilung. Die Käufe und Verkäufe erfolgen zu unterschiedlichen Zeitpunkten zu unterschiedlichen Preisen. Die Leiterin der Einkaufsabteilung bittet den neuen Mitarbeiter um Hilfe. Man habe bislang Käufe und Verkäufe mittels der Durchschnittsmethode dokumentiert. Um die zeitliche Abfolge besser berücksichtigen zu können, wolle man auf die FIFO- oder LIFO-Methode umstellen. Man sei sich aber noch nicht sicher, welche Methode besser sei. „Wir haben das probehalber einmal aufgeschrieben, aber wir kommen immer zum gleichen Ergebnis. Es macht gar keinen Unterschied, nach welcher Methode wir vorgehen. Sie sind doch noch frisch von der Uni. Können Sie sich unsere Zahlen vielleicht einmal ansehen?" Klaus Taler, der einen guten Eindruck

hinterlassen möchte, sagt eine Prüfung zu und nimmt sich vor, zu Hause den Kaffee nicht am Schreibtisch zu trinken. Die Käufe und Verkäufe hat er sich übersichtlich in Tab. 13.1 notiert.

a. Wie lautet der Gewinn aus diesem Geschäftsfeld, wenn er mittels der Durchschnittsmethode ermittelt wird?

b. Wie lautet der Periodengewinn sowie der Gewinn aus jedem Verkauf sowohl nach der FIFO- als auch nach der LIFO-Methode?

c. Klaus Taler blickt zufrieden auf seine Unterlagen. Er greift zum Telefonhörer und ruft die Leiterin der Einkaufsabteilung an, um ihr seine Ergebnisse mitzuteilen. Interpretieren Sie die Ergebnisse für die Gewinne aus jedem Verkauf sowie den Periodengewinn. Wie verhalten sich der Periodengewinn nach der Durchschnitts-, der FIFO- und der LIFO-Methode zueinander? Warum?

d. In welchen Fällen bildet die FIFO-Methode tatsächliche Abläufe besser ab?

2. Die Hausbank macht sich Sorgen, ob die Tysa GmbH langfristig in der Lage sein wird, ihren Verpflichtungen nachzukommen. Die Dokumentation der Erlöse und Kosten lässt doch sehr zu wünschen übrig. Insbesondere macht sich die Hausbank Sorgen, dass sich die Tysa GmbH mit ihren Tätigkeiten verzettelt und Leistungen anbietet, die sich wirtschaftlich für Tysa nicht lohnen. Der Geschäftsführer möchte das nun auch genauer wissen und berät mit Klaus Taler, wie man denn die Fragen der Bank überhaupt beantworten könne. Er habe gedacht, wenn die GmbH am Ende des Jahres einen schönen Gewinn mache, dann mache man schon alles richtig. Klaus Taler führt den Geschäftsführer kurz in die Deckungsbeitragsrechnung ein. Als dieser nach drei Minuten Erläuterung verwirrt schaut, schlägt Klaus Taler vor, das Gespräch auf den Folgetag zu vertagen. Er werde über Nacht eine Deckungsbeitragsrechnung erstellen. Die Zahlen dazu erfrage er bei seiner Kollegin aus der Buchhaltung. Nachdem der Geschäftsführer zugestimmt hat, besorgt Taler sich bei der Kollegin die erforderlichen Zahlen und erfährt darüber hinaus auch noch eine Menge Wissenswertes über Katzen. In Tab. 13.2 hat Klaus Taler Informationen zu Erlösen, variablen Kosten sowie Fixkosten für sieben Erzeugnisarten, die in vier Produktgruppen gegliedert sind, die wiederum zwei Unternehmensbereichen zugeordnet werden, zusammengestellt.

a. Ermitteln Sie die Deckungsbeiträge DB I – DB IV sowie das Betriebsergebnis.

b. Auf der Basis seiner Berechnungen geht Klaus Taler nun der Frage nach, ob einzelne Aktivitäten des Unternehmens unwirtschaftlich sind. Sollte nach seinen Berechnungen ein Produkt (eine „Erzeugnisart") nicht weiter produziert werden? Welche anderen Anpassungen könnte das Unternehmen vornehmen?

Tab. 13.1 Käufe und Verkäufe von Glycerin

Nr.	Kauf/Verkauf	Menge	Preis	Umsatz
1	Kauf	11	10.000	110.000
2	Kauf	5	12.000	60.000
3	Verkauf	7	13.000	91.000
4	Verkauf	2	9000	18.000
5	Kauf	4	8000	32.000
6	Verkauf	11	10.000	110.000

Tab. 13.2 Deckungsbeitragsrechnung

Unternehmensbereich	U1				U2		
Erzeugnisgruppe	I		II		III	IV	
Erzeugnisart	1	2	3	4	5	6	7
Erlöse	7000	800	900	600	3000	1000	600
Variable Kosten	6000	700	650	500	1000	800	400
DB I							
Erzeugnisfixkosten	700	220	70	50	1500	70	100
DB II							
DB pro Erzeugnisgruppe							
Erzeugnisgruppenfixkosten	80		90		0	150	
DB III							
DB pro Unternehmensbereich							
Unt.bereichsfixkosten	140				230		
DB IV							
DB Unternehmen							
Unternehmensfixkosten	150						
Betriebsergebnis							

c. Am Folgetag legt Klaus Taler dem Geschäftsführer seinen Bericht vor. So viele Zahlen gleichzeitig ist der Geschäftsführer nicht gewohnt. Er blickt auf die Tab. 13.2 und erklärt, dass doch die Produkte der Erzeugnisgruppe I teilweise auf den gleichen Maschinen produziert werden würden. Wo denn in der Tabelle die Kosten der Maschineninstandhaltung enthalten seien, möchte er gerne von Klaus Taler wissen. Was antwortet Klaus Taler?

3. Gegen Ende des Gesprächs zwischen Klaus Taler und dem Geschäftsführer fragt letzterer ungeduldig, warum man denn diese ganzen vielen Methoden in der Kostenrechnung habe, wenn man die gar nicht alle anwende? Könne Klaus Taler ihm nicht einmal auf einer DIN A4-Seite die richtigen Methoden in der Kostenrechnung zusammenfassen?

Klaus Taler erklärt ihm ruhig, dass es nicht so sehr um richtige und falsche Methoden gehe, sondern um die richtige Anwendung für das jeweilige Problem. Das sei wie mit den Wundsalben für jeden Hauttyp. Können Sie erklären, was Klaus Taler meint?

Literatur

HUTZSCHENREUTER, T. (2015): *Allgemeine Betriebswirtschaftslehre: Grundlagen mit zahlreichen Praxisbeispielen.* 6. Aufl., Wiesbaden: Springer Gabler.

JOOS, T. (2014): *Controlling, Kostenrechnung und Kostenmanagement.* 5. neu gestaltete und erw. Aufl., Wiesbaden: Springer Gabler.

Teil IV

Finanzwirtschaft

Bilanzkennzahlen am Beispiel statischer Liquiditätsanalyse

14

Oliver Lange und Steffen Guder

Unternehmensanalysen dienen dazu, zu überprüfen, ob ein Unternehmen ökonomische Ziele, wie die Aufrechterhaltung von Liquidität, das Erzielen von Gewinnen und die Entwicklung von Erfolgspotenzialen, erreicht (Coenenberg et al. 2016, S. 565 f.). Um Aussagen zu solchen betriebswirtschaftlichen Sachverhalten abzuleiten, können Zahlen des Rechnungswesens zu Kennzahlen kombiniert werden (Frodl 2010, S. 116). Liquidität ist ein zentrales finanzwirtschaftliches Ziel von Unternehmen und beschreibt die Fähigkeit eines Unternehmens, den eigenen Zahlungsverpflichtungen nachzukommen. Die Liquiditätsbedingung lautet, dass die Summe des Zahlungsbestandes und der Einzahlungen größer gleich der Auszahlungen ist (Becker und Peppmeier 2018, S. 13).

In dieser Fallstudie nehmen Sie die Perspektive einer Person ein, die für die Besitzerin eines Sanitätshaus mit dem Schwerpunkt für orthopädische Schuhe Kennzahlen erstellt, mit der die Liquidität des Unternehmens besser analysiert werden kann.[1]

---

[1] Die in dieser Fallstudie vorgenommene statische Liquiditätsanalyse ersetzt kein innerbetriebliches Liquiditätsmanagement. Da dies eine einführende Fallstudie ist, wird auf Aspekte des Liquiditätsmanagements verzichtet. Für eine Einführung vgl. Erichsen und Treuz (2016) Professionelles Liquiditätsmanagement.

O. Lange (✉)
Institut für Public Health und Pflegeforschung, Universität Bremen, Bremen, Deutschland
E-Mail: olange@uni-bremen.de

S. Guder
Lehrstuhl für Allgemeine Betriebswirtschaftslehre, Unternehmensrechnung und Controlling, Universität Bremen, Bremen, Deutschland
E-Mail: sguder@uni-bremen.de

14.1 Hintergrund

Wer den typischen Aufbau einer Bilanz verstehen möchte, kann beispielsweise in
§ 266 HGB (Handelsgesetzbuch) schauen. Eine Bilanz wird immer zu einem Stichtag erstellt und gibt die Aktiva und Passiva zu einem bestimmten Zeitpunkt wieder. Die Aktiv-
seite einer Bilanz beschreibt die Vermögenswerte, wie bspw. ein Röntgengerät (sog. „Aktiva"), während die Passivseite die Quelle des Kapitals für die Vermögenswerte beschreibt
(sog. „Passiva"). Die Summe der Aktiv- und Passivseite ist dadurch immer gleich hoch.
Das HGB fordert, dass zwischen eher langfristig gebundenem Anlagevermögen (z. B. Patente, Grundstücke oder Maschinen) und eher kurzfristig gebundenem Umlaufvermögen
(z. B. Vorräte wie Verbandsmaterial, Forderungen wie offene Rechnungen an einen Privatpatienten oder dem Kassenbestand) unterschieden wird. Auf der Passivseite hingegen wird
unter anderem zwischen Eigenkapital (d. h. Mittel, die der Unternehmung von den Eigen-
tümern zeitlich unbegrenzt zur Verfügung gestellt werden (Zimmermann et al. 2019,
S. 256)) und Fremdkapital (umfasst die Schulden des Unternehmens und somit Mittel, die
der Unternehmung zeitlich nur begrenzt zur Verfügung stehen) unterschieden. Letzteres
kann weiter aufgegliedert werden in Rückstellungen (nach § 249 HGB (1) Bilanzposten
für ungewisse Verbindlichkeiten und drohende Verluste aus schwebenden Geschäften) und
Verbindlichkeiten (z. B. Bankkredite oder Verbindlichkeiten aus Lieferungen und Leistungen). Auch die Posten des Fremdkapitals werden hinsichtlich ihrer Fristigkeit kategorisiert. Es gibt noch viele weitere Details, die zur Vereinfachung hier nicht genannt werden.

Aus den Bezeichnungen „kurz- und langfristig" entsteht die Frage, welche Zeiträume
hierbei zugrunde gelegt werden. Die Fristigkeit der Vermögenswerte ergibt sich vor allem
aus der Liquidierbarkeit, also der Möglichkeit, sie in Bargeld umwandeln bzw. verkaufen
zu können. Liquide Mittel (wie z. B. der Kassenbestand) sind sofort verfügbar, während
Forderungen erst in Geld umgewandelt und Vorräte erst verkauft werden müssen. Kurz-
fristiges Fremdkapital entspricht u. A. den kurzfristigen Verbindlichkeiten mit einer Rest-
laufzeit von bis zu einem Jahr. Kurzfristige Verbindlichkeiten können z. B. offene Rechnungen gegenüber Lieferanten oder kurzfristige Bankkredite sein – solange zu erwarten
ist, dass die Ausgabe (z. B. Begleichung der Rechnung) in weniger als einem Jahr entsteht.
Das Anlagevermögen verbleibt in der Regel langfristig im Unternehmen und das Eigenkapital wird – wie oben beschrieben – zeitlich unbegrenzt zur Verfügung gestellt.

Soll nun anhand von Informationen des Jahresabschlusses die Liquidität eines Unternehmens im Rahmen einer Bilanzanalyse untersucht werden, sind hier grundsätzlich zwei
Vorgehensweisen denkbar: die dynamische Analyse anhand von sogenannten Strom-
größen und die statische Analyse mithilfe von Bestandsgrößen der Bilanz.[2] Im Rahmen
der statischen Liquiditätsanalyse werden bestimmte Bestandsposten der Aktiva und Passiva ins Verhältnis gesetzt. So werden beispielsweise kurzfristige Vermögenswerte den

---

[2] In dieser Fallstudie wird nur die statische Liquiditätsanalyse behandelt. Für das Vorgehen im Falle
der dynamischen Bilanzanalyse vgl. Coenenberg et al. 2016, S. 577 ff.

$$\text{Liquidität 1. Grades} = \frac{\text{Liquide Mittel}}{\text{Kurzfristiges Fremdkapital}}$$

$$\text{Liquidität 2. Grades} = \frac{\text{Monetäres Umlaufvermögen}}{\text{Kurzfristiges Fremdkapital}}$$

$$\text{Liquidität 3. Grades} = \frac{\text{Monetäres Umlaufvermögen} + \text{Vorräte}}{\text{Kurzfristiges Fremdkapital}}$$

$$\text{Liquide Mittel} = \text{Kassenbestand} + \text{Bankguthaben}$$

$$\text{Monetäres Umlaufvermögen} = \text{Liquide Mittel} + \text{Kurzfristige Forderungen} + \text{Wertpapiere des Umlaufvermögens}$$

Abb. 14.1 Formeln (vereinfacht) basierend auf. (Coenenberg et al. 2016)

Tab. 14.1 Ungefähre Richtgrößen der Liquiditätsgrade. (Becker und Peppmeier 2018, S. 15)

Liquidität 1. Grades	10–30 %
Liquidität 2. Grades	100 %
Liquidität 3. Grades	200 %

kurzfristigen Verbindlichkeiten gegenübergestellt. Als Kennzahlen für die kurzfristige Liquidität werden die folgenden drei Liquiditätsgrade errechnet (siehe Abb. 14.1).

In der Tab. 14.1 sind ungefähre Richtgrößen für die Liquiditätsgrade dargestellt. Die Liquiditätsgrade geben ein Verhältnis an, in dem kurzfristige Verbindlichkeiten durch kurzfristige Vermögenswerte gedeckt sind – wie gut also sichergestellt werden kann, dass alle ausstehenden Rechnungen bezahlt bzw. Kredite getilgt werden können. Eine beispielhafte Interpretation des Liquiditätsgrad 2 von 100 % ist, dass die gesamten kurzfristigen Verbindlichkeiten durch das monetäre Umlaufvermögen gedeckt sind. Es ist anzumerken, dass diese Richtwerte keine individuelle Liquiditätsplanung ersetzen, da je nach Geschäftsform oder Zukunftsplanungen ein höherer oder niedrigerer Bedarf an liquiden Mitteln vorhanden ist (z. B. für die Übernahme eines anderen Unternehmens).

Für Unternehmen ist es von zentraler Bedeutung, die Liquidität richtig einschätzen zu können. Einerseits kann eine Illiquidität mit zusätzlichen Kosten verbunden sein (z. B. Zinszahlungen für überbrückende Kredite), andererseits sind Unternehmen verpflichtet, eine Insolvenz anzumelden, sobald sie ihren Zahlungsverpflichtungen nicht mehr nachkommen können (§§ 17 und 18 Insolvenzverordnung 2021).

Eine kurze Einführung in die statische Liquiditätsanalyse bieten (Coenenberg et al. 2016, insb. S. 574–576) sowie (Becker und Peppmeier 2018, S. 13–16). Für weiterführende Informationen bezüglich der Erstellung von Jahresabschlussanalysen bieten (Coenenberg et al. 2016, S. 565 ff.) einen Überblick. Vorgaben zu der Gliederung der Bilanz werden zum Beispiel im Handelsgesetzbuch (vor allem § 266) dargestellt. Weiterführende Informationen zu einer individuellen Liquiditätsplanung finden sich in (Erichsen und Treuz 2016).

14.2 Fallstudie „Viel hilft viel – aber auch bei Liquidität?"

Franziska Aller ist Geschäftsführerin eines Handels für Sanitätsbedarf und hat sich auf orthopädische Schuhe spezialisiert. 2019 feierte Sie ihr 10-Jähriges Jubiläum und ist in ihrer Region eine bekannte Ansprechpartnerin. Ursprünglich nutzte sie nur eine geschäftlich genutzte Immobilie, die sie durch eine Erbschaft erhalten hat, um ihre Waren zu verkaufen. Da die Gewinne der ersten Jahre die Erwartungen übertroffen haben, hat sie darüber hinaus noch zwei weitere Immobilien für jeweils 100.000 € erworben. Somit gibt es drei gleichwertige Ladengeschäfte mit einem Anschaffungswert von insgesamt 300.000 €. Zum Kauf der Immobilien war nur begrenzt Eigenkapital vorhanden, sodass Franziska Aller den Rest per Kredit finanziert hat. Daher besteht noch eine erhebliche Kreditsumme, die getilgt werden muss. Als Grund für Ihren bisherigen Erfolg vermutet sie, den Erwerb des Exklusivrechts für den Vertrieb des gefragten Schuhs Balance3. Zwar hat die Investition in diesen immateriellen Vermögenswert 30.000 € gekostet, jedoch gibt es dadurch keine Konkurrenz von ähnlichen Läden in ihrem Gebiet, die Schuhe mit dem gleichen Qualitätsstandard vertreiben.

Nach sorgfältiger Abwägung der Vor- und Nachteile einer Kapitalgesellschaft, hat sie 2015 die Unternehmensform von einem Einzelunternehmen zu einer Gesellschaft mit beschränkter Haftung (GmbH) geändert und ist seitdem im Handelsregister eingetragen. Das Unternehmen von Frau Aller entspricht nach § 267 Abs. 1 HGB einer „Kleinen Kapitalgesellschaft" und braucht deswegen nur eine verkürzte Bilanz aufstellen (§ 266 Abs. 1 S. 3 HGB). Um sich zu vergewissern, dass sie Ihren Buchführungspflichten nachkommt, folgt Sie den entsprechenden Vorgaben des Handelsgesetzbuchs für ihre Bilanz.

Frau Aller weiß auch, dass nicht jedes Jahr gleichermaßen erfolgreich ist. Dies hat Frau Aller insbesondere am Jahresanfang 2022 bemerkt, als sie, aufgrund eines geplatzten Auftrages und eines sehr geringen Kassenbestandes, die Kredittilgung für den Monat Mai 2022 erst mit Verspätung zahlen konnte. Seitdem ist ihr Bankberater besonders kritisch – als wäre er nicht schon immer kritisch genug gewesen. Franziska Aller ist eine lange Bekannte von Ihnen und kommt mit dem Wissen auf Sie zu, dass Ihr Studium „Management im Gesundheitswesen" beinhaltet hat. Frau Aller ist sichtlich erleichtert, dass Sie sich ihrem Problem annehmen, damit ähnliche Situationen in der Zukunft vermieden werden können.

In einem Telefonat fragen Sie zunächst, ob die Liquiditätsprobleme absehbar gewesen sind. Dazu antwortet Franziska Aller Ihnen:

„Im Oktober 2021 habe ich mich noch gefreut, weil ich das Jahresergebnis als sehr gut erwartet habe, nachdem die regionale Pflegeheimkette WalkingCare eine große Anzahl des ein-

zigartigen Schuhs Balance3 bei mir bestellt hat. Ich war mir erst noch unsicher, ob ich einen so großen Auftrag bewältigen kann. Schließlich habe ich den Auftrag jedoch angenommen, weil ich dachte, in einer wirtschaftlich stabilen Lage zu sein und genug Rücklagen zu haben. In dem Moment habe ich einfach dieses große Potenzial für den nächsten Schritt gesehen, auch wenn es mein bisher größter Auftrag war. Auch, dass der Lieferant gefordert hat, dass ich die Schuhe im Wert von 50.000 Euro bis März 2022 bezahlen solle, war für mich in Ordnung, da ich vertraglich vereinbart hatte, dass ich die Schuhe für 65.000 Euro weiterverkaufen kann."

Das Ganze klingt im ersten Moment sehr vielversprechend. Deswegen fragen Sie weiter nach, was danach schiefgelaufen sei:

„Wenige Monate nachdem ich die Bestellung aufgegeben habe – ich glaube im Januar 2022 – habe ich morgens in der Zeitung gelesen, dass mein Kunde – die Pflegeheimkette Walking-Care – zahlungsunfähig geworden ist. Der Insolvenzverwalter rief noch am gleichen Tag bei mir an. Jetzt hatte ich diese ganzen speziellen Schuhe im Lager – so viele Schuhe kann ich auch nicht von einem auf den anderen Tag anderweitig verkaufen. Im Februar 2022 habe ich dann beschlossen, die Schuhe im Sommer (Juli 2022) in einem preisreduzierten Sonderangebot zu verkaufen. Schließlich musste ich meine reguläre Werbekampagne erst einmal abschließen. Für die Schuhe bekam ich dann zwischen Sommer 2022 und Oktober 2022 nicht die erwarteten 65.000 Euro sondern insgesamt nur 40.000 Euro. Problematisch war nur, dass ich doch die Schuhe bis zum März 2022 bei meinem Lieferanten bezahlen musste. Ich hatte fast kein Geld mehr auf dem Konto und in der Kasse. Zum Glück konnte ich noch ein paar Wertpapiere verkaufen, um die Verbindlichkeit zu begleichen.

Jetzt bin ich etwas ratlos wie ich zukünftig so etwas vermeiden kann – gibt es da irgendwelche Kennzahlen, die du in deinem Studium zum Thema Management im Gesundheitswesen gelernt hast?"

Sie kennen aus dem Abschnitt „Hintergrund" die Liquiditätsgrade 1, 2 und 3 und beschließen, Franziska Aller anhand dieser Kennzahlen die Möglichkeit zu geben, ihrem kritischen Bankberater Bericht zu erstatten. Gleichzeitig soll Franziska Aller zukünftig selbst überwachen können, ob liquiditätserhöhende oder liquiditätsvermindernde Maßnahmen wirken. Dafür werden Ihnen neben dem verpflichtenden Jahresabschluss auch die freiwilligen Bilanzen zur Mitte des Jahres zur Verfügung gestellt.

In der Abb. 14.2 sind die Bilanzposten der letzten Jahre zu sehen. Zur besseren Bearbeitbarkeit im Rahmen dieser Fallstudie ist die Bilanz stark vereinfacht, da nur fiktive Buchwerte zugrunde gelegt werden, keine Abschreibungen berücksichtigt werden und davon ausgegangen wird, dass alle Rechnungen innerhalb derselben Periode bezahlt werden. Neben den genannten besonderen Geschäftsvorfällen ist über alle Jahre ein ungefähr gleichbleibendes Tagesgeschäft zu erwarten. Die Gliederung der Bilanz orientiert sich an dem Kontorahmen des § 266 HGB. Zur weiteren Vereinfachung sind für Sie irrelevante Bilanzposten hier grau dargestellt.

Aktiva	30.06. 2021	31.12. 2021	30.06. 2022	31.12. 2022	Passiva	30.06. 2021	31.12. 2021	30.06. 2022	31.12. 2022
A. Anlagevermögen					A. Eigenkapital	215.000	225.000	226.000	232.000
I. Immaterielle Vermögensgegenstände	30.000	30.000	30.000	30.000	I. Gezeichnetes Kapital				
II. Sachanlagen	300.000	300.000	300.000	300.000	II. Kapitalrücklage				
III. Finanzanlagen	0	0	0	0	III. Gewinnrücklagen				
					IV. Gewinnvortrag/Verlustvortrag				
					V. Jahresüberschuss/Jahresfehlbetrag				
B. Umlaufvermögen					B. Rückstellungen				
I. Vorräte	35.000	85.000	60.000	25.000	C. Verbindlichkeiten				
II. Forderungen- und sonstige Vermögensgegenstände					Davon kurzfristige Verbindlichkeiten (<1 Jahr)	35.000	80.000	30.000	30.000
Kurzfristige Forderungen (<1 Jahr)	20.000	20.000	15.000	17.000	Davon langfristige Verbindlichkeiten	150.000	150.000	150.000	150.000
Langfristige Forderungen (>5 Jahre)	0	0	0	0	D. Rechnungsabgrenzungsposten				
III. Wertpapiere	10.000	10.000	0	0	E. Passive latente Steuern				
IV. Kassenbestand und Bankguthaben	5000	10.000	1000	40.000					
C. Rechnungsabgrenzungsposten									
D. Aktive latente Steuern									
E. Aktiver Unterschiedsbetrag aus der Vermögensverrechnung									
Bilanzsumme	400.000	455.000	406.000	412.000		400.000	455.000	406.000	412.000

Abb. 14.2 Vereinfachte Bilanz zu verschiedenen Stichtagen

14.3   Aufgaben

1. *Ordnen Sie folgende beispielhaft genannten Vermögenswerte den Kategorien Anlagevermögen oder Umlaufvermögen zu: Schnürsenkel für herzustellenden Schuh, Lizenzen, Wertpapiere, Grundstücke, Patente, zu verkaufende Artikel, offene Forderungen gegenüber Kunden, Maschinen. Bitte werfen Sie dafür z. B. bei www.gesetze-im-internet.de einen Blick in § 266 des Handelsgesetzbuches, welches Vorgaben zur Gliederung einer Bilanz macht.*
2. *Was sind Risiken, die zu Illiquidität führen können?*
3. *Was sind Folgen zu hoher und zu niedriger Liquidität?*
4. *Berechnen Sie die Liquiditätsgrade 1, 2 und 3, der Firma von Frau Aller zu den gegebenen Bilanzstichtagen, interpretieren Sie diese und beschreiben Sie die Veränderungen.*
5. *Was wären mögliche Lösungsansätze, um die Liquidität zu bewahren?*
6. *Kritische Würdigung: Wo sehen Sie mögliche Limitationen der Liquiditätsgrade?*

Literatur

BECKER, H. P. & PEPPMEIER, A. (2018): Investition und Investitionsrechnung, *Investition und Finanzierung.* Springer, S. 35–37.

COENENBERG, A. G., FERSTL, E.-M., HALLER, A., MATTNER, G., SCHULTZE, W., BERGER, S., BERGMANN, I., BLAB, D., DURCHSCHEIN, C. & FAIS, J. (2016): *Einführung in das Rechnungswesen : Grundlagen der Buchführung und Bilanzierung.* Stuttgart, GERMANY: Schäffer-Poeschel Verlag für Wirtschaft Steuern Recht GmbH.

ERICHSEN, J. & TREUZ, J. (2016): Professionelles Liquiditätsmanagement. *Praxisleitfaden für Unternehmer und Berater,* 2.

FRODL, A. (2010): *Gesundheitsbetriebslehre.* Springer.

INSOLVENZVERORDNUNG (2021): Insolvenzordnung vom 5. Oktober 1994 (BGBl. I S. 2866), die zuletzt durch Artikel 35 des Gesetzes vom 10. August 2021 (BGBl. I S. 3436) geändert worden ist.

ZIMMERMANN, J., WERNER, J. R. & HITZ, J.-M. (2019): *Buchführung und Bilanzierung nach IFRS und HGB : Eine Einführung mit praxisnahen Fällen,* Pearson Deutschland, [online] https://elibrary.pearson.de/book/99.150005/9783863268619

Statische Investitionsrechnung

15

Laura Birg

Mittels der Investitionsrechnung werden Investitionsalternativen systematisch miteinander verglichen, um Investitionsentscheidungen vorzubereiten. Der Vergleich kann dabei auf der Grundlage verschiedener Kriterien erfolgen. Grundsätzlich unterscheidet man zwischen statischen Verfahren, die sich an betriebswirtschaftlichen Rechengrößen (etwa Kosten, Gewinn und Rentabilität) orientieren und dabei von Phänomenen im Zusammenhang mit Zeit weitgehend abstrahieren, und dynamischen Verfahren, die den zeitlichen Verlauf von Zahlungsströmen und auch die Zeitpräferenz (Kalkulationszins) explizit berücksichtigen (vgl. für einen Überblick über die Verfahren Hutzschenreuter 2015, S. 126–151). In der vorliegenden Fallstudie werden Sie als Mitarbeiter des Salbenherstellers Tysa im Wesentlichen anhand statischer Verfahren mehrere Alternativen für geplante Investitionen vergleichen.

15.1 Hintergrund

Im Rahmen der statischen Verfahren werden vier Verfahren voneinander unterschieden: Die Kostenvergleichsrechnung, die Gewinnvergleichsrechnung, die Rentabilitätsrechnung sowie die Amortisationsrechnung. Die **Kostenvergleichsrechnung** eignet sich für den Vergleich, wenn eine Auswahl zwischen Investitionsalternativen getroffen werden soll, die sich lediglich hinsichtlich ihrer Kostenwirkung voneinander unterscheiden. Es wird die Alternative ausgewählt, die eine gegebene Leistung zu geringsten Kosten erbringen kann. Die **Gewinnvergleichsrechnung** vergleicht Investitionsalternativen hinsichtlich ihrer

L. Birg (✉)
Sektion Sozialpolitik und Sozialökonomie, Fakultät für Sozialwissenschaft, Ruhr-Universität Bochum, Bochum, Deutschland
E-Mail: laura.birg@ruhr-uni-bochum.de

Wirkungen auf den Gewinn. Sie kann beispielsweise eingesetzt werden, wenn die zu vergleichenden Alternativen nicht nur zu unterschiedlichen Kosten, sondern auch zu unterschiedlichen Erlösen führen. Alle Alternativen, die sich positiv auf den Gewinn auswirken, können als Investition in Betracht kommen. Bei sich ausschließenden Alternativen sollte diejenige gewählt werden, die zur höchsten Gewinnsteigerung führt. Die **Rentabilitätsrechnung** berücksichtigt neben dem Gewinn auch den Kapitalbedarf. Der Vergleich lediglich auf der Basis der Gewinne vernachlässigt das für die zu vergleichenden Projekte jeweils erforderliche (und dann gebundene) Kapital. Es werden im Rahmen der Rentabilitätsrechnung die Investitionen berücksichtigt, deren Rentabilität den Finanzierungszinssatz übersteigt. Bei sich ausschließenden Alternativen wird die Alternative mit der höchsten Rentabilität berücksichtigt. In diesem Zusammenhang sollte für den Vergleich zwischen Alternativen mit unterschiedlichem Kapitalbedarf aber auch berücksichtigt werden, was man mit dem Betrag macht, der bei Alternativen mit geringerem Kapitalbedarf „ungenutzt" bleibt. Hier kann man beispielsweise annehmen, dass er zum Finanzierungs- oder Kalkulationszins angelegt wird. Die Berücksichtigung dieser „Differenzinvestition" erlaubt einen Vergleich auf der Basis gleicher investierter Beträge. Die **Amortisationsdauer** zielt als Verfahren auf die Zeit ab, die eine Investition benötigt, bis das investierte Geld ins Unternehmen zurückfließt. Es kommen dann alle Investitionen in Betracht, deren Amortisationsdauer kürzer ist als die geplante Nutzungsdauer. Bei sich ausschließenden Alternativen wählt man die Alternative mit der kürzesten Amortisationsdauer. Zur Berechnung der Amortisationsdauer werden die Anschaffungskosten den Einzahlungsüberschüssen (Gewinn plus Abschreibungen) gegenübergestellt.

Zu den dynamischen Verfahren der Investitionsrechnung gehört die Methode des **internen Zinsfußes**. Hier wird anhand der prognostizierten Zahlungsströmen der Zinssatz ermittelt, durch den der Kapitalwert einer Investition den Wert Null annimmt. Es kommen auf der Basis alle Investitionen in Betracht, für die der interne Zinsfuß größer als der Kalkulationszinssatz ist. Bei sich ausschließenden Alternativen wird die Alternative mit dem höchsten internen Zinsfuß berücksichtigt. Ein weiteres Verfahren ist das der **Barwertberechnung**, bei der Zahlungsströme im Zeitverlauf prognostiziert und durch einen vorgegebenen Zins in Gegenwartswerte (Barwerte) umgerechnet werden. Diesem Verfahren ist die nächste Fallstudie gewidmet (vgl. Fallstudie 4.2 Business Case Berechnung für eine Geschäftsidee).

Der Erfolg von Unternehmen kann grundsätzlich anhand verschiedener Kennzahlen gemessen werden. Die **Gesamtkapitalrentabilität** (Return on Investment, RoI) setzt den Gewinn (vor Zinsen) ins Verhältnis zum eingesetzten Kapital. Die **Eigenkapitalrentabilität** (Return on Equity, RoE) setzt den Gewinn ins Verhältnis zum Eigenkapital. Hierbei hat die Finanzierungsstruktur, also das Verhältnis von Fremdkapital zu Eigenkapital, einen erheblichen Einfluss auf den RoE. Ein hoher Fremdkapitalanteil führt zu einem hohen RoE, allerdings ist dies für Unternehmen auch riskant: laufen die Geschäfte nicht so gut wie erwartet, können Unternehmen in Schwierigkeiten geraten die Fremdkapitalkosten zu bedienen – es droht dann letztlich die Insolvenz.

Grundlagen der Investitionsrechnung findet man in zahlreichen Lehrbüchern zur Betriebswirtschaftslehre. Die hier verwendeten Verfahren werden beispielsweise erläutert in (Hutzschenreuter 2015).

15.2   Fallstudie: Investitionsrechnung in der Tysa GmbH

Die Tysa GmbH, ein Familienunternehmen, produziert verschiedene Sorten von Cremes, insbesondere Wundsalben, die je nach Hauttyp die Wundheilung unterstützen (Typensalbe, Tysa). Nachdem das interne Rechnungswesen modernisiert wurde, vertraut die Hausbank (wieder) dem Geschäftsmodell der Tysa GmbH und signalisiert, dass sie eine Expansion des Unternehmens unterstützen würde. Der Geschäftsführer der Tysa ist darüber sehr erleichtert. Es stehen Ersatzinvestitionen in der Produktion an, darüber hinaus will er auch die Produktpalette erweitern. Ohne viel im Unternehmen und in seiner Familie darüber zu reden, erwägt er auch einen Privatkredit aufzunehmen, um seiner Tochter bei der Gründung eines eigenen Unternehmens unter die Arme zu greifen.

Klaus Taler arbeitet in der Abteilung „Buchführung" der Tysa, die für die zahlenmäßige Dokumentation und Planung der Geschäftsprozesse zuständig ist. Er hat mit seiner unaufgeregten Art das Vertrauen des Geschäftsführers gewonnen, der bei geschäftlichen Entscheidungen sonst eher auf sein Gefühl hört als auf nüchterne Zahlen.

Zur Planung der anstehenden Investitionen bespricht sich der Geschäftsführer mit Klaus Taler sowie dem Produktionsleiter, einem langgedienten Praktiker, der am liebsten karierte Hemden trägt. Es steht eine Ersatzinvestition an. Eine der Maschinen, mit denen die Salben in Tuben verpackt wird, muss ersetzt werden. Darüber hinaus soll die Produktpalette erweitert werden, wofür ebenfalls eine neue Maschine nötig ist. In dem Gespräch geht es zunächst um die Ersatzinvestition. Für die Abfüllung der Salben in Tuben ist bislang eine Maschine verwendet worden, die man schon gebraucht erstanden hatte. Der Produktionsleiter sagt, dass sie ihm sehr ans Herz gewachsen sei, da sie praktisch nur noch aus Ersatzteilen und Gaffer-Tape bestehe. Aber das Klebeband sei auf Dauer zu wärmeempfindlich.

Drei Anbieter führen passende Maschinen im Programm. Sie alle können gleich gut das Produkt abfüllen, unterscheiden sich aber u. a. hinsichtlich der Anschaffungskosten, des Wartungsbedarfs, der planmäßigen Nutzungsdauer und des Raumbedarfs. Maschine 1 kostet 120.000 €, Maschine 2 200.000 € und Maschine 3.150.000 €. Die teure Maschine fällt vor allem durch geringe Wartungsintensität und lange Nutzungsdauer auf. Sie ist der Favorit des Produktionsleiters. Die günstigste Maschine hingegen wird vom Geschäftsführer bevorzugt („Sie tut doch, was sie soll. Und für die Wartung bezahle ich doch Ihre Leute."). Klaus Taler lässt sich vom Produktionsleiter die wichtigsten Angaben geben (dieser hat sie auf einem handgeschriebenen Zettel dabei). Bis zum kommenden Tag soll Klaus Taler seine Einschätzung mitteilen (er notiert sich noch schnell, auf dem Heimweg Kaffee einzukaufen).

Als nächsten Tagesordnungspunkt ruft der Geschäftsführer die nötigen Investitionen für die Erweiterung der Produktpalette auf. Einige der Salben sollen zukünftig auch in einer wasserfesten Variante angeboten werden. Darüber hinaus könnten sie auch vor UV-Licht schützen (mit einem mittleren Faktor). Letzteres würde einen höheren Preis pro Tube („Einheit") am Markt ermöglichen. Technisch ist die Komponente aber gerade in Kombination mit der Wasserfestigkeit ein Problem, sagt der Produktionsleiter. Er kenne nur einen Hersteller, der dafür eine passende Maschine im Programm habe. Und die sei teuer. Zwei andere Maschinen könnten die Wasserfestigkeit leisten, eine davon aber besser als die andere, weshalb sich die Qualität der Produkte (und damit auch der erzielbare Preis) unterscheiden werde. Der Geschäftsführer bittet Klaus Taler auch hier einmal durchzurechnen, welche Maschine sich denn am ehesten lohne.

Der Geschäftsführer möchte die Unternehmensgründung seiner Tochter unterstützen. Das Tochter-Unternehmen, wie er es nennt, will mit dem Konzept der hauttypengerechten Salben insbesondere eine junge Zielgruppe ansprechen. JuTyp – junge Typen – soll das Unternehmen heißen. Er zieht Klaus Taler ins Vertrauen und bittet ihn um seinen Rat. Insbesondere ist er sich nicht sicher, welche Finanzierungsstruktur er seiner Tochter für ihr Unternehmen empfehlen soll. Er bittet Klaus Taler, doch einmal einen Blick auf eine Excel-Datei zu werfen, die er erstellt habe (seine Augen leuchten stolz, als er das Wort Excel sagt). Um einen „schönen Gewinn" zu machen, sollte seine Tochter vielleicht möglichst wenig Eigenkapital einsetzen. „Letztlich ist es ja irgendwie mein Geld", gibt er Klaus Taler zu verstehen.

Klaus Taler fährt nach dem Gespräch mit den Unterlagen nach Hause und setzt sich mit den Unterlagen an den Schreibtisch.

15.3   Aufgaben

1. Bevor er sich an die Rechenarbeit macht, atmet Klaus Taler tief durch und überlegt sich, womit er es hier eigentlich zu tun hat. Er erinnert sich an seine BWL-Vorlesung und schreibt in Stichpunkten auf, warum Investitionsalternativen überhaupt miteinander verglichen werden sollten. Welche Aspekte sollte Klaus Taler berücksichtigen?
2. Ihm ist schon in dem Gespräch mit dem Geschäftsführer und dem Produktionsleiter klargeworden, dass er verschiedene Verfahren der Investitionsrechnung anwenden sollte. Auch unter Berücksichtigung seiner Zielgruppe nimmt er sich vor, es bei statischen Verfahren zu belassen. Unter welchen Umständen sind die statischen Verfahren für einen Vergleich zwischen Alternativen geeignet?
3. Klaus Taler nimmt sich zunächst die Ersatzinvestition vor. Er erstellt aus den Angaben auf dem Zettel des Produktionsleiters die Tab. 15.1 (vgl. für weitere Erläuterungen und die Struktur der Tabellen in dieser Aufgabe: Hutzschenreuter 2015, S. 129 ff.).
   Zur besseren Übersicht legt er Tab. 15.2 an.

Tab. 15.1 Angaben für die Kostenvergleichsrechnung

	Maschine 1	Maschine 2	Maschine 3
Anschaffungsauszahlung (Euro)	120.000	200.000	150.000
Nutzungsdauer (Jahre)	9	14	12
Kalkulationszinssatz	12	12	12
Raumbedarf (Quadratmeter)	100	120	80
Jahresmiete (Euro/Quadratmeter)	120	120	120
Instandhaltungsfaktor (% vom Anschaffungswert)	10	5	8
Energiekosten/Stunde	11	8	10
Lohnkosten/Stunde	50	50	50
Geplante Laufzeit pro Jahr (Wochen)	52	52	52
Reparatur- und Wartungszeiten (Wochen/Jahr)	6	2	4
Sonstige Ausfallzeiten (Wochen/Jahr)	2	1	2
Wochenarbeitszeit (Stunden/Woche)	40	40	40

Tab. 15.2 Ergebnistabelle für die Kostenvergleichsrechnung

	Maschine 1		Maschine 2		Maschine 3	
	Gesamt	Pro Stunde	Gesamt	Pro Stunde	Gesamt	Pro Stunde
Nettolaufzeit						
Abschreibungen						
Finanzierungskosten						
Instandhaltungskosten						
Raumkosten						
Energiekosten						
Lohnkosten						
Maschinenstundensatz						

a. Er entscheidet sich für einen Vergleich auf Basis einer Kostenvergleichsrechnung. Hierbei möchte er auf der Basis des geringsten Maschinenstundensatzes entscheiden. Welche Maschine ist die günstigste?

b. Was spricht im vorliegenden Fall für einen Vergleich auf Basis einer Kostenvergleichsrechnung?

4. Die Investition zur Erweiterung der Produktpalette findet Klaus Taler noch etwas knifffeliger. Er erstellt die Tab. 15.3 (vgl. für weitere Erläuterungen und die Struktur der Tabellen in dieser Aufgabe: Hutzschenreuter 2015, S. 132 ff.).

Schnell wird ihm klar, dass es nicht ganz einfach wird, hier eine Empfehlung auszusprechen. Damit er für die kommende Sitzung möglichst gut vorbereitet ist, erstellt er einen komplexen Vergleich anhand unterschiedlicher Maßstäbe. Er geht dabei von einer produzierten Menge von 100.000 Einheiten aus.

a. Zunächst erstellt er eine Gewinnvergleichsrechnung. Welche Maschine sollte nach diesem Kriterium beschafft werden?

Tab. 15.3 Angaben für die Gewinnvergleichsrechnung

	Maschine 1	Maschine 2	Maschine 3
Anschaffungskosten (Euro)	1.200.000	1.400.000	2.000.000
Servicekosten (Euro/Jahr)	100.000	12.000	80.000
Finanzierungs-Zinssatz (%)	12	12	12
Wartung & Reparatur je 1000 Einheiten (Euro)	1100	1300	900
Stromkosten je 1000 Einheiten (Euro)	250	300	250
Nutzungsdauer (Jahre)	5	7	5
Erzielbarer Preis je Einheit (Euro)	5,00	6,00	9,00

b. Klaus Taler weiß aber, dass die Gewinnvergleichsrechnung nur ein unvollständiges Bild bietet. Also erstellt er auch noch eine Rentabilitätsrechnung. Welche Maschine weist die höchste Rentabilität auf?

c. Klaus Taler möchte nun aber auch noch einen Vergleich auf der Basis des gleichen eingesetzten Kapitals durchführen. Hierfür berücksichtigt er auch die jeweilige sogenannte Differenzinvestition. Welche Maschine weist die höchste korrigierte Rentabilität auf?

d. Wie beurteilen Sie die Annahme zur Verzinsung der Differenzinvestition im Rahmen der korrigierten Rentabilitätsrechnung?

e. Schließlich wirft er auch noch einen Blick auf die Amortisationsdauer. Welche Maschine amortisiert sich am schnellsten?

f. Er ahnt, dass es nicht ganz leicht wird, seine Ergebnisse dem Geschäftsführer und dem Produktionsleiter zu erklären. Welches Kriterium ist hier am besten geeignet?

g. Trotz Kaffee schläft Klaus Taler am Schreibtisch ein. Er träumt, dass der Geschäftsführer ihn in der kommenden Sitzung auffordert, doch eben den internen Zinsfuß auszurechnen, so schwer könne das doch nicht sein. Klaus Taler schreckt hoch und berechnet schnell den internen Zinsfuß für die drei Maschinen. Welches Ergebnis erhält er? Hilft es ihm bei der Entscheidungsvorbereitung?

5. Es ist inzwischen schon sehr spät, aber Klaus Taler schaut sich jetzt auch die Zahlen für das Tochter-Unternehmen JuTyp an. Die Excel-Tabelle des Geschäftsführers ist in ComicSans geschrieben und die Angaben befinden sich teilweise in der gleichen Zeile (aber mit Zeilenumbruch), aber ansonsten sind die Inhalte gut aufbereitet. Der Geschäftsführer geht davon aus, dass seine Tochter für ihr Unternehmen 300.000 € an Kapital benötigt. Er schätzt, dass sie Fremdkapital zu sechs Prozent aufnehmen kann. Probehalber ist der Geschäftsführer von einer hälftigen Finanzierung über Eigen- und über Fremdkapital ausgegangen. Für den geplanten Geschäftsbetrieb geht er von einem Gewinn von 30.000 € aus.

a. Wie hoch ist die Gesamtkapitalrentabilität (ROI)?

b. Wie hoch ist die Eigenkapitalrentabilität (ROE)?

c. Der Geschäftsführer überlegt, ob man das Eigenkapital nicht reduzieren könnte. Wie ändern sich die Rentabilitäten, wenn man (bei konstantem Gesamtkapitalbedarf von 300.000 €) das Eigenkapital auf 100.000 bzw. 50.000 € reduziert?

d. Worin liegt der Nachteil einer zu geringen Eigenkapitalfinanzierung?

Literatur

HUTZSCHENREUTER, T. (2015): *Allgemeine Betriebswirtschaftslehre: Grundlagen mit zahlreichen Praxisbeispielen.* 6. Aufl., Wiesbaden: Springer Gabler.

Dynamische Investitionsrechnung mit Discounted Cash Flow

16

JulianJulian Gansen und Florian Koerber

In dieser Fallstudie versetzen Sie sich in die Perspektive einer Gründerin, die eine Geschäftsidee aus betriebswirtschaftlicher Perspektive durchdenkt und eine grobe Überschlagsrechnung auf Basis eines Discounted Cash-Flows durchführt. Zunächst geht es darum, das Marktpotenzial auf Basis recherchierter Zahlen abzuschätzen und Erlöse zu überschlagen. Anschließend bestimmen Sie mithilfe einer Excel-Vorlage und gegebener Kosten den Break-Even-Point der geplanten Unternehmung und berechnen den diskontierten Cash-Flow über fünf Jahre.

16.1 Hintergrund

Als **Business Case** wird in der Regel die Anwendung von verschiedenen Methoden der **Investitionsrechnung** zur Entscheidung über alternative Möglichkeiten von Finanzmitteln bezeichnet. In dieser Fallstudie geht es zunächst um die simple Entscheidung, ob ein studentisches Gründungsprojekt einer potenziellen Gründerin zur softwaregestützten Therapieunterstützung von Kindern mit Dyslalie weiterverfolgt werden sollte. Sollte sich ein potenzielles Unternehmen in den nächsten Jahren prinzipiell selbst tragen können, könnte es sich lohnen, die Idee weiter zu konkretisieren.

J. Gansen (✉)
Mementor GmbH, Leipzig, Deutschland
E-Mail: julian.gansen@mementor.de

F. Koerber
Flying Health, Berlin, Deutschland

LMU München, München, Deutschland

Alice-Salomon-Hochschule Berlin, Berlin, Deutschland

© Springer Fachmedien Wiesbaden GmbH, ein Teil von Springer Nature 2023
W. Rogowski (Hrsg.), *Management im Gesundheitswesen*,
https://doi.org/10.1007/978-3-658-39639-8_16

Mit **Dyslalie** werden im medizinisch-therapeutischen Bereich Störungen bei Verwendung und Bildung von Sprachlauten sowie bei Aussprache und Artikulation bezeichnet. Weitere Informationen zu Dyslalie und zur Prävalenz (Krankheitshäufigkeit) sind u. a. in (Gillberg et al. 2006, S. 391) zu finden.

Im Rahmen eines Business Case werden in mehreren Schritten das Marktpotenzial sowie potenzielle Erlöse und Kosten der Unternehmung durchdacht und auf Basis von Recherche oder Datenerhebungen berechnet. Mit **Marktpotenzial** wird die maximal mögliche Anzahl an potenziellen Kund:innen bezeichnet. **Erlöse** können unterschiedlich generiert werden; im Regelfall kann davon ausgegangen werden, dass die Unternehmung Einnahmen aus dem Verkauf ihres Produkts oder ihrer Dienstleistung auf Basis von einem Preis für das Produkt oder bspw. eine Lizenz generiert. Die **Kosten** setzen sich aus fixen und variablen Kosten (abhängig von produzierter Einheit) zusammen. Dabei können einem Unternehmen neben Personalkosten z. B. Kosten für den Einkauf von Ressourcen oder auch Anwaltskosten sowie Mietkosten entstehen.

Um das Verhältnis der geschätzten Kosten und Erlöse kritisch zu überprüfen, können verschiedene Methoden der Investitionsrechnung genutzt werden, welche in der Regel über einen bestimmten Zeitraum Erlöse und Kosten verrechnen, um darüber den Wert der Unternehmung zu bestimmen. Die gängigste Methode der dynamischen Investitionsrechnung – der **Discounted Cash-Flow** (DCF) oder auch Barwert – nutzt zusätzlich einen Zinssatz, um künftige Einnahmen und Kosten diskontieren zu können.

Eine Einführung in die Investitionsrechnung bieten u. a. (Becker und Peppmeier 2018) sowie (Hutzschenreuter 2015), einen Einstieg in das Business Planning bietet die Einführung von (Koerber et al. 2016) aus dem Lehrbuches *Business Planning im Gesundheitswesen* (Rogowski 2016) sowie das Lehrbuch *Business Cases – Ein anwendungsorientierter Leitfaden* (Taschner 2017).

16.2   Fallstudie: Rechnet sich Lisas Gesundheits-Start-up?

Lisa, eine Freundin von Ihnen, ruft Sie ganz aufgeregt an und erzählt Ihnen recht geheimnistuerisch von einer Idee, die sie hat. Sie sind zunächst etwas skeptisch, doch lassen sich breitschlagen, bei einem gemeinsamen Treffen die Idee weiter zu spinnen.

Beim Treffen hält Ihnen Lisa eine kleine PowerPoint-Präsentation zu ihrer Idee. Sie meint es also ernst. Als Logopädin sah sie sich schon häufig dem Problem gegenüber, dass Kinder mit Aussprachestörungen zwar auch zu Hause Übungen durchführen können, dabei aber kaum Feedback oder weitere Hilfestellungen bekommen können. Bislang gibt es keine Möglichkeit, Feedback zum Lernfortschritt zu Hause – also z. B. die Aussprache bestimmter Laute – zu erhalten.

Vor kurzem stolperte Lisa bei einer Literaturrecherche über eine Publikation, bei der die Autor:innen auf Basis von Sprachsamples eine kleine Software entwickelten, die in der Lage ist Normabweichungen bei der Aussprache zu erkennen. Lisas Vision ist, auf Basis dieser Erkenntnisse eine Webanwendung oder mobile App zu entwickeln, die von Kindern im Alter von 4–8 Jahren für Übungen gegen Dyslalie genutzt wird. Ihre Recherchen haben ergeben, dass bei vorsichtiger Rechnung die Prävalenz für Dyslalie bei ca. 5 % liegt.

Als Logopädin mit didaktischer Zusatzausbildung könnte Lisa sich um die Erstellung der Inhalte und Übungen kümmern. Für die Programmierung der Anwendung und für einige andere Aufgaben wäre Personal notwendig. Lisa ist Realistin und befürchtet, dass hohe Kosten auf ein mögliches Start-up zukommen könnten. Im Gegenzug fände sie es fair, wenn die Eltern im Monat 39,99 € als Nutzungsgebühr bezahlen würden.

Lisa ist außerdem bewusst, dass Nutzer:innen nicht vom Himmel fallen. Sie geht davon aus, dass für das Unternehmen pro Neukund:in mit einer *Customer Acquisition Cost* (Kosten aller Marketing und Vertriebsaktivitäten/Anzahl Neukund:innen) von ca. 100 € zu rechnen ist. Bei diesem Mitteleinsatz ist sie aber optimistisch, dass sie es schaffen kann, 3 Kund:innen pro Tag zu gewinnen. Mit zunehmender Erfahrung sollte diese Zahl um ca. 15 % pro Quartal zunehmen. Die *Customer Acquisition Cost* bleiben aber stabil. Mit den ersten Nutzer:innen rechnet sie nach einem halben Jahr, da das neugegründete Start-up erstmal die Software fertigstellen und eine Marketing-Strategie vorbereiten muss.

Sie befürchtet allerdings, dass nicht nur Nutzer:innen wegen Nicht-Gefallen abspringen könnten, sondern auch schlichtweg, weil sie keine Therapieunterstützung mehr benötigen. Das potenzielle Unternehmen wäre also mit zwei verschiedenen *Churn Rates* (Prozent der Nutzer:innen, die in einem bestimmten Zeitraum abspringen) konfrontiert. Lisa hat recherchiert, dass vermutlich 5 % der Nutzer:innen pro Quartal abspringen könnten, weil ihnen das Produkt nicht gefällt. Sie geht davon aus, dass 30 % der Nutzer:innen pro Quartal aufhören werden, ihr Produkt zu nutzen, weil sie es nicht mehr benötigen und ggfs. austherapiert sind.

Lisa hofft, dass Sie im Rahmen Ihres Studiengangs gelernt haben, mal grob durchzurechnen, ob sich so ein Unternehmen tragen könnte. Glücklicherweise lernen Sie gerade etwas über Investitionsentscheidungen und versprechen, sich Gedanken zu machen.

Sie haben im Internet eine Excel-Vorlage gefunden, die Sie für Ihre Rechnungen anpassen können. Laden Sie hierfür die Datei *BC_Excel-Vorlage* aus dem Zusatzmaterial *Fallstudie_Business-Case*[1] herunter. Sie machen sich an die Arbeit und überlegen sich zunächst, welche Informationen Sie für eine sinnvolle Überschlagsrechnung eigentlich benötigen.

---

[1] Um auf das Zusatzmaterial zugreifen zu können, geben Sie bitte im Web-Browser http://www. mig-fallstudien.uni-bremen.de ein. Sie werden zu einem Verzeichnis weitergeleitet, in dem die ergänzenden Dateien aller Fallstudien zum Download bereitstehen.

16.3 Aufgaben

16.3.1 Business Case: Informationsbedarf

a) Welche Informationen benötigen Sie grundsätzlich, um eine Überschlagsrechnung durchzuführen?
b) Über welchen Zeitraum würden Sie die Rechnung durchführen?

16.3.2 Marktpotenzial

Berechnen Sie das Marktpotenzial für die Idee Ihrer Freundin.

a) Recherchieren Sie wie viele Kinder zwischen 4–8 Jahren es (ungefähr) in Deutschland, Österreich und der Schweiz im Jahr 2018 gegeben hat (Tipp: Geburtskohorten!).
b) Wie hoch ist das Marktpotenzial (alle Kinder zwischen 4–8 Jahren mit Dyslalie)?

16.3.3 Umsatzerlöse

Nachdem Sie nun wissen, wie viele potenzielle Kund:innen gespannt auf Ihr Produkt warten, überlegen Sie sich, wie viele Nutzer:innen Sie im Verlauf von 5 Jahren akquirieren könnten.

a) Machen Sie sich mit der Excel-Vorlage vertraut, die Sie bereits heruntergeladen haben (Datei *BC_Excel-Vorlage*; vgl. Fußnote 23). In den Spalten A-C sehen Sie Annahmen, welche dann für die Berechnung für Jahr 1 bis 5 genutzt werden können. Jedes Jahr ist in Quartale eingeteilt, sodass ggf. Kosten pro Monat oder pro Jahr in Kosten pro Quartal umgerechnet werden müssen. Zeile 18 und 33 dienen dazu, Erlöse und Kosten pro Quartal aufzusummieren.
b) Wie viele Neukund:innen akquiriert das Unternehmen pro Quartal?
c) Nutzen Sie die Excel-Vorlage, um die Anzahl Bestandskund:innen für jede Periode auf Basis der Annahmen zu berechnen.
d) Berechnen Sie zusätzlich die kumulierte Gesamtanzahl an Kund:innen (Bestandskund:innen + Kund:innen, die bis zu diesem Zeitpunkt abgesprungen sind) für jede Periode.
e) Berechnen Sie den Marktanteil zu jedem Zeitpunkt (Bestandskund:innen/Marktpotenzial). Wie hoch ist der Marktanteil nach 5 Jahren?
f) Berechnen Sie die Umsatzerlöse für jedes Quartal.

16.3.4 Kosten

Bislang haben Sie sich nur um die Einnahmenseite gekümmert. Allerdings kommen auf das potenzielle Unternehmen auch jede Menge Kosten zu. Um sich etwas zu entlasten, hatten Sie eine Kommilitonin gebeten, die Kostenseite durchzurechnen. Sie hat Ihnen eine Tabelle mit folgenden Punkten geschickt, die sie recherchiert hat:

- Personal: ca. 75.000 € pro Quartal (Entwickler:innenteam, Gründer:innen, Supportkoordinator:in, Marketingkoordinator:in)
- Overhead ca. 10.000 € pro Quartal (Miete, Accounting, Serverkosten, Anwaltskosten)
- Sprachsamples als Grundlage der Softwareentwicklung: einmalig 15.000 €
- Anwaltskosten für Gründung: einmalig 3000 €
- ca. 10 € pro Nutzer:in und Quartal für Support
- ca. 0,50 € pro Nutzer:in pro Quartal für weitere Serverkosten
  a) Fügen Sie diese Kosten zu Ihrer Excel-Kalkulation hinzu. Achten Sie bei Kosten, die von einer anderen Variable abhängig sind, auf geeignete Formeln.
  b) Fügen Sie *Customer Acquisition Cost* (Kosten aller Marketing und Vertriebsaktivitäten/Anzahl Neukund:innen) in Excel hinzu.

16.3.5 Gewinn und Cash-Flow

Nun können Sie damit beginnen, die imaginäre Unternehmung einzuschätzen.

a) Ergänzen Sie zunächst die Zeilen *Summe Erlöse*, *Summe Ausgaben* und *Operatives Ergebnis (EBIT)* (*Earning Before Interests and Taxes* = Erlöse – Ausgaben) um passende Excel-Formeln.
b) Bestimmen Sie den *Break-even*-Punkt (Zeitpunkt, ab dem die Unternehmung zum ersten Mal Gewinn macht). Tipp: Nutzen Sie z. B. eine bedingte Formatierung in Excel, um sich den ersten Zeitraum mit Gewinn farbig markieren zu lassen.
c) Wie hoch müsste eine Investition sein, um die Unternehmung zu tragen, bis ein positiver Cash-Flow zu verzeichnen ist?
d) Beim Konzept des *Discounted Cash-Flows* geht es darum, zukünftige Gewinne oder Verluste auf Basis eines Zinssatzes zu diskontieren. Dieser Zinssatz kann auch einen Risikoaufschlag beinhalten oder Renditeerwartungen von Kapitalgebern widerspiegeln.

Mit folgender Formel kann der *Discounted Cash-Flow* berechnet werden:

$$DCF_n = -I_0 + \sum_{t=1}^{n} \frac{E_t - K_t}{(1+i)^t} \pm \frac{L_n}{(1+i)}$$

In vorliegenden Fall betrachten Sie nur laufende Kosten (K_t) und Erlöse (E_t) und gehen weder von einer Anfangsinvestition ($I_0 = 0$) noch von einem Liquiditätserlös ($L_n = 0$) aus. In der Excel-Vorlage wurden diese unter *Freier Cash-Flow* (FCF) schon zusammengefasst (Erlöse – Kosten abzüglich einem Steuerabzug von 30 %).

Berechnen Sie nun auf Basis der vereinfachten Formel den *Discounted Cash-Flow* für jedes Quartal (jeweils in Zeitpunkt t). Gehen Sie von einem Zinsat i = 10 %[2] aus.

$$DCF_t = \frac{FCF_t}{(1+i)^t}$$

Beachten Sie, dass Sie in Excel für jedes Quartal einen DCF berechnen lassen (in der vereinfachten Formel befindet sich kein Summenzeichen mehr!). Als Zeitpunkt t können Sie Jahresteile einsetzen; z. B. 0,25 Jahre für das 1. Quartal (0,5 für das 2. Quartal).

e) Berechnen Sie den kumulierten freien und diskontierten Cash-Flow. Würden Sie Lisa dazu raten, Ihre Idee weiterzuverfolgen?

16.3.6 Kritische Reflexion

Insgesamt konnten Sie im Rahmen dieser Fallstudie zwar keinen wasserdichten Business Case durchführen, der allen kritischen Fragen potenzieller Investor:innen in einer *Höhle der Löwen* standhielte. Dennoch haben Sie die wichtigsten Schritte durchgeführt und ein solides Ergebnis erarbeitet.

Lassen Sie zum Abschluss Ihr gewähltes Vorgehen nochmals Revue passieren.

a) An welchen Stellen des Vorgehens würden Sie sich noch unsicher fühlen, sollten Sie Ihre Überlegungen einem bzw. einer *echten* Investor:in vorstellen?

b) Welche Stärken und Schwächen sehen Sie bei der Methode der Berechnung von Business Cases?

Literatur

BECKER, H. P. & PEPPMEIER, A. (2018): *Investition und Finanzierung: Grundlagen der betrieblichen Finanzwirtschaft.* 8., überarbeitete Aufl.: Springer Gabler.

GILLBERG, C., HARRINGTON, R. & STEINHAUSEN, H.-C. (2006): *A clinician's handbook of child and adolescent psychiatry.* Cambridge: Cambridge University Press.

HUTZSCHENREUTER, T. (2015): *Allgemeine Betriebswirtschaftslehre: Grundlagen mit zahlreichen Praxisbeispielen.* 6. Aufl., Wiesbaden: Springer Gabler.

---

[2] Die Auswahl des Zinssatzes für dynamische Investitionsrechnungen kann auf Basis von verschiedenen Ansätzen erfolgen. Mehr dazu finden Sie in der angegebenen Literatur.

KOERBER, F., DIENST, R. C., JOHN, J. & ROGOWSKI, W. (2016): Einführung, in: ROGOWSKI, W. (Hrsg.), *Business Planning im Gesundheitswesen: Die Bewertung neuer Gesundheitsleistungen aus unternehmerischer Perspektive.* Wiesbaden: Springer Gabler, S. 1–24.

ROGOWSKI, W. (Hrsg.) (2016): *Business Planning im Gesundheitswesen: Die Bewertung neuer Gesundheitsleistungen aus unternehmerischer Perspektive.* Wiesbaden: Springer Gabler.

TASCHNER, A. (2017): *Business Cases – Ein anwendungsorientierter Leitfaden.* 3. Aufl., Wiesbaden: Springer Gabler.

Teil V

Entscheidung

Nutzwertanalyse

Fabia Gansen

Ziel dieser Fallstudie ist es, anhand eines Fallbeispiels zur Anschaffung von Ultraschall-geräten in der gynäkologischen Abteilung eines Krankenhauses in die Anwendung von multikriterieller Entscheidungsanalyse (auch *Multi Criteria Decision Analysis* oder MCDA) einzuführen. Hierzu werden drei zur Auswahl stehende Geräte zunächst anhand von qualitativen Kriterien, die aus einem Abteilungsgespräch der Gynäkologie abgeleitet werden, auf Basis einer Nutzwertanalyse bewertet. Anschließend werden weitere quantitative Kriterien aus Sicht der Klinikleitung in die Nutzwertanalyse einbezogen. Die Fallstudie schließt mit einer Ergebnispräsentation und einer kritischen Reflexion zur angewendeten multikriteriellen Entscheidungsanalyse ab.

17.1 Hintergrund

Viele Entscheidungen, die im Gesundheitswesen und speziell in Gesundheitsbetrieben getroffen werden, sind nicht nur mit einem, sondern mit mehreren Zielen verbunden. So sollten bei grundlegenden strategischen Entscheidungen alle relevanten Unternehmensziele berücksichtigt werden. Ein systematischer Ansatz zum Umgang mit mehrdimensionalen Zielen ist die multikriterielle Entscheidungsanalyse (auch *Multi Criteria Decision Analysis* oder **MCDA** genannt). MCDA bezeichnet eine Sammlung formaler Ansätze zur Entscheidungsunterstützung, die eine strukturierte und transparente Berücksichtigung verschiedener Zielkriterien ermöglichen (vgl. Belton und Stewart 2002, S. 2; Thokala et al. 2016, S. 2 f.). Eine Anwendungsform von MCDA ist die **Nutzwertanalyse**. Bei diesem Verfahren werden die zur Auswahl stehenden Alternativen anhand von festgelegten

F. Gansen (✉)
B. Braun SE, Berlin, Deutschland
E-Mail: fabia.gansen@bbraun.com

© Springer Fachmedien Wiesbaden GmbH, ein Teil von Springer Nature 2023
W. Rogowski (Hrsg.), *Management im Gesundheitswesen*,
https://doi.org/10.1007/978-3-658-39639-8_17

Zielkriterien bewertet. Anschließend lässt sich für jede der Alternativen ein Nutzwert bestimmen, der die Grundlage der Entscheidungsfindung bildet.

Das Vorgehen zur Durchführung einer Nutzwertanalyse lässt sich vereinfacht in vier Schritte unterteilen. An erster Stelle steht die **Identifikation der Zielkriterien**. Die gewählten Kriterien sollten vollständig, operationalisierbar, voneinander unabhängig, frei von Überschneidungen und in ihrer Anzahl handhabbar sein. Im nächsten Schritt folgt die **Messung der Kriterienerfüllung**, bei der bewertet wird, wie gut jede der Alternativen jedes Kriterium erfüllt. Diese Bewertung kann auf einer Nominal-, Ordinal- oder Kardinalskala erfolgen (vgl. Baltussen und Niessen 2006). Dieser Schritt lässt sich unter dem Begriff *Scoring* zusammenfassen. Die **Gewichtung der Kriterien** ist der nächste Schritt einer Nutzwertanalyse. Dabei wird die Bedeutung jedes Zielkriteriums für den/die Entscheidungsträger:in anhand einer Verhältniszahl ausgedrückt, sodass sich die Gewichte auf 1 summieren. Die Gewichtung der Kriterien wird auch als *Weighting* bezeichnet. Es folgt die **Aggregation der Bewertungen**, bei der der Nutzwert jeder Alternative berechnet wird. In der Regel wird die Summe der gewichteten Ausprägungsgrade – also der gewichtete Mittelwert – bestimmt. Auf Basis der ermittelten Nutzwerte kann abschließend eine Rangfolge der Alternativen erstellt und zur Entscheidungsfindung herangezogen werden (vgl. Thokala et al. 2016, S. 8 f.).

Für eine Einführung zur Durchführung von MCDA wird Baltussen und Niessen (2006) empfohlen. Die theoretischen Grundlagen und die zugrunde liegende Methodik von multikriterieller Entscheidungsanalyse vermitteln Belton und Stewart (2002). Eine aktuelle Übersicht zur Anwendung von MCDA im Gesundheitswesen findet sich in *Multi-Criteria Decision Analysis to Support Healthcare Decisions* von Marsh et al. (2017).

17.2   Fallstudie: Die Qual der Wahl beim Ultraschall

Während Ihres Studiums absolvieren Sie ein Praktikum in der Medizintechnikabteilung eines Universitätsklinikums. Zu den Aufgaben der Medizintechnik gehört die Beratung der Klinikabteilungen bei größeren Neuanschaffungen von medizintechnischen Geräten. In diesem Zusammenhang begleiten Sie Ihren Vorgesetzten, den Leiter der Medizintechnik, zu einer Abteilungsbesprechung der Gynäkologie, in der die Anschaffung von drei neuen Ultraschallgeräten diskutiert wird. Das Gespräch zwischen der Chefärztin, einem Assistenzarzt, zwei Pflegekräften und Ihrem Vorgesetzten läuft wie folgt ab:

> Assistenzarzt: *„Frau Dr. Ludwig, könnten Sie uns noch etwas zum Stand der Anschaffung unserer neuen Ultraschallgeräte sagen?"*
>
> Chefärztin: *„Natürlich, ich habe drei Geräte zur Auswahl gefunden und favorisiere auch schon ein Gerät. Vor meinem Anschaffungsvorschlag möchte ich aber natürlich noch Ihre Rückmeldung einholen."*
>
> Pfleger: *„Kann ich dazu gleich etwas sagen? Wir hatten in dieser Woche erneut Probleme mit der Übertragung der Patientendaten zum Verwaltungsrechner. Wir sollten unbedingt auf eine funktionierende Dokumentation der Patientenuntersuchungen über eine DICOM-Schnittstelle achten."*

Chefärztin: „Genau, das hatten wir ja neulich schon besprochen. Die Aufnahmen in 3D und 4D brauchen ja auch entsprechend mehr Speicherplatz als die 2D Bilder. Werden die Videos denn weiterhin nachgefragt, Dr. Fuchs?"

Assistenzarzt: „Definitiv, ohne 3D und 4D Funktion in vernünftiger Bildqualität könnten wir auch bei unseren alten Geräten bleiben."

Pflegerin: „Die Geräte mit besserer Bildqualität sind aber oft gleich viel größer. Wir sollten bedenken, dass wir die Geräte zwischen den Patientenzimmern hin- und herbewegen müssen."

Chefärztin: „Das stimmt. Aber das war bei den Geräten, die wir bisher hatten, ja möglich."

Pfleger: „Möglich schon, aufgrund der Gerätegröße nur sehr unpraktisch und zeitaufwändig."

Pflegerin: „Abgesehen davon haben wir allerdings immer gute Erfahrungen mit den Geräten von Hersteller P gemacht, oder?"

Assistenzarzt: „Sie haben Recht. Da wir uns mit der Bedienung der Geräte von P auskennen, müssen wir uns z. B. um Einweisungen weniger Gedanken machen. Die damit verbundene Bedienungsfreundlichkeit ist aus meiner Sicht ein sehr großer Vorteil."

Chefärztin: „Sehr gut. Das passt zu meinem favorisierten Gerät A. Im Namen der Gynäkologie werde ich bei der Klinikleitung den Kauf von drei Geräten des Herstellers P beantragen. Meinem Anschaffungsvorschlag lege ich dann eine Kurzbeschreibung der Geräte bei. Damit lässt sich die Anschaffung ja gut begründen. Die Unterstützung der Medizintechnikabteilung wäre dabei natürlich hilfreich. Könnten wir von Ihnen möglichst zeitnah eine Rückmeldung bekommen?"

Nach dem Gespräch bittet Ihr Vorgesetzter Sie um Ihre Meinung – sowohl zum Verlauf des Gesprächs als auch zur Anschaffung der Ultraschallgeräte. Auf Basis Ihrer Gesprächsnotizen und den vorliegenden Gerätebeschreibungen der Chefärztin sollen Sie eines der folgenden drei Geräte zur Anschaffung empfehlen.

Gerät A ist eines der neusten Modelle des bekannten Herstellers P, der die Gynäkologie mit ihren bisherigen Ultraschallgeräten ausgestattet hat. Es ist mit einem Preis von 20.000 € das teuerste Gerät, verfügt jedoch gleichzeitig über die größte Funktionalität. Es kann Aufnahmen in 3D und 4D erzeugen, speichern und über eine integrierte DICOM-Schnittstelle weiterleiten. Über DICOM (Digital Imaging and Communications in Medicine) können Patient:inneninformationen und Ultraschallaufnahmen an andere Arbeitsplätze im Netzwerk gesendet werden. Der Hersteller garantiert eine Lieferzeit von einem Monat und bietet einen umfangreichen Servicevertrag. Zu diesem gehört neben der Durchführung der halbjährlichen Wartung eine Rufbereitschaft von 24 h für akute Störungen. Bei einer Bestellung von drei Geräten dieses Modells bietet der Hersteller der Klinik einen Rabatt in Höhe von 5 % an. Ein wesentlicher Nachteil dieses Ultraschallgeräts ist seine Größe, die den Transport erheblich einschränkt.

Gerät B ist ein transportfähiges Gerät von Hersteller P. Es kann zwar 3D Bilder, allerdings keine Videoaufnahmen erzeugen. Die Patient:innendokumentation lässt sich nur per USB-Stick auf andere Arbeitsplätze übertragen. Für drei Geräte verlangt der Hersteller bei einer Lieferzeit von 3 Monaten 48.000 €. Die Serviceleistungen und der Wartungsumfang entsprechen denen von Gerät A.

Gerät C ist von einem anderen Hersteller, sodass die Abteilung für dieses Gerät eine umfangreiche Einweisung benötigt. Das Gerät muss jährlich vom Hersteller gewartet wer-

den. Zwar ist die Wartung ebenso wie die Reparatur bei Störungen im Servicevertrag eingeschlossen, allerdings erfordert beides eine telefonische Terminvereinbarung zu vorgegebenen Sprechzeiten. Die Qualität der 3D und 4D Aufnahmen ist sehr gut. Das Gerät ist
außerdem transportfähig und verfügt über eine DICOM-Anbindung. Der Hersteller kann
die Geräte für je 12.000 € in den nächsten 6 Monaten liefern.

17.3 Aufgaben

17.3.1 Gesprächsanalyse

In Ihrer Rolle als Beobachter:in hatten Sie keinen Einfluss auf den Ablauf der Besprechung. Wo sehen Sie im Hinblick auf das Gespräch und die Entscheidungsfindung Verbes-
serungspotenzial?

17.3.2 Nutzwertanalyse mit qualitativen Kriterien

Um Ihrem Vorgesetzten eine Anschaffungsempfehlung zu geben, beschäftigen Sie sich
zunächst mit den Anforderungen der Gynäkologie, die in der Besprechung genannt wurden. Sie entscheiden sich für eine Nutzwertanalyse, bei der Sie die drei alternativen Geräte
anhand von qualitativen Kriterien bewerten.

a) Beschreiben Sie in eigenen Worten, welche Vorteile eine Nutzwertanalyse bei einer
   solchen Entscheidungsfindung hat.
b) Welche Eigenschaften müssen die Kriterien bei einer Nutzwertanalyse erfüllen?
c) Welche drei Kriterien ergeben sich neben der Bedienungsfreundlichkeit bzw. dem Ein-
   weisungsumfang aus der Besprechung der Gynäkologie?
d) Ergänzen Sie in Tab. 17.1 die drei Kriterien aus der Abteilungsbesprechung. Tragen Sie
   außerdem ein, welches Gerät die geforderten Kriterien erfüllt.
e) Bestimmen Sie zunächst den Nutzwert für die verschiedenen Alternativen, wenn alle
   Kriterien das gleiche Gewicht erhalten. Welches Gerät maximiert den Nutzwert?
f) Wie könnten Sie vorgehen, um die Kriterien entsprechend der Anforderungen der
   Gynäkologie zu gewichten?
g) Sie entscheiden sich auf Basis der Äußerungen im Gespräch, die Bedienungsfreundlichkeit am stärksten zu gewichten. Ihrer Einschätzung nach ist die Bedienungsfreundlichkeit für die Gynäkologie doppelt so wichtig wie jedes der anderen Kriterien. Gewichten Sie die Kriterien so, dass sich die Gewichte auf 1 summieren.
h) Bestimmen Sie den Nutzwert für die verschiedenen Alternativen mit der gegebenen
   Kriteriengewichtung. Welches Gerät maximiert den Nutzwert?
i) Würden Sie auf Basis dieser Nutzwertanalyse ein Gerät empfehlen? Begründen Sie
   Ihre Entscheidung.

Tab. 17.1 Zu ergänzende Übersicht über die Kriterienerfüllung der Ultraschallgeräte

	Kriterium 1 Bedienungsfreundlichkeit	Kriterium 2	Kriterium 3	Kriterium 4
Gerät A	☐	☐	☐	☐
Gerät B	☐	☐	☐	☐
Gerät C	☐	☐	☐	☐

17.3.3 Nutzwertanalyse mit quantitativen Kriterien

Ihr Vorgesetzter ist mit Ihrer ersten Analyse zufrieden. Er gibt jedoch zu bedenken, dass aus Sicht der Klinikleitung weitere Kriterien für die Anschaffung von Ultraschallgeräten relevant sein könnten. In einem zweiten Schritt ziehen Sie daher zusätzliche Kriterien in Ihre Nutzwertanalyse ein und berücksichtigen dabei auch quantitative Daten.

a) Welche zusätzlichen Kriterien können bei der Anschaffung von Ultraschallgeräten relevant sein? Nehmen Sie bei Ihrer Antwort sowohl die Perspektive der Gynäkologie als auch die der Klinikleitung ein.

b) In Ihrer weiteren Analyse bewerten Sie neben den Anforderungen der Gynäkologie auch den Gesamtpreis, die Serviceleistungen des Herstellers, den Wartungsaufwand und die Lieferzeit. Wie lassen sich die Anforderungen der Gynäkologie in die weitere Analyse integrieren?

c) Benennen Sie drei Möglichkeiten, um quantitative Daten in unterschiedlichen Einheiten (inkommensurable Größen) vergleichbar zu machen.

d) Sie entscheiden sich für die Vergabe von Punkten, bei der jedes Gerät für jedes Kriterium je nach Erfüllungsgrad eine Punktzahl von 0 bis 10 erhält. Um die Anforderungen der Gynäkologie zu berücksichtigen, führen Sie ein neues Kriterium ein, mit dem Sie bewerten, wie gut jedes Gerät die Anforderungen der Gynäkologie erfüllt. Vergeben Sie für jedes der drei Geräte für die Kriterien *Anforderungserfüllung* und *Preis* eine nachvollziehbare Punktzahl. (Hinweis: Ordnen Sie einem Einzelpreis von 10.000 € den Punktwert 10, einem Preis von 20.000 € den Punktwert 0 zu.)

e) Führen Sie nun die Bewertung für alle Kriterien durch und fassen Sie diese in einer tabellarischen Übersicht zusammen. Für die Bewertung der Kriterien *Serviceleistungen*, *Wartungsaufwand* und *Lieferzeit* liegen Ihnen die Informationen aus Tab. 17.2 vor.

f) Das Kriterium *Anforderungserfüllung* erhält eine Gewichtung von 0,4. Das Kriterium *Preis* erhält als Gewicht die Summe der Gewichte der übrigen Kriterien. Die Kriterien *Serviceleistungen*, *Wartungsaufwand* und *Lieferzeit* werden gleich gewichtet. Ergänzen Sie in Ihrer Tabelle die Gewichtungen der Kriterien, die sich insgesamt auf 1 summieren.

g) Bestimmen Sie die Alternative mit dem maximalen Nutzwert.

h) Formulieren Sie eine Empfehlung für Ihren Vorgesetzten, in der Sie Ihre Entscheidungsfindung kurz zusammenfassen.

Tab. 17.2 Punktevergabe für die Kriterien Serviceleistungen, Wartungsaufwand und Lieferzeit

	0 Punkte	5 Punkte	10 Punkte
Serviceleistungen	keine Angabe	Terminvereinbarung	24 h Rufbereitschaft
Wartungsaufwand	> 2x pro Jahr	2x pro Jahr	< 2x pro Jahr
Lieferzeit	> 3 Monate	3 Monate	< 3 Monate

17.3.4 Kritische Reflexion

a) Vergleichen Sie die beiden Verfahren, die Sie in den Aufgaben 17.3.2 und 17.3.3 angewendet haben und benennen Sie Vor- und Nachteile.

b) Worauf ist im Umgang mit dem Ergebnis einer Nutzwertanalyse zu achten? Beziehen Sie sich bei Ihrer Antwort auf die Limitationen der durchgeführten Nutzwertanalyse.

Literatur

BALTUSSEN, R. & NIESSEN, L. (2006): Priority setting of health interventions: the need for multi-criteria decision analysis. *Cost Effectiveness and Resource Allocation,* 4:14.

BELTON, V. & STEWART, T. (2002): *Multiple Criteria Decision Analysis: An Integrated Approach.* Springer US.

MARSH, K., GOETGHEBEUR, M., THOKALA, P. & BALTUSSEN, R. (2017): *Multi-Criteria Decision Analysis to Support Healthcare Decisions.* Springer International Publishing.

THOKALA, P., DEVLIN, N., MARSH, K., BALTUSSEN, R., BOYSEN, M., KALO, Z., LONGRENN, T., MUSSEN, F., PEACOCK, S., WATKINS, J. & IJZERMAN, M. (2016): Multiple Criteria Decision Analysis for Health Care Decision Making – An Introduction: Report 1 of the ISPOR MCDA Emerging Good Practices Task Force. *Value in health,* 19:1, 1–13.

Ethische Dilemmata im Krankenhausmanagement

18

Wolf Rogowski und Sebastian Schleidgen

Die betriebswirtschaftliche Betrachtung von Entscheidungsproblemen ist häufig von der Vorstellung geleitet, dass es eine definierbare Zielfunktion gebe. Die Lösung solcher Probleme folgt dann einer Spezifikation und Maximierung dieser Zielfunktion unter Nebenbedingungen. Entscheidungsträger sind jedoch häufig mit Problemen – etwa ethischen Dilemmasituationen – konfrontiert, in denen entscheidungstheoretische Überlegungen nicht notwendigerweise ausreichen. Die Fallstudie „Kampf den Schreibtischmördern!" diskutiert am Beispiel einer dringend behandlungsbedürftigen, jedoch nicht versicherten stationären Patientin Grundkonzepte medizinischer Ethik und inhaltliche sowie prozedurale Möglichkeiten des Umgangs mit ethischen Dilemmata im Spannungsfeld von Medizin und Ökonomie in Gesundheitsbetrieben.

18.1 Hintergrund

In vielen Fällen geben gesetzliche Vorgaben, die Grundsätze evidenzbasierter Medizin oder das Wirtschaftlichkeitsprinzip einen ausreichenden Rahmen für Entscheidungen des Managements im Gesundheitswesen vor. Es bleiben jedoch Fälle, wo aus diesen Vorgaben keine eindeutigen Lösungen abgeleitet werden können – etwa, wenn verschiedene relevante Zielvorgaben in kaum auflösbarem Widerspruch zueinander stehen, oder wenn zusätzliche, moralisch relevante Gesichtspunkte eine Rolle spielen. In solchen Fällen ist es

W. Rogowski (✉)
Institut für Public Health und Pflegeforschung, Universität Bremen, Bremen, Deutschland
E-Mail: rogowski@uni-bremen.de

S. Schleidgen
Institut für Philosophie, FernUniversität in Hagen, Hagen, Deutschland
E-Mail: sebastian.schleidgen@fernuni-hagen.de

© Springer Fachmedien Wiesbaden GmbH, ein Teil von Springer Nature 2023
W. Rogowski (Hrsg.), *Management im Gesundheitswesen*,
https://doi.org/10.1007/978-3-658-39639-8_18

wünschenswert, dass ethisch möglichst fundiert entschieden wird – nicht nur, weil es ethisch gefordert ist, sondern auch, weil unmoralisches Handeln negative Auswirkungen auf die Reputation des Hauses oder die Motivation der Mitarbeiter hat.

Theoretisch fundierte Antworten auf normative Fragen zu geben, oder ggf. auch zunächst die normativ relevanten Fragen systematisch einzuordnen, ist Aufgabe der Ethik. Orientierung auf ethische Fragen im Gesundheitswesen, auch im Hinblick auf den angemessenen Umgang mit begrenzten Ressourcen, können sowohl materiale Prinzipien (also Prinzipien, die inhaltliche Vorgaben für Entscheidungen machen), als auch prozedurale Prinzipien (die Vorgaben dazu machen, wie die Entscheidungen getroffen werden sollten) geben.

Sehr weit verbreitete materiale Prinzipien in der Medizinethik sind bspw. die sogenannte Prinzipienethik von Beauchamp und Childress, der gemäß medizinethische Probleme anhand von vier Prinzipien analysiert werden sollten. Diese vier Prinzipien sind erstens das Prinzip des Respekts vor der Patienten- bzw. Probandenautonomie, das darauf abzielt, eigenständige Ziele und Wertvorstellungen und darauf basierende Entscheidungen von Patienten und Probanden anzuerkennen und ggf. zu unterstützen; zweitens das Prinzip des Nicht-Schadens, d. h. die Forderung, Handlungen zu unterlassen, die Patienten und Probanden möglicherweise Schaden zufügen.; drittens das Prinzip des Wohltuns, dem gemäß das Patienten- und Probandenwohl aktiv zu fördern ist; sowie viertens das Prinzip der Gerechtigkeit, das eine gerechte Verteilung medizinischer Ressourcen, aber auch des Nutzens und der Risiken fordert. Im Rahmen ethisch relevanter Problemen sind diese Prinzipien jeweils so weit zu konkretisieren und gegeneinander abzuwägen, bis mögliche Widersprüche zwischen ihnen aufgelöst werden (Beauchamp und Childress 2013, insb. S. 13 ff., 20 ff. und 404 ff.).

Ein viel zitiertes Konzept prozeduraler Ethik für Entscheidungen zum Umgang mit begrenzten Ressourcen im Gesundheitswesen liefern Daniels und Sabin mit „Accountability for Reasonableness" (A4R). Daniels und Sabin gehen davon aus, dass solche Entscheidungen unvermeidbar sind, jedoch mangels allgemein anerkannter und eindeutiger substanzieller Entscheidungskriterien erst dann Legitimität erlangen, wenn sie gemeinsam mit ihren Begründungen öffentlich verfügbar sind (Kriterium der „Publicity"); wenn ihre Begründung aus Sicht der beteiligten Stakeholder relevant für die Entscheidung ist („Relevance"); wenn ein Prozess von Einspruch und ggf. Revision etabliert wurde („Revision/ Appeals"), und wenn eine Regulierung etabliert ist, die gewährleistet, dass die erstgenannten drei Kriterien tatsächlich eingehalten werden („Enforcement") (Daniels und Sabin 1998).

Um den systematischen Umgang mit ethischen Problemlagen in Gesundheitsbetrieben wie bspw. Krankenhäusern zu erreichen, können eine Reihe von flankierenden Maßnahmen am Rande der Führungsfunktionen Entscheidung, Umsetzung und Feedback ergriffen werden. Beispiele hierfür sind etwa Ethik-Kodizes als Konzept zur systematischen Erarbeitung ethischer Ziele einer Organisation, oder Ethik-Komitees als Gremium, in dem ethische Problemlagen von einem angemessenen Personenkreis in der Organisation diskutiert werden können.

Die Fallstudie orientiert sich an einem Fallbeispiel aus dem Lehrbuch „Ethik-management im Krankenhaus" (Wehkamp et al. 2017, S. 7 f.), welches auch eine Ein-führung in Konzepte und Methoden des Ethikmanagements im Krankenhaus bietet. Vor der Bearbeitung der Fallstudie wird eine vertiefende Auseinandersetzung mit den Prinzi-pien biomedizinischer Ethik im entsprechenden Werk von Beauchamp und Childress emp-fohlen (Beauchamp und Childress 2013). Das Gleiche gilt für die ethische Fundierung von ökonomischen Perspektiven auf wirtschaftliche Interaktionen bei (Homann und Suchanek 2005). Eine Darstellung des Ansatzes von Daniels und Sabin bietet deren ursprüngliche Publikation (Daniels und Sabin 1998) sowie Daniels' Vertiefung seiner Theorie gerechter Gesundheitsversorgung (Daniels 2008). Einen Überblick über das Problem der Ent-scheidungen über knappe Ressourcen im Gesundheitswesen sowie materiale und prozedu-rale Entscheidungskriterien bietet bspw. (Marckmann 2008).

18.2   Fallstudie: Kampf den Schreibtischmördern!

Am Anfang sah es nach einem ganz normalen Fall aus, wie er hundertfach in der Onko-logie des Klinikums Oberunterstal behandelt wird. Bereits seit Wochen hatte die 60-Jäh-rige Mutter von Anna Simovic immer wieder an Schwäche und Fieber gelitten, und weder die alten Hausmittel halfen noch das Erkältungsmittel aus der Apotheke. Als am Wochen-ende zu einem höheren Fieber auch noch Ausschläge kamen, ging Anna Simovic voll Sorge mit ihrer Mutter in die Bereitschaftspraxis der Klinik. Dem diensthabenden Ober-arzt aus der Onkologie kam die Krankheitshistorie sehr bekannt vor, und als er im Ultra-schall noch eine Milz- und Lebervergrößerung feststellte, sorgte er dafür, dass die Dame sofort mit Verdacht auf Leukämie in die Onkologie zur weiteren Abklärung ein-gewiesen wird.

Eigentlich hatte der Arzt damit alles richtiggemacht: für sich genommen rechnet sich nach Aussage der kaufmännischen Geschäftsführung die Bereitschaftspraxis betriebs-wirtschaftlich nicht. Nur dadurch, dass dabei immer wieder Fälle erkannt werden, die in die stationäre Versorgung eingewiesen werden, wird – in der Sprache der kaufmännischen Geschäftsführung – aus dem Zuschussgeschäft eine Investition in Kundenakquise. Und hier hatte der Arzt eine gute ärztliche Intuition bewiesen: chronische Leukämien beginnen meist schleichend und werden nur schwer erkannt. In diesem Fall zeigte die differenzial-diagnostische Abklärung eindeutig, dass die Patientin unter einer chronischen lymphati-schen Leukämie (CLL) litt, für die aussichtsreiche medikamentöse Behandlungen existieren.

Das Problem, welches wenig später die gesamte Onkologie-Abteilung in Aufruhr brin-gen würde, zeigte sich erst am dritten Tag, als die Diagnose so weit gesichert war, dass die Therapie beginnen sollte: aufgrund der hohen Priorität der Untersuchungen und eines Engpasses in der Verwaltung war in den ersten Tagen der Patientendatensatz noch nicht vollständig. Dadurch war niemandem aufgefallen, dass die ältere Dame Bürge-rin eines Nicht-EU Landes ohne Krankenversicherung war. Irgendwann war die sorgfältig arbeitende Krankenhausverwaltung aber doch darauf gestoßen und die wenig frohe Botschaft wurde pflichtgemäß Günter Meier, dem Verwaltungschef, mitgeteilt. Meier rief die Akte der Patientin auf, warf nochmals einen Blick in seine Unterlagen zu Erstattungsmöglichkeiten für unversicherte Patienten – und machte sich sofort auf den Weg zu Viktor Oskovicz, dem Chefarzt der Onkologie. Als er das Büro betrat, befand dieser sich in einer Dienstbesprechung mit seinem Team und fasste zufällig gerade das Gespräch zur Therapie der älteren Dame zusammen:

> *Chefarzt: „Ok, für Frau Simovic ist die Situation damit auch klar – eindeutig CLL, daher Obinutzumab plus Chlorambucil, übliche Dosis, können Sie soweit vorbereiten."*
>
> *Verwaltungschef: „Bitte entschuldigen Sie die Störung – ich merke, ich komme gerade zum richtigen Zeitpunkt. Leider können wir die Behandlung nicht durchführen. Die Patientin Simovic hat keine Versicherung, und weder sie noch ihre Familie wird eine Privatrechnung bezahlen können. Bitte bereiten Sie das Entlassmanagement vor, die Dame hat uns jetzt schon viel zu viel Geld gekostet, auf dem wir sitzen bleiben werden."*
>
> *Chefarzt: „Wie bitte? Entschuldigung, aber ich bin hier der diensthabende Arzt, und ich verbitte mir eine Einmischung in medizinische Angelegenheiten. Sie können gerne Ihr Thema beim nächsten Jour Fixe mit der Verwaltung in zwei Wochen anbringen, da besteht genügend Zeit zur Diskussion Ihrer Finanzangelegenheiten. Meine Aufgabe ist gute ärztliche Arbeit; das Geld für die Behandlung aufzutreiben, das ist die Ihrige, und ich verwende bereits genug Zeit, allmonatlich die lästige Dokumentation für die Verhandlungen mit Krankenkassen zusammenzutragen".*
>
> *Verwaltungschef: „Es tut mir leid, aber ich habe tatsächlich meine Hausaufgaben an dieser Stelle bereits gemacht – wir werden keine Finanzierung für die Behandlung auftreiben können. CLL habe ich gerade noch gehört, die Standardtherapie dafür ist irre teuer, nichts, was wir in unserer Finanzsituation so nebenher wegstecken könnten. Wie gesagt, Versicherungsstatus: nada. Als EU-Ausländerin hat sie auch weder eine EHIC[1] noch hätten wir sonst eine Chance, das Geld über EU-Vereinbarungen zurück zu bekommen. Nicht mal Asylantin ist sie, sondern begleitet einfach ihre Tochter auf der Suche nach einem Job. Solche Leute haben auch keinen Anspruch auf Geld vom Sozialamt."*
>
> *Chefarzt: „Sehr geehrter Herr Meyer, vielleicht im Gegensatz zu Ihnen orientiere ich mich nicht am Profit, sondern primär an der ärztlichen Ethik. Vier Prinzipien leiten mein Tun: die Patienten in ihrer Autonomie ernst zu nehmen, Schaden von ihnen abzuwenden, ihnen Heilung zu bringen, und auf Gerechtigkeit zu achten. Alles spricht nach diesen Kriterien dafür, Frau Simovic die wirksame Standardtherapie zukommen zu lassen. Und dass eine Patientin, die hilfesuchend zu mir kam, nicht behandelt werden soll, weil ihr das Geld fehlt, um Ihre Profitinteressen zu bedienen, das wäre eine Ungerechtigkeit, die ich sicher nicht mittragen werde."*
>
> *Verwaltungschef: „Na, wenn Sie Autonomie so ernst nehmen – haben Sie die Dame denn bereits gefragt, ob sie die Behandlung auch durchführen möchte, wenn sie wie jeder andere Mensch für die Rechnung geradestehen muss?"*
>
> *Diensthabender Oberarzt: „Also, aus dem Gespräch mit Frau Simovic konnte ich eindeutig sehen, wie erleichtert die Dame war, als sie erfahren hat, dass es für ihre Erkrankung eine etablierte Therapie gibt. Wenn sie ihr dafür eine Rechnung stellen, die sie nicht bezahlen kann, ist das keine Sache von Autonomie, sondern von finanziellem Zwang, den sie ausüben …"*
>
> *Chefarzt: „… den ich, wie gesagt, als Arzt nicht mittragen werde. Punkt."*

---

[1] European Health Insurance Card.

Verwaltungschef: „Werter Herr Oskovic, Ihre medizinischen Fähigkeiten möchte ich nicht in Frage stellen, und zu Ihrer Fähigkeit, einen Blick aufs größere Ganze einzunehmen, möchte ich mich jetzt nicht äußern – aber: das ist bereits der vierte Fall dieses Jahr, in dem Sie unversicherten Patienten teure Therapien zukommen lassen. Wenn jeder in unserem Hause so handeln würde, wären wir bereits insolvent. Und, wenn jeder sich einbilden würde, sich das Geld einer Versicherung sparen zu können, gleichzeitig aber teure Gesundheitsleistungen beanspruchen zu können, dann wäre nicht nur unser Haus, sondern unser gesamtes Gesundheitssystem längst pleite.“

Chefarzt: „Herr Meier, verlassen Sie mein Büro. Für mich zählt die Pflicht zur Hilfeleistung. Zwar sehe ich, dass das Leben von Frau Simovic nicht akut bedroht ist – CLL verläuft langsam. Aber es wäre akut bedroht, wenn ich sie in ihr Heimatland zurückschicken würde. Ich werde keinen meiner Patienten in den sicheren Tod schicken.“

Verwaltungschef (murmelnd): „Mist, also nicht mal ein akuter medizinischer Notfall, für den wir nach § 25 SGB VII vielleicht noch Finanzierung hätten bekommen können. Gestern die gleiche Sache mit dem Kardiologen, der seine Behandlungen für das Wichtigste der Welt hält, vorgestern die Pflegeleitung, die eine Kita fordert, weil ihr sonst die Mitarbeiter davonlaufen. Das mit der Kita kann ich ja verstehen, wir haben echt Probleme, unsere Leute zu halten. Trotzdem, nach den Problemen in den letzten Monaten stehen wir eh schon am Rande der Insolvenz, da können wir uns einfach nicht leisten, auf die egoistische Selbstumkreisung all unserer Götter in Weiß einzugehen, die nicht fähig sind, einen Blick über den Tellerrand zu tun ...“

Nachdem der Verwaltungschef mit zusammengebissenen Zähnen das Besprechungszimmer verlassen hatte, fügte der Chefarzt das Gespräch mit seinem Team fort:

Chefarzt: „Ich werde mich nicht dem Druck der Dollarzeichen in den Augen beugen. Wir müssen diesen Schreibtischmördern einen Riegel vorschieben. Dieser egoistisch profitorientierte Verwaltungsleiter, der verkauft selbst seine Frau, wenn man ihm genug Geld dafür bietet. Es reicht! Der Patient muss im Mittelpunkt stehen, nicht das Portemonnaie!

So, wo waren wir stehengeblieben? Ach ja, Patient Hübner. Könnten Sie kurz den Krankheitsverlauf an die Wand projizieren? ...“

Nachdem die Besprechung durch mehrere medizinisch sehr komplexe Probleme und zwei Notfälle auf Station verzögert wurde, dauerte es knapp zwei Stunden, bis der diensthabende Oberarzt zurück auf Station kam. Als er mit der Behandlung von Frau Simovic beginnen wollte, stand er vor einem leeren Bett. Ihr Bettnachbar berichtete, dass ein Herr mit Anzug und Krawatte ins Zimmer gekommen sei und Frau Simovic erklärt habe, dass sie leider nicht ohne Bezahlung einer Privatrechnung in einer Größenordnung von über 10.000 € behandelt werden könne. Die Dame sei in Tränen ausgebrochen und war seinem Angebot gefolgt, dass er ihr in seinem Büro einen Kostenvoranschlag erstellen könne. Sichtlich schlapp von ihrer schweren Krankheit und aufgelöst wegen der schlechten Nachrichten sei sie dem Herrn im Anzug gefolgt und verschwunden. Der Oberarzt machte sich sofort auf die Suche nach der Dame, fand jedoch nur noch einen Zettel, den sie am Empfang für ihn hinterlegt hatte. Darauf stand mit zitternder Handschrift, dass sie selbst leider kein Geld habe, und sich entschieden habe, aus Rücksicht auf die knappe finanzielle Situation ihrer Tochter in ihr Heimatland zurückzukehren. Der Oberarzt bebte vor Wut. Er lief zum Ausgang und sah die Dame in etwas Entfernung, von einem Passanten gestützt, an der Bushaltestelle stehen, während sich gerade der Bus näherte. Mit einem Sprint könnte er sie noch erreichen …

18.3 Aufgaben

18.3.1 Das Problem

In der Fallstudie wird ein Managementproblem geschildert, dessen Reichweite die üblichen betriebswirtschaftlichen Kategorien weit übersteigt.

a) Worin genau besteht das Problem? Bitte differenzieren Sie dabei zwischen der Ebene des konkreten medizinischen Einzelfalls, der Ebene der Entscheidungsprinzipien des Chefarztes bzw. des Verwaltungsleiters, sowie der Ebene der ethischen Hintergrundtheorien, mit denen die beiden ihre Entscheidungsprinzipien begründen.
b) Wie unterscheidet sich das Problem von Problemen der multikriteriellen Entscheidungsfindung, die in den vorhergehenden Fallstudien betrachtet wurden?

18.3.2 Materiale ethische Prinzipien

Zur Lösung ethischer Konflikte können zunächst materiale, d. h. inhaltliche Kriterien herangezogen werden.

a) Der Chefarzt erwähnt Prinzipien biomedizinischer Ethik.
   i. Auf welchen medizinethischen Ansatz bezieht sich der Chefarzt?
   ii. Wie schlagen die Autoren des Ansatzes vor, mit derartigen ethischen Konflikten zu verfahren?
   iii. Betrachten Sie zunächst die Position des Chefarztes vor dem Gespräch mit dem Verwaltungschef. Wie könnte der Chefarzt auf Basis der Prinzipienethik von Beauchamp und Childress argumentieren?
   iv. Betrachten Sie nun das Ende der Fallstudie. Soll der Oberarzt zur Haltestelle rennen und die Dame davon abhalten, in den Bus zu steigen? Wenden Sie ebenfalls den Ansatz an.
   v. (Wie) würde sich die Situation ändern, wenn die Mutter kein Deutsch spräche und wenn anstelle der geschilderten Situation der Oberarzt neben der Mutter im Stationsbett ihre Tochter vorgefunden hätte, die ihm erläutert hätte, dass sie auf die Therapie verzichten möchten, da sie sie sich nicht leisten können?
b) Der Verwaltungschef nennt als Alternative eine ökonomische Perspektive. Verfügt diese Argumentation über eine ethische Begründung?
c) Welcher der beiden hat Recht?

18.3.3 Prozedurale ethische Prinzipien

Neben materialen Prinzipien werden in der Ethik prozedurale Prinzipien diskutiert.

a) Worin unterscheiden sich materiale und prozedurale Prinzipien? Wie werden letztere häufig begründet?
b) Der „Accountability for reasonableness" – Ansatz von Daniels und Sabin stellt ein viel zitiertes Konzept prozeduraler Ethik speziell für den Umgang mit knappen Ressourcen im Gesundheitswesen dar. Bitte stellen Sie das Konzept kurz dar.
c) Bitte legen Sie dar, ob bzw. wie es auf den vorliegenden Fall angewendet werden könnte.

18.3.4 Ansatzpunkte des Ethikmanagements

a) Welche Probleme drohen für das Krankenhaus aus einer betriebswirtschaftlichen Perspektive, wenn ethisch relevante Konflikte nicht explizit aufgegriffen und ethisch fundiert bearbeitet werden?
b) Die Führungsfunktionen des Managements können gemäß der drei Bereiche „Entscheidung", „Umsetzung" und „Feedback" mit verschiedenen Unterabschnitten gegliedert werden (vgl. auch das Einleitungskapitel dieses Lehrbuches). Entwickeln Sie für diese drei Bereiche mögliche Ansätze strukturierten Ethikmanagements im Krankenhaus.
c) Entwickeln Sie einen Vorschlag – wie könnte das KKH auf das Problem in einer Weise reagieren, die auch mittelfristig den Umgang mit ethischen Konfliktsituationen wie dem vorliegenden Fall verbessert?

Literatur

BEAUCHAMP, T. L. & CHILDRESS, J. F. (2013): *Principles of biomedical ethics*. Seventh edition, New York Oxford: Oxford University Press.
DANIELS, N. (2008): *Just health : meeting health needs fairly*. Cambridge [u.a.]: Cambridge University Press.
DANIELS, N. & SABIN, J. (1998): The ethics of accountability in managed care reform. *Health Aff (Millwood)*, 17:5, 50–64.
HOMANN, K. & SUCHANEK, A. (2005): *Ökonomik eine Einführung*. 2., überarb. Aufl.
MARCKMANN, G. (2008): Gesundheit und Gerechtigkeit. *Bundesgesundheitsblatt Gesundheitsforschung Gesundheitsschutz,* 51:8, 887–94.

WEHKAMP, K., WEHKAMP, K.-H., LOHMANN, H. & MWV MEDIZINISCH WISSEN-
SCHAFTLICHE VERLAGSGES. MBH & CO. KG (2017): *Ethikmanagement im Krankenhaus
Unternehmens- und Wertekultur als Erfolgsfaktor für das Krankenhaus.* Berlin: Medizinisch
Wissenschaftliche Verlagsgesellschaft.

Positive & normative Entscheidungsanalyse

Fabia Gansen

Diese Fallstudie gibt eine Einführung in die normative und positive Entscheidungstheorie. Auf Basis einer Investitionsentscheidung zum Ausbau einer Augenklinik wird die normative Entscheidungstheorie in Form von Entscheidungen bei Sicherheit, unter Risiko und bei Unsicherheit behandelt. Hierzu werden drei Alternativen für den Ausbau der Augenklinik anhand des zu erwartenden jährlichen Gewinns bewertet. Bei der Entscheidung unter Risiko werden für bekannte Eintrittswahrscheinlichkeiten der drei Umweltzustände mit unterschiedlich hohen Fördermittelanteilen zur Investition die Entscheidungen nach der μ-Regel, der (μ, σ)-Regel und dem Bernoulli-Prinzip getroffen. Darüber hinaus werden für den Fall unbekannter Eintrittswahrscheinlichkeiten der Umweltzustände die Entscheidungsregeln bei Unsicherheit angewendet. Hierzu zählen die Laplace-, Minimax-, Maximax-, Hurwicz- und die Savage-Niehans-Regel. Im Rahmen der positiven Entscheidungsanalyse werden mögliche Ursachen von Fehlentscheidungen thematisiert.

19.1 Hintergrund

Die Entscheidungsfindung stellt eine wichtige Führungsaufgabe dar, die in jedem Gesundheitsbetrieb an der Tagesordnung ist. Nachfolgend werden zunächst ausgewählte Grundlagen der normativen und positiven Entscheidungstheorie dargestellt und anhand des Beispiels einer Investitionsentscheidung im Krankenhaus erläutert.

Bei der **normativen Entscheidungstheorie** wird rationales Handeln nach dem Modell des homo oeconomicus vorausgesetzt (vgl. Langer und Rogowski 2009, S. 179). Der/Die Entscheidungsträger:in entscheidet sich auf Basis der Unternehmensziele und angesichts

F. Gansen (✉)
B. Braun SE, Berlin, Deutschland
E-Mail: fabia.gansen@bbraun.com

des möglichen Eintretens verschiedener Umweltzustände für die beste Handlungsalternative. Diese lässt sich mithilfe von Entscheidungsregeln ermitteln, die unter anderem durch die **Risikoneigung** des/der Entscheidenden bestimmt sind. In Abhängigkeit des Informationsstands kann sich der/die Entscheider:in in einer von drei Entscheidungssituationen befinden. Bei **sicheren Erwartungen** hat der/die Entscheidungsträger:in vollkommene Information über die Konsequenzen seines/ihres Handelns und kennt bspw. den erwarteten Gewinn jeder Handlungsalternative.

Bei mehreren möglichen Umweltzuständen, deren Eintrittswahrscheinlichkeiten bekannt sind, handelt es sich um eine **Entscheidung unter Risiko**. In diesem Fall kann man zur Entscheidungsfindung die μ-Regel, die (μ, σ)-Regel oder das Bernoulli-Prinzip anwenden. Bei der **μ-Regel** wird sich für die Alternative mit dem höchsten Erwartungswert entschieden. Die **(μ, σ)-Regel** berücksichtigt im sog. Präferenzwert sowohl Erwartungswert als auch Standardabweichung und bevorzugt die Handlungsalternative mit dem höchsten Präferenzwert. Nach dem **Bernoulli-Prinzip** werden im ersten Schritt Nutzenäquivalente aus einer Bernoulli-Nutzenfunktion bestimmt, um dann die Alternative mit dem höchsten Erwartungswert der Nutzenäquivalente zu wählen.

In der **Entscheidung bei Unsicherheit** sind die Eintrittswahrscheinlichkeiten der Umweltzustände unbekannt. Hierfür werden nachfolgend fünf Entscheidungsregeln vorgestellt. Bei der **Laplace-Regel** nimmt der/die Entscheidungsträger:in an, dass die Eintrittswahrscheinlichkeiten der Umweltzustände gleich groß sind und wählt die Alternative mit dem höchsten Erwartungswert. Nach der **Minimax-Regel** entscheidet sich der/die Entscheider:in für die Alternative, deren schlechtester Ergebniswert am höchsten ist. Die **Maximax-Regel** bevorzugt die Alternative mit dem höchstmöglichen Ergebniswert. Die **Hurwicz-Regel** kombiniert die Minimax- und Maximax-Regel durch die Berechnung des sog. Hurwicz-Werts. Hierbei wird sich für die Alternative entschieden, die den Hurwicz-Wert maximiert. Bei Anwendung der **Savage-Niehans-Regel** entscheidet sich der/die Entscheidende für die Handlungsalternative mit dem kleinsten Bedauern. Als Bedauern wird dabei die Differenz zwischen dem bestmöglichen Ergebnis eines Umweltzustands und dem im Vergleich dazu schlechtesten Einzelergebnis einer Alternative bezeichnet (vgl. Wöhe und Döring 2013, S. 90 ff.).

Die **positive Entscheidungstheorie** thematisiert, wie Entscheidungen in der Realität tatsächlich getroffen werden. Der Fokus dieser Einführung liegt dabei auf den Ursachen für **Fehlentscheidungen**, die kognitiv, emotional oder physiologisch bedingt sein können. **Kognitive Verzerrungen** in Entscheidungen können bspw. auf eine selektive Informationssuche, eine fehlerhafte Informationsbewertung oder Fehler in der Informationsverarbeitung zurückzuführen sein (vgl. Riesenhuber 2006, S. 70 ff.). **Emotionale Verzerrungen** können unter anderem durch den Informations- oder Gedächtniseffekt von Emotionen entstehen (vgl. Riesenhuber 2006, S. 103 ff.). Auch **physiologische Faktoren** wie Schlafmangel, körperliche Belastungen oder Umwelteinflüsse können Entscheidungen beeinflussen und Fehlentscheidungen verursachen (vgl. Riesenhuber 2006, S. 117 ff.).

Ein Überblick über die nachfolgend angewendeten Entscheidungsregeln findet sich bei Wöhe und Döring (2013) sowie im zugehörigen Übungsbuch Wöhe et al. (2013). Zur positiven Entscheidungstheorie und Fehlentscheidungen wird Riesenhuber (2006) empfohlen.

19.2   Fallstudie: Ausbau der Augenklinik – eine gute Entscheidung?

„Liebe Kolleginnen und Kollegen der Augenklinik des St. Martin Krankenhauses,

ich freue mich sehr, heute Morgen endlich offiziell als Ihr neuer Chefarzt vor Ihnen stehen zu dürfen. Da ich nach der Verabschiedung von Prof. Henze in den Ruhestand nun schon seit einigen Wochen als Chefarzt tätig bin, möchte ich die heutige Begrüßung nutzen, um Ihnen meine Pläne für den Ausbau unserer Abteilung vorzustellen. Bevor ich damit beginne, eine kurze persönliche Info vorab: Ich bin über meinen Start mindestens genauso aufgeregt wie Sie – so sehr, dass ich in den letzten Wochen kaum ein Auge zumachen konnte. Gleichzeitig bin ich begeistert und starte diese Aufgabe mit viel Elan. Ich hoffe sehr, Sie mit meiner Begeisterung anstecken zu können und freue mich darauf, gemeinsam mit Ihnen die Gestaltung unserer gemeinsamen Zukunft in die Hand zu nehmen.

Ich habe schon einige Krankenhäuser gesehen in meiner bisherigen Laufbahn und dabei wichtige Ausbauentscheidungen miterlebt. Doch nun habe ich das Gefühl: Hier, im St. Martin Krankenhaus schließt sich der Kreis. Ich fühle mich wieder wie ganz am Anfang. Die Aufbruchsatmosphäre, die hier herrscht, erinnert mich sehr an meine allerersten Tage als Arzt damals im Johannes Klinikum, wo zeitgleich ebenfalls ein großes Erweiterungsprojekt geplant wurde. Und Sie haben ja aus den Medien entnehmen können, wie erfolgreich dieser Ausbau letztlich war. Bei ganz vielen Detailfragen – z. B. der Diskussion zur Bettenbelegung oder den Bedarfsprognosen – muss ich immer wieder an das Johannes Klinikum denken. Ich bin überzeugt, dass wir diesen Erfolg noch weit übertreffen werden.

Viele von Ihnen haben mitbekommen, dass ich meinem Vorgänger bereits vor einigen Monaten Pläne für den Ausbau unserer Klinik vorgestellt habe. Konkret gibt es zwei verschiedene Ausbauoptionen, die durch den Bau eines zweiten Operationssaals und zusätzliche Patient:innenzimmer zu einer erheblichen Vergrößerung unserer Kapazitäten führen würden. Mit dem erweiterten Ausbaukonzept hätten wir im Vergleich zum Basiskonzept darüber hinaus die Möglichkeit, unsere Einnahmen durch das Angebot von komplexeren Behandlungsmethoden zu erhöhen. Damit lassen sich die etwas höheren Investitionskosten sehr schnell wieder ausgleichen. Die von Prof. Henze präferierte dritte Option – nichts zu tun – ist aus meiner Sicht nicht länger eine ernstzunehmende Alternative.

Dass das St. Martin Krankenhaus hier den großen Schritt wagen sollte, war gleich meine Intuition – selbstverständlich habe ich bezüglich der Pläne aber auch intensive Recherchen betrieben. Ein gutes Vorbild ist sicher die erfolgreiche Erweiterung der Kardiologie unseres Partnerkrankenhauses im Stadtzentrum, bei dem die Fallzahlen durch den Ausbau mehr als verdoppelt werden konnten. Dass unsere eigene Kardiologie kurz zuvor aus diversen Gründen schließen musste, macht den positiven Effekt einer Abteilungserweiterung umso deutlicher. Auf dieser Basis gehe ich davon aus, dass wir unsere Fallzahlen durch den Ausbau verdoppeln und damit die derzeitigen Gewinne erheblich steigern können. In diesem Sinne hoffe ich, dass Sie meine Begeisterung teilen und mich in den kommenden Wochen und Monaten bei der Realisierung des erweiterten Ausbaus unterstützen. Ich freue mich natürlich auch in allen anderen Bereichen auf eine erfolgreiche Zusammenarbeit. Vielen Dank."

Mit diesen Worten begrüßt Dr. Jacobs, der junge und sehr ambitionierte Chefarzt der Augenklinik, seine Mitarbeiter:innen im gemeinnützigen Krankenhaus St. Martin. Sie sind im strategischen Controlling tätig und mit der Beratung der Projektbeteiligten zum Ausbau der Augenklinik beauftragt. In dieser Funktion nehmen Sie auch an der Begrüßungsveranstaltung teil.

19.3 Aufgaben

19.3.1 Entscheidung bei Sicherheit

Wenige Tage später treffen Sie sich mit Dr. Jacobs, um das Meeting mit der Klinikleitung zum Ausbauprojekt vorzubereiten. Bereits im Vorfeld haben Sie Dr. Jacobs gebeten, Ihnen dabei seine Entscheidungsfindung näher zu erläutern. Dr. Jacobs präsentiert Ihnen dazu die drei Alternativen sowie die erwarteten Fallzahl- und Gewinnentwicklungen. Er zeigt Ihnen Tab. 19.1 und empfiehlt auf dieser Basis, entsprechend seiner Begrüßungsansprache, den erweiterten Ausbau (Alternative A3).

a) Zeigen Sie rechnerisch, wie Dr. Jacobs zu seiner Entscheidung gekommen ist, indem Sie den jährlichen Gewinn berechnen. Berücksichtigen Sie dabei die anteiligen Anschaffungskosten (AK) pro Jahr abzüglich des Fördermittelanteils.
b) Inwiefern lässt sich die Entscheidung von Dr. Jacobs als Entscheidung bei Sicherheit einordnen?
c) An welcher Stelle erkennen Sie mögliche Faktoren, die Einfluss auf den aus Sicht von Dr. Jacobs *sicheren* Gewinn haben könnten?

Tab. 19.1 Übersicht über Fallzahlen, Erlöse und Kosten der Ausbaualternativen

	Alternative A1 kein Ausbau	Alternative A2 Basisausbau	Alternative A3 erweiterter Ausbau
Ø Fallzahl pro Jahr	500	1000	1000
Ø Kosten pro Fall	2000	2000	2050
Ø Erlöse pro Fall	2100	2100	2.200
Anschaffungskosten (AK)	0 €	750.000 €	1.850.000 €
Nutzungsdauer	–	10 Jahre	10 Jahre
Fördermittelanteil an AK	–	80 %	80 %

19.3.2 Entscheidung unter Risiko

Zunächst versichert Ihnen Dr. Jacobs, dass er sich absolut sicher sei, dass die von ihm dargelegten Zahlen korrekt seien. Zwar sei der Ausbau – wie jede Investition – mit einem gewissen Risiko verbunden, dieses sei es aber zum einen überschaubar und zum anderen sei die Investition das Risiko auf jeden Fall wert. Da Sie in Ihrer Position insbesondere auch zukünftige Entwicklungen berücksichtigen müssen, geben Sie sich mit dieser Aussage nicht zufrieden. Auf nähere Nachfrage gibt Dr. Jacobs zu, dass vor allem der Fördermittelanteil, mit dem sich das Land an den Anschaffungskosten beteiligt, risikobehaftet ist. Auf Basis seiner früheren Tätigkeit hat Dr. Jacobs Erfahrungswerte zur Förderhöhe. Er geht von den in Tab. 19.2 dargestellten Eintrittswahrscheinlichkeiten aus.

a) Bestimmen Sie den erwarteten jährlichen Gewinn der drei Alternativen für den Fall, dass der Fördermittelanteil 50 % beträgt (Umweltzustand U2) und für den Fall, dass der Fördermittelanteil 20 % beträgt (Umweltzustand U3). Nutzen Sie für Ihre Ergebnisse Tab. 19.3.

b) Zunächst treffen Sie ohne Berücksichtigung der Risikoneigung von Dr. Jacobs eine Entscheidung aus risikoneutraler Perspektive und wenden dazu die μ-Regel an. Für welche Alternative entscheiden Sie sich nach dieser Regel?

c) Wenden Sie nun die (μ, σ)-Regel unter Einbezug der Risikoeinstellung von Dr. Jacobs an. Die Formel für den Präferenzwert lautet: $P(A_i) = \mu(A_i) + q \cdot \sigma(A_i)$. Der Betrag des Risikopräferenzfaktors q sei 0,7. Bestimmen Sie die bevorzugte Alternative und begründen Sie Ihre Wahl für das Vorzeichen von q.

d) Ab welchem Wert für den Risikopräferenzfaktor q wäre das Ergebnis aus 19.3.2. c nicht mehr die bevorzugte Alternative?

e) Die Risikoneigung von Dr. Jacobs lässt sich auch mithilfe einer Nutzenfunktion und der Anwendung des Bernoulli-Prinzips in die Entscheidungsanalyse einbeziehen. Nehmen Sie als Nutzenfunktion $u(e_i) = e_i^2$ an. Welche Alternative ist bei Anwendung des Bernoulli-Prinzips vorzuziehen?

f) Würden Sie sich auf Basis Ihrer Berechnungen den Ausbauplänen von Dr. Jacobs anschließen?

Tab. 19.2 Fördermittelanteile und Eintrittswahrscheinlichkeiten der Umweltzustände

Fördermittelanteil	Wahrscheinlichkeit	Umweltzustand
80 %	0,5	U1
50 %	0,2	U2
20 %	0,3	U3

Tab. 19.3 Mit den erwarteten jährlichen Gewinnen zu füllende Übersicht

	U1 Förderanteil 80 %	U2 Förderanteil 50 %	U3 Förderanteil 20 %
A1			
A2			
A3			

19.3.3 Entscheidung bei Unsicherheit

Gemeinsam mit Dr. Jacobs nehmen Sie am Meeting teil, in dem über die Zukunft der Augenklinik entschieden werden soll. Als Vertretung der Klinikleitung ist der langjährige Geschäftsführer Herr Heinrich anwesend. Dr. Jacobs beginnt mit seiner Präsentation, die er um die Wahrscheinlichkeiten aus Tab. 19.2 und die Berechnung nach der (μ, σ)-Regel ergänzt hat. Noch bevor er sein Ergebnis vorstellen kann, unterbricht Herr Heinrich die Präsentation und kritisiert die von Dr. Jacobs festgelegten Wahrscheinlichkeiten. In den letzten Jahren sei die Investitionsförderung der Länder äußerst unsicher und mit großen Schwankungen verbunden gewesen. Die Wahrscheinlichkeiten für einzelne Fördermittelraten seien folglich unbekannt und eine Stützung darauf unsinnig. Darüber hinaus sei ihm die Risikobereitschaft von Dr. Jacobs – und dessen Beteiligung an der misslungenen Investition seines vorherigen Arbeitgebers – durchaus bekannt. Bei der Planung einer so großen Investition sollte die Zukunftsfähigkeit des Hauses bedacht und daher kein allzu großes Risiko eingegangen werden. Schließlich sei das gemeinnützige Krankenhaus zum Teil spendenfinanziert. Das Vertrauen der Spender:innen sollte nicht für unnötig riskante Investitionsprojekte missbraucht werden.

a) Gehen Sie nachfolgend davon aus, dass die Wahrscheinlichkeiten für die drei Umweltzustände unbekannt sind. Mithilfe welcher Regel können Sie die Risikoneigung von Herrn Heinrich abbilden?

b) Welche Annahme liegt der Laplace-Regel zugrunde? Welche Alternative würden Sie auf Basis der Laplace-Regel empfehlen?

c) Welche Alternative ist nach der Minimax-Regel zu wählen?

d) Welche Empfehlung würden Sie auf Basis der Maximax-Regel abgeben?

e) Erklären Sie die Bezeichnung *Pessimismus-Optimismus-Regel* für die Hurwicz-Regel. Die Formel für den Hurwicz-Wert lautet: $Hu(A_i) = \min(A_i) \cdot (1-\lambda) + \max(A_i) \cdot \lambda$

f) Setzen Sie den sogenannten Risikoparameter λ gleich 0,2 und bestimmen Sie die präferierte Alternative.

g) Beschreiben Sie die *Regel des kleinsten Bedauerns* und treffen Sie eine Entscheidung auf Basis der Savage-Niehans-Regel.

h) Welche Empfehlung würden Sie in Anbetracht der verschiedenen Risikoeinstellungen von Dr. Jacobs und der Klinikleitung abgeben? Begründen Sie Ihre Entscheidung.

19.3.4 Positive Entscheidungstheorie

Sehen Sie bei der Entscheidung von Dr. Jacobs für den erweiterten Klinikausbau, die er in seiner Begrüßungsrede nennt, mögliche Verzerrungen und Ursachen für eine Fehlentscheidung? Falls ja, worin bestehen sie?

Literatur

LANGER, A. & ROGOWSKI, W. (2009): Deskriptive Entscheidungstheorie, in: SCHWAIGER, M. (Hrsg.), *Theorien und Methoden der Betriebswirtschaft: Handbuch für Wissenschaftler und Studierende.* München: Verlag Franz Vahlen, S. 177–191.

RIESENHUBER, M. (2006): *Die Fehlentscheidung: Ursache und Eskalation.* Wiesbaden: Deutscher Universitäts-Verlag.

WÖHE, G. & DÖRING, U. (2013): *Einführung in die allgemeine Betriebswirtschaftslehre.* 25., überarb. und akt. Aufl., München: Verlag Franz Vahlen.

WÖHE, G. N., KAISER, H. & DÖRING, U. (2013): *Übungsbuch zur Einführung in die allgemeine Betriebswirtschaftslehre.* 14., überarb. und akt. Aufl., München: Verlag Franz Vahlen.

Teil VI

Umsetzung

Institutionenökonomik in der Pflege

Wolf Rogowski und Madlen von Fintel

Die Prinzipal-Agenten-Theorie wird auch in der Gesundheitsökonomik vielfach angewendet, um Probleme des gesellschaftlichen Leistungsaustausches zu analysieren. Manche der vorgeschlagenen Problemlösungen, wie z. B. die Einführung von Kontrollen zur Reduktion von Informationsasymmetrie, können von den Akteur:innen leicht als unangemessene Elemente einer *Ökonomisierung* der Versorgung wahrgenommen werden. Dieser Textbeitrag wendet die Prinzipal-Agenten-Theorie auf einen Fall an, der meist eher als Gegenmodell einer Ökonomisierung wahrgenommen wird: das niederländische Modell der *Buurtzorg*, eine innovative, dezentrale, unbürokratische Organisationsform für Pflegedienstleistungen, die sich von ihrer Gründung in 2006 bis 2018 zu einem erfolgreichen Unternehmen mit über 10.000 überdurchschnittlich zufriedenen Mitarbeiter:innen entwickelt hat.

20.1 Hintergrund

Die Ökonomik bietet eine Reihe theoretischer Konzepte zur Analyse rationalen Umgangs mit knappen Ressourcen. Eine ökonomische Denkschule ist die **Neue Institutionenökonomik**. Sie zielt darauf ab, mögliche Probleme zu identifizieren, die sich aus gesellschaftlicher Arbeitsteilung und Spezialisierung ergeben und institutionelle Lösungen dafür zu entwickeln. Sie untersucht ausgewählte Konstellationen gesellschaftlicher Kooperation (also z. B. Arbeitsverträge, die die Kooperation zwischen Arbeitnehmenden und

W. Rogowski (✉)
Institut für Public Health und Pflegeforschung, Universität Bremen, Bremen, Deutschland
E-Mail: rogowski@uni-bremen.de

M. von Fintel
IVPNetworks GmbH, Hamburg, Deutschland

© Springer Fachmedien Wiesbaden GmbH, ein Teil von Springer Nature 2023
W. Rogowski (Hrsg.), *Management im Gesundheitswesen*,
https://doi.org/10.1007/978-3-658-39639-8_20

Arbeitgebenden regulieren) mit dem Modell des **homo oeconomicus**. Dieses unterstellt, dass alle Akteure gesellschaftlicher Interaktion hauptsächlich eigennutzorientiert sind und ihre individuellen Ziele verfolgen.

Ein wichtiger Theoriekomplex innerhalb der Neuen Institutionenökonomik ist die **Prinzipal-Agenten-Theorie** (P.-A.). Sie untersucht die Beziehung zwischen Auftraggebenden (Prinzipalen) und Auftragnehmenden (Agenten), wobei Auftraggebende typischerweise über **unvollständige Informationen** zu den Charakteristika, den Intentionen oder dem Verhalten der Agenten haben. Dies kann dazu führen, dass Agenten ihren eigenen Nutzen zuungunsten der Prinzipale verfolgen. Ein Beispiel aus der Leistungserbringung im Gesundheitswesen hierzu wäre etwa, wenn ein Arzt bzw. eine Ärztin zur Maximierung des eigenen Umsatzes den/die Patient:in dazu bewegt, sich einer unnötigen selbst finanzierten Operation zu unterziehen und dadurch im Extremfall sogar gesundheitlichen Schaden verursacht.

Ein verwandter Theoriekomplex der Neuen Institutionenökonomik untersucht spezielle Probleme bei **Versicherungen**. Hier können zum einen Probleme für den Versicherer vor Vertragsabschluss entstehen, wenn der/die Versicherte besser über das eigene Risiko für einen Schadensfall informiert ist als der Versicherer. So können dann Personen mit einem hohen Risiko einen Vertrag abschließen, der eigentlich für Personen mit geringerem Risiko entwickelt wurde (sog. *Adverse selection*). Anderseits könnte der Versicherer über bessere Informationen verfügen und systematisch Personen einschließen, deren Risiko günstiger als das durchschnittlich versicherte Risiko ist (sog. *Cream skimming*). Nach Vertragsabschluss kann der/die Versicherte Leistungen nachfragen, die ihm/ihr im Normalfall nicht zustünden (sog. *Moral hazard*). Eine medizinische oder pflegerische Leistungsausweitung über das vertraglich vereinbarte Maß hinaus wäre ein klassisches Beispiel hierfür.

Die Prinzipal-Agenten-Theorie analysiert u. a. verschiedene Facetten von Kosten, die in der Kooperation anfallen. Dies sind zunächst eine große Reduktion von Kosten, die sich durch gesellschaftliche Arbeitsteilung ergibt – die hohe **Spezialisierung** ermöglicht die Nutzung von Produkten und Dienstleistungen, die ohne Arbeitsteilung nicht verfügbar bzw. finanzierbar wären (niemand kann alles Wissen und Können erwerben, um alles von Dienstleistern wie z. B. Ärzt:innen und Warenanbietern wie z. B. Supermärkten selbst zu erstellen). Gleichzeitig ergeben sich für Agenten zusätzliche Kosten, um dem Prinzipal hohe Qualifikationen, Wohlwollen und adäquate Leistungen zu signalisieren. Für Prinzipale entstehen zusätzliche Kontrollkosten. Die Prinzipal-Agenten-Theorie unterstützt die Suche nach vertraglichen Arrangements, die die **Gesamtkosten minimieren**. Typischerweise enthalten die Empfehlungen zum einen den Hinweis auf Reduktion von Informationsasymmetrien und zum anderen die Empfehlung, die Anreize zwischen Prinzipal und Agenten anzugleichen.

Einführungen in die Neue Institutionenökonomik bietet z. B. der Beitrag von (Picot 2005) in *Vahlens Kompendium der Betriebswirtschaftslehre* (Bitz et al. 2005). Eine Einordnung in den normativen Hintergrund zur Förderung gesellschaftlicher Kooperation bietet die Einführung in die Ökonomik von (Homann und Suchanek 2005). Eine Analyse der Neuen Institutionenökonomik in Bezug auf das Gesundheitswesen bietet das Lehrbuch zur Gesundheitsökonomik von (Breyer et al. 2013), insbesondere die Teil IV und mit besonderem Bezug auf die speziellen Prinzipal-Agenten-Probleme bei Versicherungen das Kap. 6.4 des Lehrbuchs. Die Informationen zu Buurtzorg beruhen neben Informationen auf der Website des Unternehmens (buurtzorg.com) auf der einschlägigen Fallstudie des Commonwealth Funds (Gray et al. 2015), von der Teile als Übertrag oder direkte Übersetzung mit freundlicher Genehmigung des Commonwealth Funds übernommen wurden.

20.2   Fallstudie: Buurtzorg – ein Gegenmodell zur Ökonomisierung der Pflege?

Ihr Semesterpraktikum hat Sie in ein Strategieberatungsunternehmen geführt, das sich auf das Gesundheitswesen und dort speziell den Bereich *Pflege* spezialisiert hat. Das Beratungsprojekt, bei dem Sie mitarbeiten, wurde von dem Landesgesundheitsministerium in Auftrag gegeben. Es geht darum, innovative Modelle der Pflegeorganisation zu identifizieren und zur Umsetzung vorzuschlagen.

Der Leiter des Projekts ist ein promovierter Gesundheitsökonom und er ist genervt von all den blumigen Projektbeschreibungen, die auf seinem Schreibtisch liegen.

„Klingt alles nett", sagt er Ihnen gleich am Anfang, „aber als Gesundheitsökonom kann ich Ihnen sagen: der ganze Kram wird nicht lange funktionieren! Es ist immer das Gleiche – erst eine Klage über die angebliche Ökonomisierung, und dann ein Konzept zu deren angeblicher Überwindung, das nüchtern betrachtet keinen Sinn gibt. Ich denke ja auch, dass reine Kostenoptimierung nicht weiterhilft. Und wenn man Ökonomisierung so versteht, als ginge es nur um Sparen, Sparen, Sparen – klar, das kann's nicht sein. Aber das heißt ja noch lange nicht, dass man die Ökonomiebücher am besten aus dem Fenster schmeißen sollte. Wenn die Pflegewissenschaftler mit ihren schönen Konzepten nur einmal ein ordentliches Lehrbuch aufgeschlagen und das Kapitel zur Prinzipal-Agenten-Theorie gelesen hätten ... Reinen Gewissens kann ich die Ansätze, von denen ich bisher gelesen habe, dem Ministerium nicht empfehlen. Aber, schauen Sie doch selbst mal nach. Da sind noch drei weitere Modellbeschreibungen. Hier, Buurtzorg muss grad ein ziemlicher Renner in den Niederlanden sein. Werfen Sie doch mal einen kritischen Blick drauf ... ".

Sie werfen einen Blick in die Unterlagen und finden die folgenden Informationen:

Buurtzorg Nederland ist ein gemeinnütziger Anbieter von ambulanten Pflegeleistungen in den Niederlanden. Das Unternehmen wurde bereits im Jahr 2007 von Jos de Blok, einem erfahrenen Pfleger gegründet, welcher mit einem kleinen Team von Pflegekräften begann und heute über 10.000 Mitarbeiter:innen beschäftigt. Das Buurtzorg-Modell unterscheidet sich in vielerlei Hinsicht von den klassischen Pflegeanbietern in den Niederlanden. Im traditionellen Pflegemodell werden für medizinische Tätigkeiten examinierte Pflegekräfte und Krankenschwestern angefordert. Hingegen soll weniger gut ausgebildetes und somit kostengünstigeres Personal für unterstützende Aufgaben des täglichen Lebens, wie z. B. Anziehen und Waschen, beauftragt werden. Dies führt jedoch zu wechselnder Betreuung zu verschiedenen Pflegezeiten und von unterschiedlichem Personal, was bei einigen Gepflegten Unmut auslöst. Denn eine kontinuierliche Pflege kann dadurch gefährdet und eine Unzufriedenheit bei den Pflegebedürftigen und Mitarbeitenden ausgelöst werden. Das Buurtzorg-Modell sieht anstelle dessen vor, kein unterschiedliches Personal für unterschiedliche Pflegeleistungen anzufordern. Die Pflegenden sind neben medizinischen und unterstützenden Tätigkeiten ebenfalls dafür zuständig, die Bedürfnisse der Pflegebedürftigen zu beurteilen, Pflegepläne zu entwickeln, Arzt- bzw. Ärztinnenbesuche zu planen und ihre Tätigkeiten zu dokumentieren. Sie sind demnach auch für administrative und kaufmännische Aufgaben, wie z. B. die Abrechnung, zuständig. Diese sollen eine flächendeckende und kontinuierliche Pflege gewährleisten.

Die Ziele des Unternehmens liegen darin, einen ganzheitlichen, nachbarschaftsbezogenen Ansatz für die Bereitstellung von Dienstleistungen zu entwickeln. Dazu gehört die Unabhängigkeit der Pflegebedürftigen beizubehalten und sicherzustellen, Selbstversorgung zu schulen und Nachbarschaftsnetze herzustellen. Das Buurtzorg-Modell sieht vor, dass ein selbstverwaltendes Team von 10–12 sehr gut ausgebildeten Pflegekräften für ca. 50–60 Pflegebedürftige in einer Nachbarschaft zuständig ist. Dabei arbeiten sie zudem mit den Familien und Anbietern von medizinischer Grundversorgung zusammen, um alle Bedürfnisse der Pflegebedürftigen abzudecken. Für die Verwaltungstätigkeiten stehen dem Personal ein modernes IT-System sowie ein Intranet zur Verfügung, welches eine Online-Dokumentation der Planung und Durchführung der Tätigkeiten möglich macht. Darüber hinaus können so Pflegehinweise festgehalten werden und ein Informationsaustausch innerhalb und zwischen den Teams stattfinden. Durch den Einsatz von selbstregulierten Teams hat man mehr Flexibilität bei der Arbeitsorganisation und kann so besser auf die Bedürfnisse von den Pflegenden und Pflegebedürftigen eingehen. Diese einfache, flache Organisationsstruktur ist besonders relevant für den Erfolg des Modells. Der Geschäftsführer, de Blok, drückt dies mit dem Slogan *Humanität über Bürokratie* aus. Für andere Verwaltungstätigkeiten wie die Gehalts- und Finanzierungsverwaltung steht lediglich ein kleines Backoffice mit einer vergleichsweise geringen Zahl von Mitarbeiter:innen zur Verfügung. Die Bezahlung der Mitarbeiter:innen von Buurtzorg folgt einem gewerkschaftlich ausgehandelten Vertrag, bei dem sie nach ihrem Ausbildungsniveau bezahlt werden, mit einer regelmäßigen jährlichen Gehaltssteigerung und Boni in Abhängigkeit von der Beschäftigungsdauer bei Buurtzorg. Überschüssige Einnahmen werden für Fortbildungen und Teamprojekte zur Verbesserung der Gesundheit der Gemeinde genutzt.

Hohe Wachstumsraten sowohl bei Beschäftigten als auch bei Betreuten sind ein Ausdruck großen Erfolgs des Buurtzorg-Modells. Neben einer hohen Zufriedenheit der Pflegebedürftigen und Pflegenden wird berichtet, dass die Leistungen in kürzerer Arbeitszeit verrichtet werden, dass die Pflegebedürftigen von Buurtzorg schneller wieder autonom sind und dass sie seltener ins Krankenhaus eingewiesen werden müssen. Hinzu kommt, dass es bei gut ausgebildeten und erfahrenen Pflegekräften sehr beliebt ist und dass aufgrund der Zufriedenheit und den gesundheitlichen Ergebnissen viele mögliche Pflegebedürftige von Ärzt:innen an den Pflegeanbieter überwiesen werden. Nicht nur in den Niederlanden konnte das innovative Modell viel Aufmerksamkeit auf sich ziehen. Auch in vielen anderen europäischen und asiatischen Ländern sowie den USA sollen Teile des Konzeptes auf den Pflegesektor angewendet werden.

20.3   Aufgaben

20.3.1 Charakteristika von Pflege ohne gesellschaftliche Arbeitsteilung

Bevor man Probleme gesellschaftlicher Kooperation analysiert, kann es hilfreich sein, den *„Urzustand"* zu betrachten, der vor dieser Kooperation bestand – also die Situation von Pflegenden und Gepflegten in einer Zeit, in der es noch keinerlei professionelle Pflegedienste oder Pflegeheime gab.

a) Worin besteht der *Urzustand* von Pflege ohne gesellschaftlichen Leistungsaustausch?
b) Mit welchen Vorteilen und welchen Problemen ist dieser Zustand verbunden?

20.3.2 Charakteristika von Pflege mit gesellschaftlicher Arbeitsteilung

Heutige Pflegeleistungen unterscheiden sich in hohem Maße von diesem *Urzustand*. Aus ökonomischer Sicht sind diese Unterschiede stark durch gesellschaftliche Arbeitsteilung und Spezialisierung bedingt. Es haben sich demnach also neue Akteure bzw. Organisationen herausgebildet, die sich auf die Lösung eines oder mehrerer (Teil-)Probleme der pflegerischen Versorgung konzentrieren.

a) Nennen Sie beispielhaft zwei zentrale Akteure gesellschaftlichen (Leistungs-)Austausches in der Pflege, die Sie in der Fallstudie jenseits des konkreten Beispielunternehmens *Buurtzorg* finden können.
b) Aus Sicht derer, die dafür bezahlen, sollten Pflegeleistungen bei guter Qualität möglichst kostengünstig sein. Identifizieren Sie aus der Fallstudie jenseits des Unternehmens *Buurtzorg* eine Maßnahme, mit der im traditionellen Pflegemodell versucht wird, Pflegeleistungen möglichst effizient zu erbringen.

20.3.3 Neue Institutionenökonomik

Im Folgenden soll nun *die Brille* der Neuen Institutionenökonomik aufgesetzt werden.

a) Wodurch ist eine Prinzipal-Agenten Beziehung gekennzeichnet? Welche Probleme sind damit verbunden?
b) Welches sind die speziellen Probleme bei Versicherungen?
c) Welche Empfehlungen macht die Prinzipal-Agenten-Theorie generell zur Lösung dieser Probleme?

20.3.4 Prinzipal-Agenten Probleme innerhalb von Pflegedienstleistern

Bitte nutzen Sie nun die Neue Institutionenökonomik zur Analyse des Leistungsaustausches innerhalb
von Pflegedienstleistern.

a) Welche Prinzipal-Agenten-Probleme bestehen zwischen Leitung und Mitarbeiter:innen eines Pflegedienstes?
b) Welche Problemlösungen konventioneller Pflegedienste werden beschrieben und welche negativen Auswirkungen sind damit verbunden?
c) Inwiefern kann die Struktur der Buurtzorg als eine erfolgreiche Lösung des Prinzipal-Agenten-Problems gesehen werden?

20.3.5 Prinzipal-Agenten Probleme zwischen Pflegediensten und Angehörigen

Im Folgenden soll die Neue Institutionenökonomik zur Analyse der Kooperation zwischen Familienangehörigen und Pflegedienstleistern analysiert werden.

a) Welche Prinzipal-Agenten-Probleme bestehen zwischen Angehörigen und Pflegeservice?
b) Inwiefern kann die Struktur der Buurtzorg als eine erfolgreiche Lösung dieses Prinzipal-Agenten-Problems gesehen werden?

20.3.6 Analyse der Beziehung von Leistungsfinanzieren und Pflegediensten

Im Folgenden soll die Neue Institutionenökonomik zur Analyse der Kooperation zwischen Leistungsfinanzierern und Pflegedienstleistern analysiert werden.

a) Welche Probleme bestehen zwischen einer Pflegeversicherung und Pflegedienstleistern?
b) Welche Ansätze zur Lösung dieses Problems bietet die Buurtzorg?
c) Welche Arrangements wären für Pflegeversicherungen denkbar, um verbleibende Probleme zu überwinden (und wären daher mögliche Umsetzungen zur Förderung von Buurtzorg in Deutschland)?

20.3.7 Reflexion: Buurtzorg und die *Ökonomisierung* der Pflege

Bitte diskutieren Sie den Titel der Fallstudie.

a) Ist Buurtzorg ein Gegenmodell zur *Ökonomisierung* der Pflege?
b) Falls nicht, was kann man von Buurtzorg für die Anwendung von Ökonomik im Gesundheitswesen lernen?

Literatur

BITZ, M., DOMSCH, M., EWERT, R. & WAGNER, F. W. (Hrsg.) (2005): *Vahlens Kompendium der Betriebswirtschaftslehre Bd. 2*. 5., völlig überarb. Aufl., München: Verlag Franz Vahlen.

BREYER, F., ZWEIFEL, P. & KIFMANN, M. (2013): *Gesundheitsökonomik*. 6., vollst. erw. u. überarb. Aufl. 2013, Berlin; Heidelberg: Gabler Verlag.

GRAY, B. H., SARNAK, D. O. & BURGERS, J. S. (2015): Home Care by Self-Governing Nursing Teams: The Netherlands' Buurtzorg Model. Case Study. The Commonwealth Fund pub. 1818 Vol. 14, [online] https://www.commonwealthfund.org/sites/default/files/documents/___media_files_publications_case_study_2015_may_1818_gray_home_care_nursing_teams_buurtzorg_model_case_study.pdf [23.03.2019]

HOMANN, K. & SUCHANEK, A. (2005): *Ökonomik. Eine Einführung*. 2., überarb. Aufl., Tübingen: Mohr Siebeck.

PICOT, A. (2005): Organisation, in: BITZ, M., DOMSCH, M., EWERT, R. & WAGNER, F. W. (Hrsg.), *Vahlens Kompendium der Betriebswirtschaftslehre Bd. 2*. 5., völlig überarb. Aufl., München: Verlag Franz Vahlen, S. 55–133.

Harvard-Verhandlungsmethode

21

Wolf Rogowski und Heinz Pilartz

Verhandlungen spielen sowohl innerhalb von Gesundheitsbetrieben wie auch über Organisationsgrenzen hinaus im Gesundheitswesen eine sehr große Rolle. Dabei besteht immer die Gefahr, dass Verhandlungssituationen polarisieren und zum Streit mit Sieger:innen und Verlierer:innen ausarten, anstatt dass sie als Arena zur Suche nach bestmöglichen Lösungen genutzt werden. In der Fallstudie *Die umstrittene Stundenaufschreibung* wird in die Harvard-Verhandlungsmethode eingeführt – ein Klassiker der Mediation, der strukturiert dabei unterstützt, bei Konflikten den Weg der gemeinsamen Suche nach Win-win-Situationen einzuschlagen.

21.1 Hintergrund

Vielfach entwickeln Verhandlungen eine destruktive Dynamik, da sie positionsbezogen geführt werden: Die Verhandlungspartner:innen treten mit einer Vorstellung von für sie wünschenswerten Ergebnissen in die Verhandlung ein und versuchen, diese in größtmöglichem Maße zu erreichen bzw. als ihre Position zu verteidigen. Verhandlungspartner:innen mit anderen wünschenswerten Ergebnissen können hier sehr leicht als Gegner:innen wahrgenommen werden, die es in der Verhandlung zu besiegen gilt. Die **Harvard-Verhandlungsmethode** schlägt anstelle dessen sach- statt positionsbezogenes Verhandeln vor.

W. Rogowski (✉)
Institut für Public Health und Pflegeforschung, Universität Bremen, Bremen, Deutschland
E-Mail: rogowski@uni-bremen.de

H. Pilartz
Forum-M – Institut für Medizin, Mediation und mehr, Alfter, Deutschland
E-Mail: kontakt@forum-m-pilartz.de

Sie basiert auf vier Grundprinzipien: Erstens sollen **Menschen** und **Sachfragen** getrennt voneinander behandelt werden, Verhandlungspartner:innen sollten also als Menschen mit eigenen Gefühlen, Wahrnehmungen und Wünschen ernst genommen werden – *fair zu den beteiligten Personen, hart in der Sache.* Zum Zweiten sollen anstelle vorab definierter **Positionen** die dahinterliegenden **Bedürfnisse** und **Interessen** im Zentrum der Verhandlung stehen. Sie dienen als Maßstab zur Bewertung möglicher Verhandlungsergebnisse. Erst als Drittes sollen möglichst viele **Entscheidungsoptionen** entwickelt werden. Dies resultiert aus der Erfahrung, dass es in Konflikten immer weitaus mehr Lösungen gibt, die die Konfliktparteien besserstellen, als ihnen anfangs bewusst ist. Viertens ist essenziell, bei der Beurteilung möglicher Lösungen auf die Anwendung neutraler Beurteilungskriterien zu bestehen.

Die Harvard-Verhandlungsmethode ist ein vielfach zitierter und beschriebener Klassiker der Verhandlungsführung und Mediation. Die deutsche Version des bekannten amerikanischen Originalwerks *Getting to yes. Negotiating agreement without giving in* von (Fisher und Ury 1981) ist inzwischen in der 25. Auflage erschienen (Fisher et al. 2015).

21.2   Fallstudie: Die umstrittene Stundenaufschreibung

Bei der Stellensuche nach Abschluss Ihres Public Health Studiums sind Sie zufällig auf eine Ausschreibung für eine:n zentrale:n Kurskoordinator:in in der B-fit! GmbH gestoßen, die Kurse für betriebliche Gesundheitsförderung anbietet und deren Kursangebot zu einem früheren Zeitpunkt in einer anderen Fallstudie analysiert wird (s. Fallstudie *Strategisches Marketing für die B-fit! GmbH* in Kap. 4). Ihre Bewerbung war erfolgreich und Sie sitzen heute in Ihrem ersten Team-Meeting. In dem Team-Meeting herrscht ein angespannter Ton zwischen den drei Gesellschaftern der B-fit! GmbH, die in ihrem Unternehmen für verschiedene Bereiche zuständig sind: Herr Meyer für Finanzen und Controlling, Herr Schmidt für Personalwesen und Personalentwicklung und Herr Müller für medizinische Fragen.

21.2.1 Erster Teil

Meyer: *„Liebe Kollegen, es ist doch völlig klar, dass wir so nicht weitermachen können. Die satten Renditen von vor zwanzig Jahren liegen lange hinter uns und nachdem wir im letzten Jahr noch die schwarze Null erreicht hatten, kommen wir dieses Jahr aus den roten Zahlen nicht raus. Wir müssen schauen, wie profitabel unsere einzelnen Kurse sind und deswegen brauchen wir die Stundenaufschreibung. Da gibt's keine Alternativen, wenn wir überleben wollen."*

Schmidt: *„Herr Meyer, wie oft sollen wir es Ihnen noch sagen? Die Stundenaufschreibung ist ein bürokratisches Monster. Ich hatte das in meinem letzten Betrieb – wissen Sie, was das für die Profitabilität hilft? Gar nichts! Überhaupt gar nichts! Im Gegenteil: da ist jeder mit diesen Sch ... Stundenzetteln beschäftigt, die ständig ausgefüllt werden müssen, dann*

gibt's 'nen Controller, der seine wertvolle Zeit damit verbringt, den Zettelwust zusammen-
zutragen und in seine Excel-Datei einzutragen und am Schluss lernt man doch nix draus.
Wissen Sie, was bei uns damals das Ergebnis war? Erstens: zwei Jahre nach Einführung
dieser besch … Stundenaufschreibung war die Superfit! GmbH pleite. Und zweitens: die
Vorbereitung aller Kurse hat im Durchschnitt ungefähr gleich viel Zeit gefressen, man
konnte mit der Info also gar nichts anfangen. Lag natürlich auch daran, dass wir so viel
mit der Kursvorbereitung zu tun hatten und die blöden Zettel normalerweise nur im Nachhinein und so ungefähr ausgefüllt haben. Trotzdem: ein Monster, ein bürokratisches Monster sag ich Ihnen! Das wollen Sie uns zumuten?!? Wir haben schon genug um die Ohren!"

Meyer: „Herr Schmidt, zumuten? Ja, als Geschäftsführer und Finanzvorstand, der dieses
Unternehmen im Gegensatz zu Ihnen mitgegründet und den Karren immer wieder aus dem
Dreck gezogen hat, mute ich auch Ihnen als Gesellschafter zu, gute Arbeit zu leisten und
ganz normale Controllingprozesse einzuhalten. Ich habe eine betriebswirtschaftliche Ausbildung und weiß daher: um für einen nachhaltigen Fokus zu sorgen, braucht man trag-
fähige Informationen!"

Schmidt: „Herr Meyer, also jetzt reicht's. Glauben Sie mir nicht, dass ich gute Arbeit leiste?
Und glauben Sie, dass Sie als Gründungsgesellschafter mehr wert seien? Und als BWLer
die Weisheit mit Löffeln gefressen haben? Lernt man das in Ihrem Studium – Bürokratie-
monster basteln? Ich verzichte auf solche Bastelkurse. Keine Stunde werde ich aufschreiben, keine einzige!"

Müller: „Herr Meyer, ich sehe es genauso, dass das nicht geht. Erst kamen Sie letztes Jahr
damit, dass Sie eine ABC-Analyse gemacht hätten und uns auf deren Basis jetzt sagen
müssten, dass wir grad meine Lieblingskurse weglassen sollten, die bei uns Tradition
haben, mit denen wir als Firma groß geworden sind. Dann noch diese BCG-Matrix, so
Beraterkonzepte, wo doch jeder weiß, dass diese platten Schemata im Gesundheitswesen
nicht funktionieren. Ein Glück, dass wir das verhindern konnten. Konzeptitis ist kein gutes
Führungsprogramm. Kontrollitis auch nicht. Jetzt kommen Sie mit Stundenaufschreibung!
Wollen Sie uns nicht nur in Konzepte pressen, sondern auch noch zu gläsernen Mitarbeitern machen? Jede Stunde sollen wir Bericht abgeben, ob wir auch brav für die
Firma arbeiten? Glauben Sie, dass wir hier Facebook-Postings machen oder Computer-
spiele? Und, selbst wenn's mal so wäre – wir brauchen auch mal Entspannung zwischendurch und wollen nicht jede Minute kontrolliert werden! Früher hat bei uns das Vertrauen
in die Mitarbeiter gezählt, und alles hat gut funktioniert. Je mehr Management-Kram Sie
hier einführen, desto mehr geht's bergab mit der B-fit! GmbH. Das merken Sie doch selbst!
Ich hoffe, damit ist das Thema Stundenaufschreibung endlich vom Tisch, denn Vertrauen
ist das, was wir brauchen. Machen Sie doch mal eine Vertrauensaufschreibung!"

Meyer: „Also, Herr Müller, jetzt werden Sie auch noch polemisch. Es ist doch völlig klar, dass
ein Unternehmen nur bestehen kann, wenn es profitabel ist, und wenn wir verschiedene
Arten von Kursen anbieten, müssen wir schauen, wie profitabel die jeweils sind. Wir bieten
auf dem Markt verschiedene Produkte an und sollten nur solche Produkte anbieten, bei
denen die Umsätze höher als die Kosten sind. Ich bin hier der Geschäftsführer und es ist
meine Aufgabe, für eine Konzentration aufs Wesentliche zu sorgen. Oh, sorry, ich sehe, wir
müssen das Gespräch hier unterbrechen, da gleich das Gespräch mit unserem größten
Kunden ansteht …"

Bitte blättern Sie jetzt vor zu den Aufgaben (Abschn. 21.3) und beantworten Sie zunächst
nur Fragen zum ersten Teil der Fallstudie (Abschn. 21.3.1).

21.2.2 Zweiter Teil

Im Nachklang des Gespräches war den Gesellschaftern klargeworden, dass sie die Konflikte ohne externe Unterstützung nicht in den Griff bekommen. Sie haben sich für ein Mediationsverfahren entschieden, und da es um Fragen der Ausgestaltung der Kurskoordination geht, sind auch Sie mit anwesend. Die Mediatorin hat soeben den Rahmen des Gespräches erläutert, an den letzten Konflikt angeknüpft und das Gespräch eröffnet.

> Meyer: *„Ok, Herr Schmidt, es tut mir leid. Wissen Sie, der Hauptpunkt ist, dass wir schlicht die Insolvenz verhindern müssen, und das werde ich tun – ich kann ja den Fortbestand des Unternehmens nicht aufs Spiel setzen. Wie stehe ich denn dann vor den Leuten da – erst erfolgreicher Geschäftsführer, dann Pleitier? Und ich habe ja wirklich keine Ahnung, wie profitabel unser Kursangebot ist. Wie sollen wir uns aufs Wesentliche konzentrieren, wenn wir nicht wissen, was es ist? Das will ich seit fünf Jahren, nie hat's geklappt mit der Umsetzung wegen all der Widerstände. Jetzt brauchen wir's zum Überleben – eine Profitabilitätsrechnung für unsere Kurse, mit der man was anfangen kann. Um dann eine strategische Neuausrichtung voranzutreiben. Ich könnte ja einfach anfangen, betriebsbedingte Kündigungen raus zu schicken, aber das will ich nicht. Dann wäre die Stimmung so richtig im Keller. Und es macht mir ja Freude, mit Ihnen zusammen die B-fit! GmbH voranzubringen."*
>
> Schmidt: *„Ok, Herr Meyer, sorry, das war mir so nicht klar. Ich muss mich wohl auch entschuldigen. Ich hab' das Gefühl, ich opfere mich auf für diese Firma, und statt dass das wahrgenommen wird, habe ich das Gefühl, Sie quittieren es mit Kontrolle statt Anerkennung. Ich hasse es, auf Schritt und Tritt kontrolliert zu werden. Das war schon immer so, da gehe ich lieber, ich kann die Kurse auch ohne unsere GmbH anbieten.*
>
> *Und wirklich, Stundenaufschreibung, das ist ein Blödsinn! Wenn ich bei der Werkstatt anrufe, weil beim Dienstwagen die Reifen gewechselt werden müssen – auf welches Projekt soll ich's bitte aufschreiben? Oder unsere ständigen Computerprobleme seit dem Virus damals: die Backups, das Neuaufzusetzen des Systems. Auf welches Projekt geht das? Und wenn wir eine Lösung fänden, ein Feld Sonstiges oder so – wissen Sie, was für ein Aufwand so eine Stundenaufschreibung ist? Wir hatten das damals ausgerechnet – 5 % unserer Arbeitszeit ging bei der Superfit! GmbH in den Controllingsch …, das waren genau die 5 %, die uns zur Rendite gefehlt hatten …"*
>
> Müller: *„Vielleicht war es wirklich nicht so gut, das mit der Kontrollitis. Aber, wissen Sie, bei meinem letzten Arbeitgeber hatte es damals auch mit Stundenaufschreibung angefangen, aber eigentlich wollte der Geschäftsführer nur Leute rauswerfen, die er auf dem Kieker hatte. Hat er auch getan – er hat heimlich beobachtet, wann seine Mr und Mrs Unbeliebt da waren und wann nicht, hat das dokumentiert und hat dann seine Dokumentation mit deren unterschriebenen Stundenzetteln verglichen. Zack, hatte er ihnen bösartige Täuschung nachgewiesen und losgeschickt war die fristlose Kündigung. Ich hab' das Gefühl, dass Sie Elif Yildiz, der ich damals die Stelle bei uns vermittelt hatte, weil sie so schwer Fuß fassen konnte in unserem spießigen Landkreis, dass Sie die schon länger auf Ihrer Liste haben, und das will ich einfach nicht."*
>
> Meyer: *„Na dann, haben Sie einen Gegenvorschlag? Ich sehe nicht, wie wir ohne eine Stundenaufschreibung eine vernünftige Profitabilitätsrechnung hinbekommen sollen …"*

21.3 Aufgaben

21.3.1 Fragen zum ersten Teil der Fallstudie

a. Was ist die Harvard-Verhandlungsmethode?
 a. Was ist ihr Ziel?
 b. Worin besteht nach dem Konzept ein häufiges Problem in Verhandlungen, dem die Methode begegnen möchte?
 c. Bitte nennen Sie kurz die vier Grundprinzipien des Konzepts.
b. Wie gestaltet sich der bisherige Verlauf der Diskussion?
 a. Worin besteht der inhaltliche Gegenstand?
 b. Welche Probleme sind bei der bisherigen Verhandlung aufgetreten?
 c. Welches weitere Vorgehen würden Sie dem Geschäftsführer empfehlen?

21.3.2 Fragen zum zweiten Teil der Fallstudie

a. Was hat sich im Fortgang der Diskussion geändert?
b. Welches sind die BATNAs (Best alternative to a negotiated deal) in dem Prozess?
 a. Was ist eine BATNA, und warum ist sie relevant im Verhandlungsprozess?
 b. Worin besteht die BATNA des Geschäftsführers?
 c. Worin besteht die BATNA der beiden anderen?
c. Welches sind die Interessen?
 a. Welche Interessen können Sie bei dem Geschäftsführer erkennen?
 b. Welche Interessen verfolgen die beiden anderen? Stehen die Interessen im Widerspruch?
 c. Benennen Sie mögliche Kriterien, die zum Qualitätscheck guter Lösungen dienen könnten.
d. Welche Alternativen wären denkbar?
 a. Führen Sie ein Brainstorming nach möglichen Pareto-superioren Handlungsalternativen durch und schreiben Sie diese für sich auf einen Zettel.
 b. Diskutieren Sie die Zustimmungsfähigkeit der Alternativen im Kreis.
e. Welche Alternativen sollten ausgewählt werden?
 a. Versuchen Sie, sich anhand der Kriterien auf eine Alternative zu einigen.
 b. Welche Rolle spielt die Mediatorin? Wessen Partei sollte sie ergreifen?

21.3.3 Fragen zu einer eigenen Fallstudie

a. Bitte wählen Sie selbst einen relevanten eigenen Konflikt.
 a. Überlegen Sie sich einen Konflikt, den Sie persönlich im vergangenen Monat erlebt haben, in dem die verschiedenen Positionen eine wichtige Rolle gespielt haben, für den Sie keine befriedigende Lösung gefunden haben und den Sie bereit wären, in

der Gruppensituation durchzuspielen. Bitte wählen Sie keinen zu emotionalen Konflikt (ein Streit über die Arbeitsaufteilung im Projektteam wäre z. B. geeignet; ein
Beziehungskonflikt, der zur Trennung geführt hat, wäre weniger geeignet).

  b. Teilen Sie Ihren Konflikt mit den anderen Gruppenmitgliedern und wählen Sie einen
     Konflikt aus, den Sie als Gruppe exemplarisch durchlaufen möchten.

  c. Benennen Sie die Konfliktparteien und wählen Sie im Team eine Konstellation, bei
     der sich jeweils mindestens eine Person mit einer Konfliktseite identifiziert (d. h.
     diese Konfliktpartei *spielt*), idealerweise auch mit einer Person als Mediator:in.

b. Bitte versuchen Sie, den Konflikt in einem Rollenspiel gemäß der Harvard-Verhandlungsmethode zu lösen.

  a. Benennen Sie die Positionen, die Ausgangspunkt des Konfliktes waren.

  b. Identifizieren Sie die zugrunde liegenden Interessen.

  c. Identifizieren Sie Kriterien, denen eine gute Konfliktlösung entsprechen sollte.

  d. Identifizieren Sie mögliche Konfliktlösungen.

  e. Führen Sie eine Verhandlung, in der Sie nach einer Pareto-superioren Lösung
     streben.

c. Bitte *entrollen* Sie sich, wenn Sie die Fallstudie abgeschlossen haben, d. h. verlassen
   Sie die eingenommenen Rollen bewusst, stehen Sie kurz auf, strecken sich etc.

Literatur

FISHER, R. & URY, W. (1981): *Getting to YES: negotiating agreement without giving in.* New York:
     Penguin Books.
FISHER, R., URY, W. & PATTON, B. M. (2015): *Das Harvard-Konzept: die unschlagbare Methode
     für beste Verhandlungsergebnisse.* 25., überarb. Aufl., Frankfurt am Main [u.a.]: Campus Verlag.

Informationsmanagement

Julian Gansen, Fabia Gansen, Yvonne Goltsche
und Wolf Rogowski

In dieser Fallstudie bearbeiten Sie ein konkretes Problem einer Pflegeeinrichtung aus der Perspektive des Informationsmanagements. Sie untersuchen, ob es auf einer Station des Pflegeheims zu einer Häufung von Stürzen gekommen ist. Dabei geht es zunächst um grundlegende Fragen des Informationsmanagements: Welche Informationen stehen zur Verfügung? Welche Informationen sind relevant? Welche Schlüsse können aus bestehenden Informationen gezogen werden? Insgesamt werden Sie für das Fallbeispiel durch drei Schritte geführt: die Eingabe von Daten, die Feststellung des Informationsbedarfs und eine Datenauswertung. Ergänzend werden über das Fallbeispiel hinausgehende Fragen der Informationswirtschaft, Informationssysteme und der Informations- und Kommunikationstechnik thematisiert.

J. Gansen (✉)
Mementor GmbH, Leipzig, Deutschland
E-Mail: julian.gansen@mementor.de

F. Gansen
B. Braun SE, Berlin, Deutschland
E-Mail: fabia.gansen@bbraun.com

Y. Goltsche
atacama-blooms GmbH & Co. KG, Bremen, Deutschland
E-Mail: yvonne.goltsche@atacama-blooms.de

W. Rogowski
Institut für Public Health und Pflegeforschung, Universität Bremen, Bremen, Deutschland
E-Mail: rogowski@ipp.uni-bremen.de

© Springer Fachmedien Wiesbaden GmbH, ein Teil von Springer Nature 2023   171
W. Rogowski (Hrsg.), *Management im Gesundheitswesen*,
https://doi.org/10.1007/978-3-658-39639-8_22

22.1   Hintergrund

Das Informationsmanagement hat in der Regel die Aufgabe, den bestmöglichen Einsatz der Ressource Information zu gewährleisten (Krcmar 2015). Das Management der Ressource Information kennt dabei drei verschiedene Aspekte.

Ganz grundlegend behandelt das *Management der Informationswirtschaft* die Information selbst. In der Praxis bedeutet das u. a. die Identifikation von Informationsbedarf, -nachfrage und -angebot z. B. innerhalb einer Organisation. Dabei können die Relevanz oder die Qualität von Informationen Kriterien sein, die unter Beachtung von Wirtschaftlichkeitsprinzipien verfolgt werden.

Daran anschließend verfolgt das *Management der Informationssysteme* zwar ähnliche Ziele, bewegt sich aber auf einer System- und Prozessebene. Dabei steht die Frage im Vordergrund, wie Daten optimal erfasst, verarbeitet und verwaltet werden können. Auf der Systemebene steht daher die Optimierung von Datenmodellierung, -konsistenz und -sicherheit im Vordergrund. Auf der Prozessebene geht es um eine effiziente und nachhaltige Datenerfassung, die sinnvoll an Geschäftsprozesse andockt.

Das *Management der Informations- und Kommunikationstechnik* behandelt schließlich die Verwaltung und die Anschaffung der notwendigen Technologien aus wirtschaftlicher und strategischer Perspektive. Dabei lassen sich die Aspekte Speicherung, Verarbeitung und Kommunikation jeweils hinsichtlich Kapazität, Qualität und Stückkosten unterscheiden. Konkret stellen sich hier z. B. Fragen nach Größe des Netzwerks oder der Datenbasis, die letztlich von der Infrastruktur getragen werden muss.

In dieser Fallstudie geht es in erster Linie um den Aspekt des *Managements der Informationswirtschaft*. Im Vordergrund steht die Frage, welche Informationen bei einem konkreten Problem eigentlich weiterhelfen können, wie man sie beschaffen könnte und was sie uns letztlich sagen können.

Als Anwendungsbeispiel analysieren Sie Stürze in der Pflege als Teil des Qualitätsmanagements. Unter einem Sturz versteht man jedes Ereignis, bei dem eine betreffende Person unbeabsichtigt auf dem Boden oder einer anderen niedrigeren Fläche aufkommt – ohne Berücksichtigung der Ursache (WHO 2007 zit. n. DNQP 2013). In dieser Fallstudie beschränkt sich die Analyse auf eine quantitative Auswertung, bei welcher keine Differenzierung hinsichtlich der Sturzursache vorgenommen wird. Ziel ist zunächst, eine gefühlte Sturzhäufung im Zeitvergleich der eigenen Einrichtung faktisch einordnen zu können. Als weiterer Schritt sollte eine ursachensensitive Auswertung durchgeführt werden, die insbesondere für die Pflegeplanung und evtl. resultierende Präventivmaßnahmen wichtig ist.

Gemäß dem vom Deutschen Netzwerk für Qualitätsentwicklung (DNQP) herausgegebenen *Expertenstandards zur Sturzprophylaxe in der Pflege* bestehen geeignete Maßnahmen zur Sturzprophylaxe etwa in einem gezielten motorischen Training, einer Überprüfung und Anpassung der Wohnumgebung und der Medikation sowie individueller Einzelinterventionen, wie Hüftprotektoren, Gehhilfsmittel oder der Auswahl geeigneten Schuhwerks (DNQP 2013). Diese Maßnahmen stehen in Abhängigkeit zum individuellen

Risikopotenzial der Bewohner. Die Empfehlungen der Expertenstandards sind für Pflege-einrichtungen aufgrund von § 113a Abs. 1 Satz 1 SGB XI verbindlich anzuwenden. Eine Vorgabe des in dieser Fallstudie zugrunde liegenden Expertenstandards verpflichtet die Einrichtungen zudem alle Sturzereignisse im Rahmen ihrer Qualitätssicherung neben Pflegegraden, Gewichtsveränderungen, medizinischer Historie und weiteren Risiko-faktoren zu erfassen.

Im Rahmen des Ende 2015 verabschiedeten Pflege-Stärkungsgesetzes (PSG) II wurde erstmals verbindlich die Einführung eines auf Indikatoren gestützten Verfahrens zur Be-urteilung von Ergebnisqualität festgeschrieben. Entsprechend dieser Gesetzesnovelle wurde vom Qualitätsausschuss Pflege ein Auftrag zur Entwicklung geeigneter Instrumente und Verfahren im Rahmen der in §§ 114 ff. SGB XI und § 115 Abs. 1a SGB XI fest-gelegten Qualitätsdarstellung vergeben. Mit dem Pflegepersonal-Stärkungsgesetz (PpSG), welches zum 1. Januar 2019 in Kraft getreten ist, wurde die Einführung des neuen Quali-tätssystems bestimmt und Pflegeeinrichtungen verpflichtet, in absehbarer Zeit diese Quali-tätsindikatoren digital an eine vom aQua-Institut eingerichtete Datenauswertungsstelle halbjährlich zu berichten. Die Auswertung der bundesweit erfassten Versorgungsergeb-nisse dient dann nicht mehr nur der internen Qualitätssicherung, sondern auch der ex-ternen Qualitätsdarstellung. Die genauen Variablen zur Erfassung von Versorgungsergeb-nissen können auf der Homepage des Qualitätsausschusses Pflege eingesehen und heruntergeladen werden (Geschäftsstelle Qualitätsausschuss Pflege 2018). Der Qualitäts-ausschuss Pflege ist das Gremium, welches durch den Gesetzgeber mit der Sicherstellung der Qualitätsentwicklung nach § 113 SGB XI beauftragt wurde.

Weiterführende Literatur finden Sie im ausführlichen Lehrbuch *Informations-management* von (Krcmar 2015) oder in der kürzeren Version *Einführung in das Informationsmanagement* (Krcmar 2011). Zudem gibt es von (Landrock und Gadatsch 2018) ein praxisorientiertes Lehrbuch zum konkreten IT-Einsatz im Gesundheitswesen. Eine Einführung in organisationsbezogene Fragen der Altenpflege bietet das Grundlagen-werk *Pflegemanagement in Altenpflegeeinrichtungen* (Kämmer 2015). Weiterführende Li-teratur mit besonderer Beachtung von Sturzereignissen und deren Folgen bietet der *Expertenstandard Sturzprophylaxe in der Pflege* (DNQP 2013). Ausführliche Informatio-nen zur Aktualisierung der externen Qualitätssicherung für Pflegeeinrichtungen finden sich im *Abschlussbericht: Darstellung der Konzeption für das neue Prüfverfahren und die Qualitätsdarstellung* (Wingenfeld et al. 2018).

22.2   Fallstudie: Stürze im Roselius Stift

Es ist Ihre erste Woche als Praktikant:in im Pflegeheim *Roselius Stift*. Bisher war alles sehr ruhig, fast langweilig, sodass Sie sich freuen, als Sie beim Frühstück einen Zeitungsartikel über Ihren vorübergehenden Arbeitgeber entdecken. Beim Überfliegen des Artikels mer-ken Sie allerdings schnell, dass alles andere als positiv über das Pflegeheim berichtet wird (s. Abb. 22.1):

Abb. 22.1 Zeitungsartikel zu
den Stürzen im Roselius Stift

Auersburger Tageblatt

Donnerstag, 30. November 2017

Viele Stürze im Roselius Stift

AUERSBURG Das Pflegeheim
Roselius Stift beklagt laut
Quellen des Tageblatts in
diesem Jahr ungewöhnlich
viele Stürze. Erst in der
vergangenen Woche ist die
frühere Bürgermeisterin von
Auersburg,   Anne
Grundmann, gestürzt.

„Wir nehmen die Situation
sehr ernst und werden der
Sache   selbstverständlich
nachgehen", so Heimleiterin
Brinkmann. Das Pflegeheim
feiert 2018 sein 75-jähriges
Bestehen und hatte erst
Ende April mehrmonatige
Renovierungsarbeiten   der
Stationen   2   und   4
abgeschlossen   (Tageblatt
berichtete).

Auf dem Weg zur Arbeit nehmen Sie sich fest vor, bei der Aufklärung mitzuwirken
(wenn auch nur, um etwas mehr zu tun zu haben). Kaum angekommen, fällt Ihnen die
Aufgabe im wahrsten Sinne vor die Füße. Um 9 Uhr morgens stürzt Irmgard Bäldle, eine
sympathische 76-jährige Heimbewohnerin mit einer leichten Demenz, neben Ihnen im
Badezimmer. Kurz vor ihrem Sturz hatten Sie und Frau Bäldle mit dem Packen Ihres
Kulturbeutels gerade die Vorbereitungen für ihren heutigen Umzug von Station 2 auf Station 3 abgeschlossen. Die ausgehbereit gekleidete Dame ist auch nach ihrem Sturz noch
guter Dinge, ärgert sich aber, dass ihr das Missgeschick ausgerechnet an ihrem Geburtstag
passieren musste. Wie so oft trägt Frau Bäldle allerdings weder ihre Brille noch hat sie
ihren Rollator mit ins Bad genommen. Glücklicherweise ist der Pflegeleiter der beiden
Stationen, Herr Jochens, nebenan und kann Sie bei der korrekten Versorgung von Frau
Bäldle unterstützen. Sie helfen der knienden Frau Bäldle vorsichtig auf, sodass sie bereits
nach etwa fünf Minuten wieder auf den Beinen ist.

Frau Bäldle beklagt Schmerzen auf der Außenseite ihres rechten Oberschenkels und an der
rechten Schulter. Da sie davon überzeugt ist, dass sich an beiden Stellen lediglich ein beacht-
licher Bluterguss bilden wird, verweigert sie eine ärztliche Untersuchung. Nachdem Frau
Bäldle versorgt ist und sich in ihrem neuen Zimmer auf Station 3 unter Beobachtung ausruht,
gehen Sie mit Herrn Jochens in das Stationszimmer, um das Sturzereignisprotokoll auszu-
füllen. Da der Stationscomputer besetzt ist, beginnen Sie damit, den Sturz mithilfe einer Vorlage in Papierform zu dokumentieren. Nach kurzer Zeit wird Herr Jochens in das Büro der
Heimleiterin Frau Brinkmann gebeten, um den morgendlichen Zeitungsartikel zu besprechen.
Da Sie den Sturz selbst als Zeuge bzw. Zeugin erlebt haben, bittet Ihr Vorgesetzter Sie, das
Sturzprotokoll in Papierform und digital selbstständig zu vervollständigen.

Dass die Dokumentation und damit einhergehende Analyse von Stürzen nicht nur für
die haftungsrechtliche Absicherung wichtig ist, sondern auch ein Instrument des
Qualitätsmanagements, wird Ihnen beim Ausfüllen des Sturzprotokolls deutlich: Während
Sie den Bogen ausfüllen, setzen Sie sich intensiv mit dem Sturz, den dazu führenden Be-
gebenheiten und den daraus resultierenden Folgen für Frau Bäldle auseinander. Von Herrn

Jochens hatten Sie zudem erfahren, dass zukünftig alles digital erfasst werden muss, da das Reporting von Qualitätsindikatoren wie Stürze und Sturzfolgen bald verpflichtend an eine bundesweite Datenauswertungsstelle weitergegeben werden muss. Er blickt mit Sorge darauf, wie all das umgesetzt werden soll, wenn schon im normalen Arbeitsalltag kaum Zeit bleibt – und Ihnen wird bewusst, dass das Praktikum vermutlich nicht allzu lange langweilig bleiben wird.

22.3 Aufgaben

22.3.1 Dateninput

Füllen Sie mit den vorliegenden Informationen die Lücken des Sturzprotokolls. Die Vorlage für das Sturzprotokoll finden Sie in Abb. 22.2 sowie im Zusatzmaterial[1] zum Ausdrucken und Ausfüllen. Laden Sie hierfür die Word-Datei *Info_Sturzprotokoll_leer* aus dem Zusatzmaterial *Fallstudie_Informationsmanagement* herunter.

22.3.2 Informationsbedarf

Am Nachmittag kommt Herr Jochens noch einmal auf Sie zu. Aufgescheucht von der Heimleitung, braucht er die Sturzdokumentation des letzten Monats. Sie ziehen los, um die Papierdokumentation zu suchen. Sie finden die Sturzprotokolle, die bereits für die anstehende Überprüfung durch den MDK zur Seite gelegt wurden. Herr Jochens bittet Sie, die Protokolle des Monats November noch einmal gesammelt anzuschauen. Er ist ein wenig ratlos, weil er sich das Sturzchaos nicht so wirklich erklären kann, da er in der Verteilung der Sturzrisiken über Stationen hinweg keinerlei Auffälligkeiten entdecken kann.

a) Sie nehmen sich die Sturzdokumentation des letzten Monats vor (s. Datei *Info_Sturzprotokolle_November* im Zusatzmaterial *Fallstudie_Informationsmanagement*; vgl. Fußnote 2127). Können Sie anhand der vorliegenden Sturzdokumentation beurteilen, ob es eine Häufung von Stürzen auf der Station gibt?
b) Welche Informationen halten Sie für nötig, um eine einigermaßen fundierte Einschätzung zur Sturzsituation der Station und des Pflegeheims abgeben zu können?
c) Bitte werfen Sie, über dieses konkrete Fallbeispiel hinaus, einen Blick auf die Probleme eines Managements, welches für ein einzelnes Haus oder ggf. eine größere Anzahl von Häusern die Qualität und die Wirtschaftlichkeit der Pflege sicherstellen will. Welche sonstigen Informationsbedarfe könnten relevant sein? Nennen Sie zwei Beispiele.

---

[1] Um auf das Zusatzmaterial zugreifen zu können, geben Sie bitte im Web-Browser http://www. mig-fallstudien.uni-bremen.de ein. Sie werden zu einem Verzeichnis weitergeleitet, in dem die ergänzenden Dateien aller Fallstudien zum Download bereitstehen.

Name:	Vorname:	geb.:	Station:	

1. Zeitpunkt   Datum: Uhrzeit: War jemand dabei?   Wenn ja, wer?
☐ ja   ☐ nein

2. Ort   ☐ Zimmer   ☐ Badezimmer   ☐ Gemeinschaftsraum   ☐ Flur

☐ Speisesaal   ☐ sonstiger Ort:

3. Liegt eine Einschätzung des Sturzrisikos vor?   ☐ ja   ☐ nein

4.Sturzhergang
4.1 Sturzhergang aus Sicht des Patienten   ☐ keine Angaben
☐ laut Patient:

4.2 Sturzhergang aus Sicht des Auffindenden

Patient ist: ☐ gestürzt   ☐ gestolpert   ☐ ausgerutscht   ☐ unbekannt

☐ zu Boden geglitten   ☐ aus dem Bett gefallen

Gab es ein Hindernis?   ☐ ja   ☐ nein   ☐ unbekannt

Wie wurde der Patient aufgefunden?

Befindlichkeit des Patienten:

5. Sturzumstände

5.1 Sturzsituation   ☐ Toilettengang   ☐ Transferversuch   ☐ motorische Unruhe   ☐ unbekannt

☐ sonstiges:

5.2 Passende Bekleidung   ☐ ja   ☐ nein

Schuhe: ☐ feste   ☐ offene   ☐ barfuß   ☐ Strümpfe

☐ Antirutsch-Socken

Brille: ☐ ja   ☐ nein   ☐ getragen   ☐ nicht getragen

5.3 Mobilitätshilfe   ☐ nicht vorhanden   ☐ vorhanden   ☐ benutzt   ☐ nicht benutzt

☐ Rollator   ☐ Rollstuhl   ☐ Gehgestell   ☐ Deltarad

☐ Gehstock   ☐ Gehstützen   ☐ Orthese

5.4 Örtliche Orientierung   ☐ völlig orientiert   ☐ zeitweilig orientiert   ☐ desorientiert

Lichtverhältnisse: ☐ hell   ☐ dunkel   ☐ dämmrig

6. Verletzungsgrad   ☐ Grad 0: keine Verletzung oder Schmerzen   ☐ Grad 2: mäßige Verletzung (z.B. Platzwunde, Verstauchung), ärztliche Hilfe wird benötigt

☐ Grad 1: kleine Verletzung (Hämatome oder kleine Hautdefekte), keine med. Hilfe   ☐ Grad 3: schwere Verletzung (Knochenbruch, Kopfverletzung), chirurg. Versorgung notwendig

7. zusätzliche Maßnahmen   ☐ keine   ☐ Röntgen   ☐ Verlegung

☐ Überwachung   ☐ Wundversorgung

Datum: Name: Unterschrift:

Abb. 22.2 Vorlage für das Sturzprotokoll im Roselius Stift. (Quelle: eigene Darstellung nach DNQP 2013)

22.3.3 Datenauswertung

Sie berichten Herrn Jochens von Ihrer Einschätzung der Datenlage zur Sturzgefährdung. Er gibt Ihnen Recht und weist darauf hin, dass glücklicherweise seit Beginn des Jahres die Dokumentationen auch digital geführt werden. Da Sie ja schon *so gut im Thema drin* seien, bittet Sie Herr Jochens eine Excel-Auswertung der Sturzdokumentation von Station 1 und 2 im Vergleich zusammenzustellen. Die Auswertung der Stürze seit Beginn 2017 wurde von der Pflegeheimleitung explizit als Anhang zum plötzlich recht brisanten Jahresbericht angefordert.

a) Die IT hat Ihnen eine Auflistung aller Sturzereignisse (s. Excel-Tabelle *Info_Excel-Vorlage* im Zusatzmaterial *Fallstudie_Informationsmanagement*; vgl. Fußnote 20) für das Jahr 2017 für Station 1 und 2 exportiert und eine erste Hilfsauswertung angelegt. Schauen Sie in die Formeln und reflektieren Sie die Funktionalität der Hilfsauswertung.
b) Werten Sie dann die Daten für Station 2 in geeigneter Form aus. Dazu empfiehlt es sich als Ausgangspunkt z. B. die Anzahl der Stürze im Jahresverlauf grafisch von Excel darstellen zu lassen. Nutzen Sie dazu die vorgefertigte Auswertung als Basis. Können Sie Auffälligkeiten identifizieren?
c) Führen Sie diese Auswertung und ggfs. weitere sinnvolle Auswertungen auch für Station 1 durch. Vergleichen Sie die Sturzdaten der beiden Stationen. Worin unterscheiden sich die Stürze auf den beiden Stationen?
d) Gibt es eine erhöhte Sturzgefahr auf Station 2? Wenn ja, woran könnte das liegen? Grenzen Sie mögliche Ursachen auf Basis Ihrer Datenlage ein und geben Sie eine Empfehlung ab.
e) Bitte nennen Sie über die konkrete Fallstudie hinaus zwei Beispiele ergänzender Analysen, an denen ein Management einer einzelnen Pflegeeinrichtung oder einer größeren Zahl von Häusern Interesse haben könnte.

22.3.4 Prozesse, Infrastruktur und Kosten: digital oder Papier?

Bislang haben Sie sich hauptsächlich damit beschäftigt, welche Informationen Sie benötigen, um bestimmte Sachverhalte zu überprüfen. Darüber hinaus sollten Sie aber aus der Perspektive des Informationsmanagements auch reflektieren, wie Sie diese Informationen erheben, speichern und abrufen können und welche Kosten damit verbunden sind.

a) Vergleichen Sie die Erhebung von Sturzdaten auf Papier und digital aus Daten- und Prozessperspektive. Welche Kosten sind mit beiden Varianten verbunden? Unter welchen Bedingungen könnte eine digitale Variante besser oder schlechter abschneiden als eine papierbasierte Variante? Reflektieren Sie, wie man in diesem Kontext *besser* bzw. *schlechter* verstehen könnte.

b) Welche weiteren Aspekte sollte man Ihrer Auffassung nach aus der Perspektive des Managements der Informations- und Kommunikationstechnik (IKT) zu berücksichtigen? Gehen Sie davon aus, dass zur Eingabe im Roselius Stift bislang ein Stations-PC genutzt wird. Die Eingabe der Sturzprotokolle können im Browser oder in einer App vorgenommen werden. Reflektieren Sie einen möglichen Bedarf an IKT für das Roselius Stift bei einer digitalen Lösung gegenüber der bisherigen papierbasierten Lösung.

22.3.5 Ausblick und kritische Reflexion

a) In Aufgabe 22.3.2 b) haben Sie sich überlegt, welche Informationen zur Beurteilung der Situation insgesamt hilfreich wären. Wie könnten in Zukunft beispielsweise problematische Tendenzen wie Sturzhäufungen schneller analysiert werden? Welche Informationen sollten dafür systematisch erfasst und laufend ausgewertet werden? Nennen Sie zwei Beispiele weiterer Auswertungen, die in regelmäßigen Berichten erfasst werden könnten.

b) In dieser Fallstudie haben Sie unterschiedliche Aspekte des Informationsmanagements betrachtet. Welche weiteren potenziell relevanten Aspekte wurden Ihrer Auffassung nach vernachlässigt, wo liegen mögliche Probleme, die der Umsetzbarkeit eines umfassenden Informationsmanagements Grenzen setzen können?

Literatur

DNQP (2013): Expertenstandard Sturzprophylaxe in der Pflege: 1. Aktualisierung 2013. Osnabrück: Deutsches Netzwerk für Qualitätsentwicklung in der Pflege (DNQP)

GESCHÄFTSSTELLE QUALITÄTSAUSSCHUSS PFLEGE (2018): Website der Geschäftsstelle Qualitätsausschuss Pflege, [online] https://www.gs-qsa-pflege.de/ [23.03.2019]

KÄMMER, K. (2015): *Pflegemanagement in Altenpflegeeinrichtungen: Zukunftsorientiert führen, konzeptionell steuern, wirtschaftlich lenken.* Hannover: Schlütersche Verlagsgesellschaft mbH & Co. KG.

KRCMAR, H. (2011): *Einführung in das Informationsmanagement.* Berlin [u.a.]: Springer.

KRCMAR, H. (2015): Informationsmanagement, in: KRCMAR, H. (Hrsg.), *Informationsmanagement.* Berlin, Heidelberg: Springer Gabler, S. 85–111.

LANDROCK, H. & GADATSCH, A. (2018): IT-Einsatz im Gesundheitswesen, *Big Data im Gesundheitswesen kompakt.* Wiesbaden: Springer Vieweg, S. 17–23.

WHO (2007): *WHO global report on falls prevention in older age.* Geneva, [online] https://www.who.int/ageing/publications/Falls_prevention7March.pdf [23.03.2019]

WINGENFELD, K., STEGBAUER, C., WILLMS, G., VOIGT, C. & WOITZIK, R. (2018): *Entwicklung der Instrumente und Verfahren für Qualitätsprüfungen nach §§ 114 ff. SGB XI und die Qualitätsdarstellung nach § 115 Abs. 1a SGB XI in der stationären Pflege. Abschlussbericht: Darstellung der Konzeptionen für das neue Prüfverfahren und die Qualitätsdarstellung.* Im Auftrag des Qualitätsausschusses Pflege:https://www.gs-qsa-pflege.de/wp-content/uploads/2018/10/20180903_Entwicklungsauftrag_stationa%CC%88r_Abschlussbericht.pdf [23.03.2019]

Kennzahlen der stationären Vergütung

Fabia Gansen und Karin Hochbaum

Die Vergütung stationärer Leistungen bildet im Gesundheitswesen eine wesentliche Referenzgröße für Marketing, Kostenrechnung und verschiedene Controlling-Bereiche. Diese Fallstudie gibt eine Einführung in das System der *Diagnosis Related Groups* (DRGs), welches die Grundlage der Vergütung von Krankenhausleistungen im deutschen Gesundheitssystem bildet. Nach einer einleitenden Erläuterung der Begriffe und Grundlagen in der stationären Vergütung widmet sich die Fallstudie den Aufgaben des Medizincontrollings im Krankenhaus anhand von vereinfachten Krankenhausfällen. Zunächst wird die Vergütung nach Fallpauschalen (vor der Ausgliederung der Pflegepersonalkosten) mit tagesgleichen Pflegesätzen verglichen. Daran schließt sich die Bestimmung von Fallpauschalen an: im ersten Schritt durch die Bestimmung von DRG-Erlös und Pflegeerlös und im zweiten Schritt unter Verwendung eines sogenannten *Webgroupers*. Dabei wird die Kodierung von Diagnosen und Prozeduren sowie die Gruppierung in DRGs mit Beispielfällen erprobt. Abschließend erfolgt die Berechnung ausgewählter Kennzahlen des DRG-Systems. Ziel der Fallstudie ist es, durch praktische Beispiele einen Einblick in die stationäre Vergütung, Kodiersystematik und Bestimmung von Fallpauschalen zu erhalten.

F. Gansen (✉)
B. Braun SE, Berlin, Deutschland
E-Mail: fabia.gansen@bbraun.com

K. Hochbaum
Geschäftsbereich Unternehmensentwicklung/Medizinstrategie, Gesundheit Nord GmbH, Bremen, Deutschland
E-Mail: karin.hochbaum@gesundheitnord.de

© Springer Fachmedien Wiesbaden GmbH, ein Teil von Springer Nature 2023
W. Rogowski (Hrsg.), *Management im Gesundheitswesen*,
https://doi.org/10.1007/978-3-658-39639-8_23

23.1 Hintergrund

Die Finanzierung von Krankenhäusern und Krankenhausleistungen ist im deutschen Gesundheitswesen gemäß **Krankenhausfinanzierungsgesetz (KHG)** eine sogenannte duale Finanzierung. Das bedeutet, dass die Investitionskosten durch die Bundesländer getragen werden, während Betriebskosten über das System der *German Diagnosis Related Groups* **(G-DRG-System)** finanziert werden. Dabei handelt es sich um das gemeinsame Vergütungssystem der gesetzlichen und privaten Krankenkassen (vgl. Dröschel et al. 2016, S. 159 f.).

Die Vergütung von Krankenhausleistungen auf Basis von DRGs erfolgt in Deutschland seit dem Jahr 2004. Das DRG-System ist in erster Linie ein **Klassifikationssystem**, welches stationäre Behandlungsfälle jeweils einer größeren Fallgruppe zuordnet, die in der Regel in einem inhaltlichen medizinischen Zusammenhang stehen (Major Diagnostic Category oder MDC). Innerhalb dieser MDCs finden sich mehrere DRGs. Die einzelne DRG bildet hierbei den jeweiligen Behandlungsfall ab. Patient:innen, die einer DRG zugeordnet werden, sind häufig in Hinblick auf ihre (Haupt-)Diagnose, speziell aber in Hinblick auf den Ressourcenaufwand, den die Krankenhäuser im Durchschnitt für die Behandlung eines solchen Falles benötigen, vergleichbar. Die Zuordnung zu einer DRG erfolgt anhand verschiedener Kriterien des **Entlassungsdatensatzes**. Dazu gehören neben der Hauptdiagnose u. a. Nebendiagnosen, die durchgeführten Prozeduren und personenbezogene Merkmale wie Geschlecht, Alter und Aufnahmegewicht bei Neugeborenen. Diagnosen werden dabei auf Basis des ICD-10-Codes (Internationale Klassifikation der Krankheiten, 10. Revision) und Prozeduren mit dem OPS (Operationen- und Prozedurenschlüssel) kategorisiert (vgl. Busse et al. 2013, S. 5 f.). Die Berechnung des DRG-Erlöses erfolgt durch Multiplikation des Basisfallwerts mit der Bewertungsrelation. Dabei entspricht der Basisfallwert der durchschnittlichen Vergütung aller mit ihrer Häufigkeit gewichteten DRGs. Hierzu wird ein landeseinheitlicher Preis, der sogenannte **Landesbasisfallwert**, in jedem Bundesland jährlich neu verhandelt. Durch die Bewertungsrelation, die auch als Kostengewicht bezeichnet wird, werden Mehr- oder Minderkosten im Vergleich zum Basisfallwert berücksichtigt. Die **Bewertungsrelation** einer DRG findet sich neben der zugehörigen Leistungsbeschreibung im Fallpauschalen-Katalog, der jährlich vom zuständigen Institut für das Entgeltsystem im Krankenhaus (InEK) veröffentlicht wird (vgl. Dröschel et al. 2016, S. 160; InEK GmbH 2017). Neben der mittleren Verweildauer von Patient:innen mit der jeweiligen DRG (mittlere Grenzverweildauer) findet sich im Fallpauschalen-Katalog zu jeder DRG auch eine obere und untere Grenzverweildauer. Während das Krankenhaus für einen Fall bei Überschreitung der oberen Grenzverweildauer einen Zuschlag erhält, erfolgt bei Unterschreitung der unteren Grenzverweildauer ein Abschlag auf den DRG-Erlös. Im DRG-System gibt es außerdem Zusatzentgelte, die z. B. für teure Medikamente oder Medizinprodukte zusätzlich zu den Fallpauschalen abgerechnet werden können (vgl. Dröschel et al. 2016, S. 160).

Im Jahr 2020 erfolgte eine Reform des G-DRG-Systems, mit der eine neue Vergütung der stationären **Pflegepersonalkosten** eingeführt und die „Pflege am Bett" aus dem DRG-System ausgegliedert wurde. Seit dieser Ausgliederung wird das System auch als aG-DRG-System bezeichnet (a steht für „ausgegliedert"). Die „Pflege am Bett" wird nunmehr nach dem Selbstkostendeckungsprinzip und zuzüglich zur pauschalen Vergütung der übrigen Betriebskosten finanziert. Hierfür verhandelt jedes Krankenhaus neben einem Pflegebudget einen krankenhausindividuellen Pflegeentgeltwert. Dieser Pflegeentgeltwert dient neben der Verweildauer als Multiplikator zur Pflegeerlös-Bewertungsrelation (pro Tag), die vom InEK für jede DRG zusätzlich zur DRG-Bewertungsrelation im Fallpauschalen-Katalog veröffentlicht wird (vgl. Reimbursement Institute 2021).

Aus dem DRG-System lassen sich Kennzahlen wie der Case Mix (CM) und Case Mix Index (CMI) ableiten, die einen Vergleich der Abrechnungsdaten von Krankenhäusern oder Krankenhausabteilungen ermöglichen. Der Case Mix ist ein Maß für den Ressourcenverbrauch z. B. einer Krankenhausabteilung und ergibt sich aus der Summe aller effektiven Kostengewichte dieser Abteilung im betrachteten Abrechnungszeitraum. Der Case Mix Index ist der Quotient aus CM und Fallzahl und damit ein Maß für den relativen Ressourcenverbrauch aller behandelten Fälle der Periode (vgl. vdek 2018).

Für einen Überblick über das G-DRG-System wird Busse et al. (2013) sowie Dröschel et al. (2016) empfohlen, sowie zusammenfassend die Fallstudie „Kategorien der Vergütung" in Kap. 7. Eine detaillierte Einführung in die Krankenhaus-Kostenrechnung geben Keun und Prott (2009). Nähere Informationen finden sich darüber hinaus auf der Website des InEK (2019). Dort werden auch jährlich der aktuelle DRG-Fallpauschalen-Katalog und die dazugehörigen Abrechnungsbestimmungen kostenfrei zur Verfügung gestellt. Ergänzend bietet die DRG Research Group der Universität Münster unter https://www.drg-research-group.de/ kostenfrei den sogenannten *Webgrouper* an, mit dessen Hilfe auf Basis von ICD-10 und OPS-Codes Fallpauschalen ermittelt werden können (DRG Research Group 2021).

23.2 Fallstudie: Assessment Center für das Medizincontrolling

„Herzlich Willkommen beim Assessment Center für unser Traineeprogramm. Zunächst einmal Glückwunsch, dass Sie alle den ersten Schritt des Bewerbungsprozesses erfolgreich durchlaufen haben. Ich freue mich auf einen spannenden und lehrreichen Tag mit Ihnen und hoffe, dass ich möglichst viele von Ihnen bald als Kolleginnen und Kollegen begrüßen kann. Bevor am Nachmittag zwei Einzelgespräche anstehen, bekommen Sie heute Vormittag drei Aufgaben zur Bearbeitung in selbst gewählten Kleingruppen. Da Sie sich für unsere Traineestellen im Medizincontrolling unserer Klinikkette beworben haben, drehen sich alle um die stationäre Vergütung mit DRGs. Für die Bearbeitung der Aufgaben 1, 2 und 3 haben Sie 45 Min Zeit. Gerne können Sie währenddessen Fragen stellen. Ich wünsche Ihnen viel Erfolg."

Mit diesen Worten beginnt Ihr Auswahltag für das Traineeprogramm einer großen Klinikkette, für das Sie sich für Ihren Berufseinstieg nach dem Studium beworben haben. Ihnen wird ein Aufgabenzettel ausgeteilt, auf dem Sie drei Aufgaben zur Vergütung mit Fallpauschalen finden. Auf den ersten Blick kommen Ihnen die Begriffe bekannt vor und Sie beginnen hoch motiviert mit der Bearbeitung der Aufgaben. Schließlich haben Sie nur eine Chance, Ihren Wunscharbeitgeber von Ihren Fähigkeiten zu überzeugen.

23.3 Aufgaben

23.3.1 Vergleich zwischen Pflegesätzen und Fallpauschalen (vor dem Jahr 2020)

Vor Einführung von Diagnosis Related Groups (DRGs) bildeten tagesgleiche Pflegesätze die Grundlage der stationären Vergütung in Deutschland. Beziehen Sie sich Ihren Erklärungen in Aufgabe 23.3.1 auf das DRG-System vor der Ausgliederung der Pflegepersonalkosten im Jahr 2020 also auf eine Vergütung, die ausschließlich auf Fallpauschalen basiert.

a) Erklären Sie kurz, was Fallpauschalen sind und wie sie sich von tagesgleichen Pflegesätzen unterscheiden.
b) Stellen Sie die Vor- und Nachteile von Fallpauschalen im Vergleich zu tagesgleichen Pflegesätzen dar.
c) Nennen Sie weitere Möglichkeiten zur Vergütung von Krankenhausleistungen.

Nachfolgend sind drei vereinfachte Beispielfälle dargestellt. Nutzen Sie in Aufgabe 23.3.2 zunächst die dargestellten Angaben aus dem Fallpauschalen-Katalog, um die Fallpauschale für Fall 1 händisch zu berechnen. Anschließend können Sie in Aufgabe 23.3.3 den Webgrouper nutzen, um die Fallpauschale für Fälle 2 und 3 zu bestimmen.

23.3.2 Berechnung von Fallpauschalen (seit dem Jahr 2020)

a) Aus welchen drei Elementen setzt sich der Code einer DRG zusammen, d. h. wofür steht welcher Teil der Kombination aus Buchstaben und Ziffern einer DRG?
b) Der Gesamterlös für eine DRG ist die Summe aus DRG-Erlös und Pflegeerlös. Wie lässt sich aus Basisfallwert und effektivem Kostengewicht der DRG-Erlös berechnen? Wie lässt sich aus Pflegeentgeltwert, Pflegeerlös-Bewertungsrelation (pro Tag) und Verweildauer der Pflegeerlös berechnen? Geben Sie die Formeln zur Berechnung an.
c) Berechnen Sie auf Basis von Tab. 23.1 den DRG-Erlös, den Pflegeerlös und den Gesamterlös für Fall 1. Nutzen Sie den Landesbasisfallwert (mit Ausgleichen) von Bremen für 2022 in Höhe von 3835,98 € (vgl. vdek 2022) und einen Pflegeentgeltwert in Höhe von 163,09 €.
d) Wie ändern sich DRG-Erlös, Pflegeerlös und Gesamterlös bei einer Verweildauer von einem bzw. 10 Tagen?

Tab. 23.1 Daten zur Berechnung von DRG-Erlös, Pflegeerlös und Gesamterlös nach aG-DRG Version 2022. (Vgl. InEK GmbH 2021)

Fall 1	
Verweildauer der Patientin	3 Tage
DRG	F71B
Bezeichnung	Nicht schwere kardiale Arrhythmie und Erregungsleitungsstörungen ohne äußerst schwere CC* oder ein Belegungstag, ohne kathetergestützte elektrophysiologische Untersuchung des Herzens, ohne bestimmte hochaufwendige Behandlung
Kostengewicht (=Bewertungsrelation)	0,380
Mittlere Verweildauer	3,8 Tage
Untere Grenzverweildauer	2 Tage
1. Tag mit Abschlag	Tag 1
Abschlag von Kostengewicht pro Tag	0,208
Obere Grenzverweildauer	8 Tage
1. Tag mit Zuschlag	Tag 9
Zuschlag zu Kostengewicht pro Tag	0,067
Pflegeerlös-Bewertungsrelation pro Tag	0,7608

*Abkürzung: CC = Komplikationen oder Komorbiditäten

23.3.3 Bestimmung von Fallpauschalen mit dem Webgrouper (seit dem Jahr 2020)

a) Bestimmen Sie für die in Tab. 23.2 dargestellten Diagnosen (Fall 2 und Fall 3) die Klassifikation nach ICD-10-GM Version 2022 Nutzen Sie für Ihre Recherche die Code-Suche, die auf der Homepage des Bundesinstituts für Arzneimittel und Medizinprodukte (BfArM) zur Verfügung gestellt wird. Zur Onlinefassung der Diagnosenklassifikation (ICD-10-GM Version 2022) gelangen Sie unter *Kodiersysteme > Klassifikationen* bei den Informationen zu ICD (siehe auch: BfArM 2021b).

b) Bestimmen Sie für die Prozeduren von Fall 2 und Fall 3 (s. Tab. 23.2) den Operationen- und Prozedurenschlüssel (OPS) in der Version 2022. Nutzen Sie für Ihre Recherche die Code-Suche, die auf der Homepage des Bundesinstituts für Arzneimittel und Medizinprodukte (BfArM) zur Verfügung gestellt wird. Zur Onlinefassung des Operationen- und Prozedurenschlüssels (OPS Version 2022 Onlinefassung) gelangen Sie unter *Kodiersysteme > Klassifikationen* bei den Informationen zu OPS (siehe auch: BfArM 2021a).

c) In welche DRG sind die zwei Fälle in Tab. 23.2 laut Webgrouper der DRG Research Group des Universitätsklinikums Münster nach G-DRG 2022 einzuordnen? Die Eingabemaske des Groupers ist über die Homepage der Forschergruppe DRG Research Group frei zugänglich (siehe auch DRG Research Group 2021).

d) Geben Sie den Gesamterlös für Fall 2 und Fall 3 (s. Tab. 23.2) an.

Nachdem Sie mit Ihrer Gruppenpräsentation sowie in den Einzelinterviews überzeugen konnten, steht kurz nach dem Assessment Center bereits Ihr erster Tag als Trainee im Medizincontrolling des St. Martin Krankenhauses an. Da der Bericht über die Abrechnungsprüfung der Kardiologie in Ihrer ersten Arbeitswoche abgeschlossen werden muss, werden Sie gleich in die Arbeit der Abteilung eingebunden. Sie bekommen die Auf-

Tab. 23.2 Daten zur Bestimmung von ICD-Code, OPS-Code, DRG und Gesamterlös. (Vgl. BfArM 2021a, b)

	Fall 2	Fall 3
Geschlecht	Weiblich	Männlich
Aufnahmegewicht	60 kg	85 kg
Alter	17 Jahre	55 Jahre
Verweildauer	3 Tage	1 Tag
Diagnose(n)	Akute Appendizitis, nicht näher bezeichnet	Chronische obstruktive Lungenkrankheit mit akuter Infektion der unteren Atemwege: FEV1* >=50 % und <70 % des Sollwertes
ICD-Code		
Prozedur	Appendektomie: Laparoskopisch: Absetzung durch (Schlingen)ligatur	Native Computertomografie des Thorax
OPS-Code		
DRG		
Gesamterlös (=Summe Entgelte)		

Hinweis: Gehen Sie bei allen Aufgaben vom Landesbasisfallwert (mit Ausgleichen) von Bremen für 2022 in Höhe von **3835,98 €** und von einem Pflegeentgeltwert von **163,09 €** aus. Nehmen Sie außerdem vereinfacht eine freiwillige, vollstationäre Krankenhausbehandlung in einer Hauptabteilung mit Einweisung durch eine:n Arzt bzw. Ärztin und regulärer Beendigung der Behandlung an. Die Beatmungszeit beträgt für jeden Fall 0 h.
*Abkürzung: FEV1 = Forced Expiratory Volume in 1 second (Einsekundenkapazität; Luftausstoß in einer Sekunde)

gabe übertragen, die Abrechnungsprüfung der Herzchirurgie zu übernehmen. Dazu sollen Sie eine Stichprobe auf Fehler oder fehlende Angaben hin überprüfen und diese korrigieren bzw. ergänzen. Anschließend wird für den Bericht der Case Mix und Case Mix Index der Kardiologie bestimmt.

23.3.4 Kontrolle von Fallpauschalen

a) Überprüfen Sie mithilfe des Webgroupers, ob die bestimmten DRGs, DRG-(Katalog-) Bewertungsrelationen, Pflegeerlös-Bewertungsrelationen, Grenzverweildauern (GVWD) und Erlöse (im Webgrouper als Entgelte bezeichnet) in Tab. 23.3 korrekt sind.
b) Wie hoch ist bei Fall 7 der Zuschlag pro Tag, der bei Überschreitung der Grenzverweildauer der DRG-Bewertungsrelation hinzugerechnet wird *(Zuschlag zu DRG-Bewertungsrelation pro Tag)*?

Tab. 23.3 Patient:innendaten zur Kontrolle von Fallpauschalen

	Fall 4	Fall 5	Fall 6	Fall 7	Fall 8
Patient:innendaten					
Geschlecht	Weiblich	Weiblich	Männlich	Weiblich	Männlich
Aufnahmegewicht	71 kg	82 kg	85 kg	30 kg	98 kg
Alter	40 Jahre	56 Jahre	55 Jahre	7 Jahre	42 Jahre
Verweildauer	3 Tage	8 Tage	12 Tage	25 Tage	7 Tage
Diagnose(n) (ICD)	I48,0	I25,11	I35,1	Q23,0	I35,2
Prozedur (OPS)	5-351,12	5-361,07	5-351,02	5-352,04	5-354,01
Daten zur Fallpauschale					
DRG	F03E	F06E	F03E	F03D	F09B
DRG-Bewertungsrelation		3,526	3,823	4,633	4,915
Pflegeerlös-Bewertungsrelation/Tag	1,3291	1,413	1,3291	1,3885	1,424
Untere GVWD	4	4	4	4	3
Obere GVWD	18	17	21	23	22
Effektiver DRG-Erlös	14.664,95 €	13.525,67 €	14.664,95 €	19.398,55 €	13.184,26 €
Pflegeerlös	650,28 €	1843,60 €	2601,12 €	5661,25 €	
Gesamterlös	15.315,23 €	15.369,27 €	17.266,07 €	25.059,80 €	17.022,56 €

23.3.5 Bestimmung des Case Mix Index

a) Erklären Sie den Begriff sowie die Berechnung von Case Mix und Case Mix Index.
b) Bestimmen Sie anhand der dargestellten (verkürzten) Tab. 23.4 den Case Mix und Case Mix Index der kardiologischen Fachabteilung des St. Martin Krankenhauses.
c) Was lässt sich aus dem Case Mix Index der Abteilung ableiten?

Tab. 23.4 Daten zur Berechnung von Case Mix und Case Mix Index. (Vgl. INEK GmbH 2021)

DRG	Kurzbeschreibung	Effektive Bewertungs-relation	Fallzahl 2021	Effektive Bewertungs-relation x Fallzahl
F62C	Herzinsuffizienz und Schock ohne äußerst schwere CC* oder ohne Dialyse, ohne komplizierende Diagnose, ohne komplizierende Konstellation, ohne bestimmte hochaufwendige Behandlung, mehr als ein Belegungstag, ohne bestimmtes akutes Nierenversagen oder ohne äußerst schwere CC, ohne Komplexbehandlung des akuten Schlaganfalls	0,657	79	
F71B	Nicht schwere kardiale Arrhythmie und Erregungsleitungsstörungen ohne äußerst schwere CC oder ein Belegungstag, ohne kathetergestützte elektrophysiologische Untersuchung des Herzens, ohne bestimmte hochaufwendige Behandlung	0,380	7	
F12B	Implantation eines Herzschrittmachers, Drei-Kammersystem ohne äußerst schwere CC, ohne ablative Maßnahme, ohne PTCA* oder Implantation eines Herzschrittmachers ohne aufwendige Sondenentfernung mit komplizierenden Faktoren	2,335	12	
F49G	Invasive kardiologische Diagnostik außer bei akutem Myokardinfarkt, ohne äußerst schwere CC, ohne IntK* > 196/184/368 Aufwandspunkte, Alter > 17 Jahre, ohne kardiales Mapping, ohne schwere CC bei BT* > 1, ohne komplexe Diagnose, ohne bestimmten Eingriff	0,551	31	
F06E	Koronare Bypass-Operation ohne mehrzeitige komplexe OR*-Prozeduren, ohne komplizierende Konstellation, ohne invasive kardiologische Diagnostik, ohne intraoperative Ablation, ohne schwerste CC, ohne Implantation eines herzunterstützenden Systems	3,533	23	
Summe				
Bezeichnung				

*Abkürzungen: BT = Belegungstag; CC = Komplikationen oder Komorbiditäten; IntK = Intensivmedizinische Komplexbehandlung; PTCA = perkutane transluminale Koronarangioplastie; OR = operativ (Operating Room)

Literatur

BFARM (2021a): OPS Version 2022. Operationen- und Prozedurenschlüssel Version 2022. Bundes-institut für Arzneimittel und Medizinprodukte (BfArM), [online] https://www.dimdi.de/static/de/klassifikationen/ops/kode-suche/opshtml2022/ [21.04.2022]

BFARM (2021b): ICD-10-GM Version 2022. Internationale statistische Klassifikation der Krank-heiten und verwandter Gesundheitsprobleme 10. Revision German Modification Version 2022. Bundesinstitut für Arzneimittel und Medizinprodukte (BfArM), [online] https://www.dimdi.de/static/de/klassifikationen/icd/icd-10-gm/kode-suche/htmlgm2022/index.htm [21.04.2022]

BUSSE, R., SCHREYÖGG, J. & STARGARDT, T. (2013): Leistungsmanagement in Kranken-häusern, in: BUSSE, R., TIEMANN, O. & SCHREYÖGG, J. (Hrsg.), *Management im Gesund-heitswesen: Das Lehrbuch für Studium und Praxis*. Berlin, Heidelberg: Springer, S. 51–77.

DRG RESEARCH GROUP (2021): Webgrouper, [online] http://drg.uni-muenster.de/index.php?option=com_webgrouper&view=webgrouper&Itemid=112 [14.10.2021]

DRÖSCHEL, D., ROGOWSKI, W., & JOHN, J. (2016): Derzeitige Finanzierung der Versorgung, in: ROGOWSKI, W. (Hrsg.), *Business Planning im Gesundheitswesen: Die Bewertung neuer Gesundheitsleistungen aus unternehmerischer Perspektive*. Wiesbaden: Springer Gabler, S. 147–175.

INEK GMBH (2017): Fallpauschalen-Katalog 2018, Institut für das Entgeltsystem im Kranken-haus (InEK), [online] https://www.g-drg.de/G-DRG-System_2018/Fallpauschalen-Katalog/Fall-pauschalen-Katalog_2018 [23.03.2019]

INEK GMBH (2019): Offizielle Website des deutschen DRG-Systems, Institut für das Entgelt-system im Krankenhaus (InEK), [online] https://www.g-drg.de/ [23.03.2019]

INEK GMBH (2021): Fallpauschalen-Katalog 2021. Institut für das Entgeltsystem im Kranken-haus (InEK), [online] https://www.g-drg.de/aG-DRG-System_2021/Fallpauschalen-Katalog/Fallpauschalen-Katalog_2021 [24.04.2022]

KEUN, F. & PROTT, R. (2009): *Einführung in die Krankenhaus-Kostenrechnung: Anpassung an neue Rahmenbedingungen*. 7., überarb. Aufl.: Gabler Verlag/GWV Fachverlage GmbH.

REIMBURSEMENT INSTITUTE (2021): Pflegeentgelt, [online] https://reimbursement.institute/glossar/pflegeentgelt/ [19.04.2022]

VDEK (2022): Landesbasisfallwerte (LBFW), Verband der Ersatzkassen e. V. (vdek), [online] https://www.vdek.com/vertragspartner/Krankenhaeuser/landesbasisfallwerte.html [24.04.2022]

VDEK (2018): Glossar. Case-Mix; Case-Mix-Index (CMI), Verband der Ersatzkassen e. V. (vdek), [online] https://www.vdek.com/LVen/HAM/Vertragspartner/Stationaere_Versorung/glossar.html [23.03.2019]

Ökologische Kennzahlen I: Institutioneller Carbon Footprint

24

Mattis Keil und Wolf Rogowski

Kostenbasierte Berechnungen von Treibhausgasemissionen ermöglichen die Aufstellung und Untersuchung von Treibhausgasfußabdrücken (sogenannten Carbon Footprints) größerer Systeme, wie zum Beispiel Unternehmen, da mit ihnen auch indirekte Emissionen durch vorgelagerte (Produktions-)Prozesse einbezogen werden können. Die Fallstudie führt in die Konzepte und Analysemöglichkeiten institutioneller, kostenbasierter Carbon Footprints ein. Anschließend wird der Institutionelle Treibhausgasfußabdruck der Zahnarztpraxis Dr. Müller schrittweise anhand der drei Scopes des Greenhousegas Protocols berechnet und die Ergebnisse interpretiert.

24.1 Hintergrund

Die Erderwärmung und damit verbundene Klimakrise ist eine der größten Herausforderungen für die Menschheit und ihre Gesundheit (Whitmee et al. 2015). Ausgelöst wird diese durch Treibhausgase, wie zum Beispiel CO_2 oder Methan (IPCC 2013). Zentraler Schritt zur Bewältigung der Krise ist die Senkung dieser Emissionen – eine Aufgabe, die auch im Gesundheitswesen relevant ist: Mit ca. 51 Mt CO_2 pro Jahr, was einem Anteil von 6,7 % am nationalen Gesamtausstoß ausmacht, weist das deutsche Gesundheitssystem einen hohen Ausstoß an CO_2 und damit auch große Einsparpotenziale auf (Pichler et al. 2019).

M. Keil (✉)
Institut für Public Health und Pflegeforschung, Universität Bremen, Bremen, Deutschland
E-Mail: keil@ipp.uni-bremen.de

W. Rogowski
Institut für Public Health und Pflegeforschung, Universität Bremen, Bremen, Deutschland
E-Mail: rogowski@uni-bremen.de

© Springer Fachmedien Wiesbaden GmbH, ein Teil von Springer Nature 2023
W. Rogowski (Hrsg.), *Management im Gesundheitswesen*,
https://doi.org/10.1007/978-3-658-39639-8_24

Eine Kennzahl, die die Wirkung dieser Treibhausgase auf die globale Klimaerwärmung zum Ausdruck bringt, ist der **CO_2-Fußabdruck**. Der CO_2-Fußabdruck gibt das *global warming potenzial* aller ausgestoßenen Emissionen in Relation zur Treibhausgaswirkung von CO_2 in sogenannten CO_2-Äquivalenten (CO_2-eq) wieder. Er stellt damit eine wichtige Kennzahl für das Management z. B. von Krankenhäusern oder Arztpraxen dar, die in Richtung einer ökologisch nachhaltigeren Leistungserbringung gesteuert werden sollen. Die Kennzahl kann bspw. für das Benchmarking mit anderen Unternehmen des Gesundheitswesens verwendet werden. Zudem kann der CO_2-Fußabdruck weiter aufgegliedert werden, um Bereiche mit besonders hohem Einsparpotenzial zu identifizieren.

Zur Erstellung eines CO_2-Fußabdruckes einer Institution (wie eines Unternehmens) gibt es mehrere Leitfäden. Einer der bekanntesten ist das Greenhouse Gas Protocol (GHG Protocol) (WBCSD et al. 2004). Das GHG Protocol teilt die Emissionen einer Institution in drei sogenannte Scopes ein. **Scope 1** beschreibt die direkten Emissionen. Diese Emissionen entstehen an Quellen, die im Besitz bzw. in der Kontrolle des Unternehmens sind. Beispiele wären hier Heizsysteme, bei denen direkt Öl, Gas oder Holzpellets verbrannt werden oder unternehmenseigene Automobile (z. B. Krankenwagen/-transport). **Scope 2** beinhaltet Emissionen, die durch die Produktion der Elektrizität entstehen, die durch das Unternehmen erworben wird. Da diese Produktion außerhalb des Kontrollbereiches der Institution ist, gelten Scope 2 Emissionen als indirekt. **Scope 3** beinhaltet alle weiteren indirekten Emissionen, also alle Emissionen die als Konsequenzen des Handelns der Institution, aber nicht innerhalb des Kontrollbereiches der Institution, entstehen. Scope-3-Emissionen entstehen beispielsweise bei der Produktion der Materialien und Güter, die von der Institution genutzt werden, outgesourcte Aktivitäten und Abfallentsorgung.

Laut GHG Protocol sollte vor der Berechnung das System definiert und beschrieben werden. Mit System ist in diesem Fall das Unternehmen gemeint. Hier sollten relevante Informationen des Unternehmens aufgeführt werden, wie z. B. Branche, Größe, Umsatz etc. Zu einer umfassenden Berechnung und Berichterstattung sollten auch die Systemgrenzen beschrieben werden, also Kriterien zum organisationsbedingten Ein- bzw. Ausschluss von Vorgängen in die Berechnung.

Die Berechnung von Scope-1- und Scope-2-Emissionen kann mithilfe der Verbrauchsdaten der Institution berechnet werden. Innerhalb Scope 1 können die Mengen der genutzten Energieträger erfasst werden und der daraus entstehende Einfluss auf die Klimaerwärmung berechnet werden. Um die Emissionen des Scope 2 zu berechnen können die Mengen der genutzten Elektrizität erfasst oder geschätzt werden und mit den Emissionswerten pro Einheit (z. B. Kilowattstunde) des regionalen Strommixes oder mit spezifischen Energiequellen (Kohle, Gas, Wind, Fotovoltaik etc.) verrechnet werden.

Die Berechnung von Scope-3-Emissionen ist komplizierter, da komplexe Produktionsketten teilweise nicht verfolgbar sind. Zudem hat die Institution keine Kontrolle über Produktionsdaten der Produkte des Scopes 3 und wäre bei der Berechnung abhängig von der Zusammenarbeit vor- und nachgelagerter Unternehmen. Des Weiteren wäre die Erstellung eines CO_2-Fußabdruckes für jedes genutzte Material und/oder Produkt zu zeit- und arbeitsaufwendig. Eine Möglichkeit zur Berechnung der Emissionen, ohne auf die

Daten von externen Unternehmen abhängig zu sein und ohne den Arbeitsaufwand zur Erstellung stark in die Höhe zu treiben, ist eine kostenbasierte Berechnung.

Diese kostenbasierte Berechnung wird auch **Environmental Extended Input Output Life Cycle Assessment (EEIO-LCA)** genannt (Minx et al. 2009; Huang et al. 2009). Hierbei werden die Produkte und Materialien mit zugehörigen Emissionsfaktoren verrechnet. Diese Emissionsfaktoren stammen aus Input-Output (I-O)-Tabellen. I-O-Daten basieren auf der Matrixdarstellung einer oder mehrerer Wirtschaftsräume und deren Industriesektoren. Dabei wird in monetären Einheiten der gesamte Bedarf (Input) eines Industriesektors in der jeweiligen Spalte angegeben und die Lieferungen der produzierten Produkte (Output) an Industriesektoren oder in den Endverbrauch in den jeweiligen Zeilen. So entsteht eine Matrix die die wirtschaftlichen Verflechtungen der Sektoren untereinander und mit dem Endverbrauch in monetären Einheiten angibt. Diese Matrix kann durch Informationen zu den Umweltauswirkungen (z. B. THG-Ausstoß, Emissionen von giftigen Stoffen etc.) erweitert werden. Aus diesen Daten können kostenbasierte Emissionsfaktoren berechnet werden. Diese geben die die Emissionen eines Industriesektors pro Geldeinheit an. Beispielsweise gibt Eurostat die Emissionen aus dem Sektor „*Manufacture of textiles, wearing apparel, leather and related products*" für Deutschland im Jahr 2018 mit 40,76 g CO_2-Äquivalente (CO_2e)/€ an. Dieser Wert beinhaltet auch die Emissionen aus vorgelagerten Prozessen. Kauft nun ein Krankenhaus Textilien im Wert von 500 € ein, kann dieser mit dem Emissionsfaktor multipliziert werden. Damit könnte dem Krankenhaus 20,38 kg CO_2e durch die Produktion der Textilien angerechnet werden. Da die I-O Matrix die Verflechtungen und Lieferketten zwischen Sektoren abbildet, gibt dieser Wert die gesamte Produktionskette des Produktes an. Zur Berechnung der Emissionen müssen auch die Produkte und Materialien in monetären Einheiten erfasst werden. Dazu werden Ausgabedaten der Institution genutzt. Diese können zum Beispiel den Jahresabschlussrechnungen bzw. der Gewinn- und Verlustrechnung entnommen werden.

Analysen auf Basis der top-down ermittelten Emissionsfaktoren, die auf der Ebene von Wirtschaftssektoren mittels Geldeinheiten berechnet wurden, ergeben sich einige Limitationen, derer man sich bewusst sein sollte. Zum einen reduziert die Nutzung von auf monetären Werten basierten Emissionsfaktoren die Genauigkeit. So kann ein Gut mit unterschiedlichen Treibhausgasemissionen in die Berechnung eingehen, wenn sich der Preis dieses Gutes geändert hat. Es wäre auch möglich, dass Güter, die über ihren Lebensweg weniger Emissionen ausstoßen durch diese Methode mit höheren CO_2-Emissionen bemessen werden, da die Produktion von nachhaltigen Gütern oft teurer ist. Eine weitere Limitation bezüglich der Genauigkeit ist die Nutzung von Wirtschaftssektoren. Zwar ermöglicht diese Verallgemeinerung erst die Berechnung des Fußabdruckes, allerdings werden verschiedene Güter zu einem Sektor zusammengefasst, sodass auch hier Genauigkeit verloren geht.

Eine Einführung in die theoretische Grundlage und zum Umgang und Rechnungen mit IO-LCA Daten bietet Matthews et al. (2018). Zur Analyse von institutionellen Carbon Footprints, sowie relevante Entscheidungen, die vor der Berechnung getroffen werden müssen, sei das Greenhouse Gas Protocol für Unternehmen empfohlen (WBCSD et al. 2004), welches kostenfrei von der Website https://ghgprotocol.org/ zur Verfügung gestellt wird.

24.2 Fallstudie: Carbon Footprint der Zahnarztpraxis von Dr. Müller

Nach Ihrem Studium haben Sie gemeinsam mit einem Kommilitonen ein Beratungsunternehmen im Gesundheitswesen gegründet. Das Unternehmen hat sich auf nachhaltiges Management spezialisiert und bietet Ihren Kund:innen sowohl Analysen des Ist-Zustandes an als auch die Begleitung beim Übergang zu einem nachhaltigeren Angebot. Als Einstiegsangebot bieten Sie die kostenlose Berechnung eines CO_2-Fußabdruckes an. Mit dieser Berechnung wird dem/der Kund:in zudem mitgeteilt, in welchen Bereichen besonders viel Treibhausgas ausgestoßen wird und wie dieser Ausstoß gesenkt werden könnte. Für dieses Angebot wird ein Gespräch vereinbart, in dem sowohl die Kosten der Institution erfasst werden sollen als auch weitere Rahmenbedingungen und eventuelle bisherigen Bemühungen.

Als nächsten Auftrag bekommen Sie eine Anfrage von der Zahnärztin Dr. Müller. Ihre Praxis, die pro Jahr 2300 Patient:innenkontakte verzeichnet und eine Größe von 140 m² hat, liegt im Bremer Stadtteil Schwachhausen. Die Heizung und Warmwasseranlage wird mit Gas betrieben, außerdem berichtet Dr. Müller:

„Unseren Stromanbieter habe ich im letzten Jahr gewechselt. Seitdem beziehe ich Ökostrom aus 100 % regenerativen Energiequellen. Das ist zwar etwas teurer, aber mir den Aufpreis wert. Ich habe ja auch einige Einsparungen durch die bisherigen Umstellungen. Zum Beispiel habe ich die Wartezimmerlektüre entfernt. Die Leute gucken sowieso nur auf ihr Handy, da kann ich mir die Ressourcenverschwendung sparen. Durch diese Maßnahme spare ich 15 € in der Woche.“

Den jährlichen Verbrauch gibt Dr. Müller mit 12.000 kWh und 6000 kWh für Strom bzw. Gas an. Nach den jährlichen Kosten gefragt, gibt Dr. Müller folgende Informationen:

„Am meisten Geld wird für die Gehälter meiner Angestellten ausgegeben. Das beläuft sich auf 80.000 €. Der zweitgrößte Posten ist mit 15.000 € im Jahr das Labor- und Praxismaterial. Das beinhaltet Materialien für Zahnfüllungen oder Kronen, aber auch meine kleineren Instrumente aus Plastik oder Metall. Für pharmazeutische Produkte und Medikamente gebe ich pro Jahr 4000 € aus. Neben diesem kleineren Teilen und Verbrauchsgütern schaffe ich natürlich auch größere Geräte an, wie z. B. den Stuhl für Patient:innen, aber auch Analyse- und Diagnosegeräte. Diese bezahle ich über die gesamte Lebensdauer der Geräte in Raten ab. Pro Jahr fallen dafür 3000 € an. Davon sind 2000 € für neue Geräte und 1000 € für neue Möbel.“

Zu diesen Kosten kommen noch Kosten in geringerer Höhe für Wasser (300 €), Bürobedarf (600 €), Berufsbekleidung (200 €) und die Abfallbeseitigung (250 €). Auf Nachfrage erklärt Dr. Müller, dass der Bürobedarf zu 60 % aus Kosten für Büromöbel und sonstige Waren besteht und zu 40 % aus Kosten für Papier. Die Kosten der Wasserversorgung teilen sich zwischen der Frischwasserversorgung und der Abwasserentsorgung auf, wobei die Frischwasserversorgung 90 % der Kosten ausmacht.

Als bereits getätigte Nachhaltigkeitsmaßnahmenzählt Dr. Müller die bereits erwähnte Kündigung der Magazine auf, die Umstellung auf Ökostrom und die Installation von festen Fahrradständern vor der Praxis.

Aus Ihrer Erfahrung wissen Sie, dass eine durchschnittliche Zahnarztpraxis 25 kg CO_2-eq pro m^2 bzw. 2,5 kg CO_2-eq pro Patient:innenkontakt ausstößt. Zudem wissen Sie, dass pro Kilowattstunde (kWh) Ökostrom 20 g CO_2-eq ausgestoßen wird, im Vergleich zu dem durchschnittlichen Strommix (401 g Co_2-eq/kWh) ein deutlich geringerer Faktor. Sie nehmen weiterhin an, dass eine Gasheizung pro kWh 200 g CO_2-eq ausstößt.

24.3   Aufgaben

1. Beschreiben Sie das System, dessen Fußabdruck Sie berechnen. Gehen Sie bei den Systemgrenzen davon aus, das nur Prozessschritte die von den Ausgabe- und Verbrauchsdaten erfasst werden, berücksichtigt werden.
2. Berechnen Sie die Scope 1 Emissionen.
3. Berechnen Sie die Scope 2 Emissionen.
4. Berechnen Sie die Scope 3 Emission mithilfe eines EEIO-LCA
   a. Teilen Sie jeder für die Berechnung relevanter Ausgabengruppe mindestens einen Wirtschaftssektor zu. Nutzen Sie dabei die Wirtschaftssektoren, für die Emissionswerte vorliegen (Tab. 24.1). Nutzen Sie zur Zuteilung die folgende Matrix aus Tab. 24.2.

Tab. 24.1 Emissionsfaktoren verschiedener NACE_R2 Sektoren

NACE_R2 Sektor	kg CO_2e/€
C13–15 Produktion von Textilien, Bekleidung, Leder, Lederwaren und Schuhen	0,039
C17 Herstellung von Papier, Pappe und Waren daraus	0,18
C18 Herstellung von Druckerzeugnissen; Vervielfältigung von bespielten Ton-, Bild und Datenträgern	0,04
C20 Herstellung von chemischen Erzeugnissen	0,21
C21 Herstellung von pharmazeutischen Erzeugnissen	0,06
C22 Herstellung von Gummi-und Kunststoffwaren	0,08
C25 Herstellung von Metallerzeugnissen	0,05
C26 Herstellung von Datenverarbeitungsgeräten (Computer), elektronischen und optischen Erzeugnissen	0,016
C27 Herstellung von elektrischen Ausrüstungen	0,01
C28 Maschinenbau	0,014
C31–32 Herstellung von Möbeln und sonstigen Waren	0,019
D Energieversorgung	1,6
E36 Wasserversorgung	0,19
E37–39 Abwasserentsorgung, Sammlung, Behandlung und Beseitigung von Abfällen; Rückgewinnung, Beseitigung von Umweltverschmutzungen und sonstige Entsorgung	0,4

Tab. 24.2 Zuteilung relevanter Ausgabengruppen zu den Wirtschaftssektoren

	Herstellung von pharmazeutischen Erzeugnissen	Herstellung von Gummi- und Kunststoffwaren	Herstellung von Metallerzeugnissen	Wasserversorgung	Herstellung von Datenverarbeitungsgeräten (Computer), elektronischen und optischen Erzeugnissen	Herstellung von Papier, Pappe und Waren daraus	Herstellung von Möbeln und sonstigen Waren	Produktion von Textilien, Bekleidung, Leder, Lederwaren und Schuhen	Abwasserentsorgung, Sammlung, Behandlung und Beseitigung von Abfällen; Rückgewinnung, Beseitigung von Umweltverschmutzungen und sonstige Entsorgung
Medikamente und andere Pharmazeutische Produkte									
Labor- und Praxismaterial									
Größere Anschaffungen									
Wasser									
Bürobedarf									
Berufskleidung									
Abfallbeseitigung									

   b. Erstellen Sie mit Hilfe der Matrix aus Aufgabe 4a) und den Angaben von Dr. Müller eine Matrix, die die Kosten nach Ausgabegruppe und Wirtschaftssektor angibt. Nutzen Sie zur Berechnung und Darstellung Tab. 24.2.
   c. Berechnen Sie, mithilfe der Daten aus 4b) und den Emissionsfaktoren aus Tab. 24.1 die Emissionen. Geben Sie die Ergebnisse per Kostengruppen und als Scope 3 Emissionen an.
5. Interpretation der Ergebnisse
   a. Welche Emissionsquellen haben den größten Anteil am Gesamtausstoß? Geben Sie sowohl die Lösung pro einzelner Quellen an als auch per Scope.
   b. Welche Empfehlungen könnten Sie daraus für Dr. Müller ableiten?
   c. Vergleichen Sie die Ergebnisse mit den Durchschnittswerten für Zahnarztpraxen
   d. Welchen Effekt hatten die bereits durchgeführten Maßnahmen?
6. Kritische Reflexion der Methodik: Würden Sie Dr. Müller empfehlen, diese Methode für die Berechnung ihres CO_2-Fußabdruckes zu verwenden? Beziehen Sie sich dabei auch auf mögliche Limitationen und Probleme.

Literatur

HUANG, Y. A., LENZEN, M., WEBER, C. L., MURRAY, J. & MATTHEWS, H. S. (2009): The role of input – output analysis for the screening of corporate carbon footprints. *Economic systems research,* 21:3, 217–242.

IPCC (2013): *Climate Change 2013: The Physical Science Basis. Contribution of Working Group I to the Fifth Assessment Report of the Intergovernmental Panel on Climate Change.* IPCC:

MATTHEWS, H. S. H., CHRIS T.; MATTHEWS, DEANNA H. (2018): *Life Cycle Assessment: Quantitative Approaches for Decisions That Matter.*

MINX, J. C., WIEDMANN, T., WOOD, R., PETERS, G. P., LENZEN, M., OWEN, A., SCOTT, K., BARRETT, J., HUBACEK, K. & BAIOCCHI, G. (2009): Input – output analysis and carbon footprinting: an overview of applications. *Economic systems research,* 21:3, 187–216.

PICHLER, P.-P., JACCARD, I. S., WEISZ, U. & WEISZ, H. (2019): International comparison of health care carbon footprints. *Environmental research letters,* 14:6, 064004.

WBCSD, W. B. C. F. S. D. W., WORLD RESOURCES INSTITUTE (2004): *The Greenhouse Gas Protocol – A Corporate Accounting and Reporting Standard (Revised Edition).*

WHITMEE, S., HAINES, A., BEYRER, C., BOLTZ, F., CAPON, A. G., DE SOUZA DIAS, B. F., EZEH, A., FRUMKIN, H., GONG, P. & HEAD, P. (2015): Safeguarding human health in the Anthropocene epoch: report of The Rockefeller Foundation – Lancet Commission on planetary health. *The lancet,* 386:10007, 1973–2028.

Ökologische Kennzahlen II: Prozessbasierter Carbon Footprint

Mattis Keil und Wolf Rogowski

Prozessbasierte Lebenszyklusanalysen (LCA) bewerten die Umweltauswirkungen durch ein Produkt über dessen gesamten Lebenszyklus (von den Rohstoffen, über Produktion und Benutzung bis hin zur Entsorgung) mithilfe von Bottom-up-Daten. Durch diesen Ansatz können sehr genau Treibhausgasemissionen von Produkten berechnet werden, um entweder Hotspots zu identifizieren oder verschiedene Entscheidungsalternativen im Hinblick auf ihre Nachhaltig zu vergleichen. In der Fallstudie werden zunächst Konzept und Aufbau von LCA erläutert. Im praktischen Teil wird dann Dr. Meyher dabei unterstützt, klimafreundliche Medizinprodukte zu beschaffen.

25.1 Hintergrund

Auch im Gesundheitswesen wird immer mehr Wert auf Nachhaltigkeit gelegt. Für Entscheidungsprozesse, die die Umweltauswirkungen von Gütern und Produkten einbeziehen wollen, braucht es umfassende Evidenz. Eine Methode hierfür sind prozessbasierte Ökobilanzen. Ökobilanzierung ist ein holistischer Ansatz, der die Umweltauswirkungen über den gesamten **Lebenszyklus**, von der Rohstoffextraktion über die Verarbeitung zu Zwischenprodukten und Endprodukten, den Transport und die Nutzung bis hin zur Entsorgung, erfasst (Matthews et al. 2018; Frischknecht 2020). So verhindert diese Methode Schein-Nachhaltigkeit und die Verschiebung der ökologischen Last auf andere Lebenszyklusphasen. Prozessbasierte Ökobilanzierung ist eine Bottom-up-Methode, d. h. es werden die Auswirkungen jedes Schritts untersucht, gemessen und am Ende zusammenge-

M. Keil (⊠) · W. Rogowski
Institut für Public Health und Pflegeforschung, Universität Bremen, Bremen, Deutschland
E-Mail: keil@ipp.uni-bremen.de; rogowski@uni-bremen.de

© Springer Fachmedien Wiesbaden GmbH, ein Teil von Springer Nature 2023
W. Rogowski (Hrsg.), *Management im Gesundheitswesen*,
https://doi.org/10.1007/978-3-658-39639-8_25

199

fasst (Frischknecht 2020; Matthews et al. 2018). Dies bedeutet zwar einen hohen Arbeitsaufwand, aber auch oftmals eine höhere Genauigkeit der Ergebnisse, im Vergleich zum kostenbasierten Ansatz aus Kap. 24.

Zur Durchführung und Berichterstattung von Ökobilanzierungen wurden die ISO-Normen 14040 und 14044 entwickelt, die sich inzwischen als internationaler Standard für Ökobilanzierung durchgesetzt haben. Die ISO-Normen 14040/14044 unterteilen eine Ökobilanzierung in vier Phasen ein (DIN EN ISO 14040 2021; DIN EN ISO 14044 2021). In der *Festlegung des Ziels und Untersuchungsrahmens* werden die qualitativen und quantitativen Informationen bereitgestellt, die Aussagen darüber geben, was die Studie untersucht und wie diese Untersuchung durchgeführt wird. Ein zentraler Begriff ist das **Produktsystem**, das alle Prozesse zusammenfasst, die ein Produkt auf seinem Lebensweg durchläuft und die in die Analyse aufgenommen werden (DIN EN ISO 14040 2021). In dieser Phase werden das Ziel, die **funktionelle Einheit** (die Quantifizierung der Funktion des Produktsystems), die Systemgrenzen, Ansprüche an die Datenqualität und das Vorgehen bei eventuellen Allokationsverfahren festgelegt (DIN EN ISO 14044 2021). In der *Sachbilanz*-Phase werden alle In- und Outputs in einer Bilanz aufgeführt. **Inputs** sind Materialien und Energieträger, die der Umwelt entnommen werden und **Outputs** sind Produkte, Emissionen und Abfälle, die wieder in die Umwelt gegeben werden (DIN EN ISO 14044 2021). Umwelt wird hier definiert als alles außerhalb des Produktsystems. In der *Wirkungsabschätzung* werden die Stoffströme der Bilanz in Umwelteinflüsse übersetzt. So werden zum Beispiel die Treibhausgasemissionen in einen Wert, dem global warming potenzial, gemessen in CO_2-Äquivalenten, zusammengefasst (DIN EN ISO 14044 2021). Während der *Auswertung* werden die signifikanten Parameter in den Ergebnissen identifiziert und die Ergebnisse, anhand von Vollständigkeits-, Sensitivitäts-, und Konsistenzprüfungen beurteilt. Zudem können hier, bei einer vergleichenden Studie, mehrere Produkte miteinander verglichen werden (DIN EN ISO 14044 2021).

Eine anwendungsorientierte Einführung in englischer Sprache bietet Matthews et al. (2018), ein Lehrbuch mit vielen Beispielen sowie Übungsaufgaben. Eine etwas theoretischeres, deutschsprachiges Lehrbuch für Studierende, die tiefer in die LCA-Welt eintauchen wollen, bietet Frischknecht (2020). Er erläutert die theoretischen und mathematischen Grundlagen der einzelnen LCA-Konzepte und teilt viele Beispiele und Erfahrungen aus langjähriger Erfahrung. Eine umfassende Übersicht über weitere Lehrbücher bieten Viere et al. (2020) in deren Fachzeitschriftpublikation zu LCA-Bildung an Hochschulen und Universitäten.

25.2 Fallstudie: Carbon Footprint der Larynxmasken von Dr. Meyher

Das von Ihnen gegründete Beratungsunternehmen aus Kap. 24 ist erfolgreich gestartet. Nach einiger Zeit entschließen sie sich, Ihre Produktpalette zu erweitern und Kund:innen quantitative Analysen für Entscheidungen zum Klimaschutz in der Versorgung an die Hand zu geben. Dafür sollen prozessbasierte Lebenszyklusanalysen (LCA) verwendet werden.

Als neue Kundin konnten Sie Dr. Meyher gewinnen. Dr. Meyher ist Anästhesistin und möchte seit einiger Zeit ihre Behandlungsmethoden nicht nur an ökonomischen, sondern auch an ökologischen Kennzahlen ausrichten. Einen besonderen Schwerpunkt möchte sie dabei auf ihre Auswirkungen auf die globale Klimaerwärmung legen. Als ersten Schritt möchte Dr. Meyher bei der Beschaffung ihrer Instrumente machen. Da ihr bisher die Kapazitäten für evidenzbasierte, ökologische Beschaffungsentscheidungen fehlten, richtet sie sich an Ihr Unternehmen. Gemeinsam beschließen Sie, die Instrumente einzeln durchzugehen. Sie beginnen mit der Beschaffung von Larynxmasken, einem aufblasbaren Wulst mit Rohr, der die Atemwege von Patient:innen in Narkose offenhalten soll. Dafür wird die Larynxmaske kurz über dem Kehlkopf angebracht und über das Rohr an eine Beatmungseinheit angebracht.

Über ihre bisherige Wahl und ihre Gedanken bezüglich Alternativen berichtet Dr. Meyher:

„Bisher nutze ich Larynxmasken des Typs LM1. Die bestehen aus Kunststoff und werden nach einer Anwendung im Feststoffabfall entsorgt. Eine Alternative wäre die Larynxmaske LM40, die besteht zwar auch aus Kunststoff, ist aber stabiler und kann, nach ausführlicher Desinfektion und Sterilisation, mehrfach genutzt werden. Natürlich muss dieser Reinigungsvorgang nach jeder Nutzung geschehen, um Kreuzkontamination zu vermeiden. Laut Hersteller haben die beiden Masken auch die gleiche Qualität für die Patient:innen. Da ich auch schon mal die LM40 ausprobieren konnte, kann ich bestätigen, dass auch die Qualität und Nutzbarkeit des Produktes für mich als Ärztin identisch sind. Durchgerechnet habe ich das Ganze auch schon. Pro Operation würde ich für Reinigung und Beschaffung in beiden Szenarien gleich viel bezahlen, also würde der CO$_2$-Fußabdruck der Maske den Ausschlag für meine Entscheidung geben. Eigentlich sind wiederverwendbare Produkte besser als Einwegprodukte, oder?"

Verunsichert ist die Anästhesistin allerdings einerseits durch den hohen Energieverbrauch, der für das Desinfizieren und Sterilisieren anfällt, da die Produkte mit heißem Wasserdampf behandelt werden müssen. Andererseits befürchtet Dr. Meyher, dass die Masken nicht die angegebene Lebensdauer von 40 Operationen erfüllt. Außerdem erzählt sie noch von einem Angebot durch einen Kollegen:

„Zur Autoklavierung der Masken hat mir ein Kollege schon angeboten, dass ich für ein kleines Entgelt die benutzten Masken abends zu ihm bringen zu können. Dort würde er seinen Autoklav mit den Masken auffüllen, sodass dieser mit der maximalen Kapazität von zehn Masken pro Durchgang laufen könnte. Am nächsten Morgen könnte ich mir dann die Masken wieder abholen. Der Kollege wohnt allerdings am anderen Ende der Stadt, sodass es für mich einen hohen Aufwand bedeuten würde, die Masken vorbeizubringen und abzuholen. Und das nach einem langen Arbeitstag. Ich weiß nicht. Deutlich komfortabler wäre ein eigener Autoklav. Dieser würde allerdings nicht die Kapazitäten des Geräts ausnutzen. Ich rechne mit ungefähr vier Masken, die ich pro Tag autoklavieren müsste. Welche Auswirkung hätte die Entscheidung, einen eigenen Autoklav anzuschaffen, auf den CO$_2$-Fußabdruck der Masken?"

Zur Beantwortung dieser Fragen sollen Sie vergleichende Life Cycle Assessments (LCA) der beiden Maskentypen erstellen. Bei der Festlegung der Untersuchungsgrenzen, schlägt ein Kollege vor, die Abfallentsorgung auszuschließen, da die verfügbaren Daten nicht genau genug seien und die Ärzt:innen im OP nicht immer sauber den Müll trennen, sodass die optimalen Recyclingzahlen, die Sie für die Rechnung nutzen würden, nicht realistisch seien.

Nach einer Anfrage bei dem Produzenten der Masken erhalten Sie folgende Daten bezüglich der genutzten Materialien: Eine Einwegmaske besteht aus 45 g PVC, 6 g Polycarbonat und 12 g Polypropylen. Eine Mehrwegmaske besteht aus 50 g Silikon, 5 g Polycarbonat, 7 g Polypropylen. Bei der Produktion der Masken aus diesen Zwischenprodukten wird für die Einwegmaske 0,1 kWh Strom pro Maske verbraucht und 0,2 kWh Strom für die Mehrwegmaske. Beide Masken werden in der gleichen Fabrik produziert und legen bis zur Benutzung 500 km per LKW zurück. Dabei nimmt eine Maske 0,001 % der Ladefläche des LKWs ein. Der Autoklav verbraucht pro Durchgang 2,5 kWh Strom und kann mit bis zu 10 Masken befüllt werden. Nach der Nutzung wird die gesamte Maske entsorgt. Das Entsorgungsunternehmen kann, wenn der Müll richtig getrennt wurde, 30 % der Maske recyceln (Eckelman et al. 2012).

Die Hintergrunddaten und Wirkungsanalysedaten erhalten Sie aus der EcoInvent Datenbank. Demnach wird bei der Produktion von PVC 67 kg CO_2-eq/kg, bei Polycarbonat 7 kg CO_2-eq/kg und bei Polypropylen 58 kg CO_2-eq/kg ausgestoßen. Während der Produktion von einem kg Silikon werden 7 kg CO_2-eq ausgestoßen. Die Produktion von Strom erzeugt 400 g CO_2-eq/kWh. Der LKW stößt pro gefahrenem Kilometer 9 kg CO_2-eq aus. Durch das Verbrennen von einem kg Abfall wird ein kg CO_2-eq emittiert.

25.3   Aufgaben

1. Formulieren Sie eine Zielbestimmung für Ihr LCA. Denken Sie daran, dass eine Zielbestimmung sowohl den Adressaten des LCA bestimmt als auch den Zweck des LCA.
2. Formulieren Sie eine funktionelle Einheit für Ihre Studie. Gehen Sie dabei davon aus, dass Sie die Wirkungen für eine Operation evaluieren wollen.
3. Bewerten Sie die Aussage Ihres Kollegen bezüglich der Systemgrenze und dem Abschneiden der End-of-Life-Phase.
4. Berechnen Sie die Emissionen, die über den Lebenszyklus beider Maskentypen entstehen. Beziehen Sie die Ergebnisse auf die funktionelle Einheit. Die Emissionen für die Produktion des Autoklaven können dabei vernachlässigt werden, da sie pro Vorgang marginal sind.
   a. Berechnen Sie die Cradle-to-Gate-Emissionen der beiden Maskentypen.
   b. Berechnen Sie die Emissionen für den Transport der Masken.
   c. Berechnen Sie die Emissionen, die während der Nutzungsphase entstehen, für die Masken. Gehen Sie dabei davon aus, dass die LM40 Maske auch nach der letzten Nutzung sterilisiert wird.
   d. Berechnen Sie die Emissionen, die durch die Entsorgung der Masken entsteht.

5. Interpretieren Sie die Ergebnisse
   a. Welchen Maskentypen können Sie Dr. Müller empfehlen?
   b. Bewerten Sie das Angebot des Kollegen, die Masken in seinem Autoklav zu behandeln
   c. Wie kann mit der Unsicherheit bei der Entsorgung umgegangen werden?
   d. Reflektieren Sie kritisch die Vor- und Nachteile und geeignete Anwendungsbereiche
       der prozessbasierten Methode im Vergleich zu kostenbasieren Berechnungen.

Literatur

DIN EN ISO 14040 (2021): *Umweltmanagement – Ökobilanz – Grundsätze und Rahmenbedingung*, in: ISO (Hrsg.) *14044.*

DIN EN ISO 14044 (2021): *Umweltmanagement – Ökobilanz – Anforderungen und Anleitungen*,

ECKELMAN, M., MOSHER, M., GONZALEZ, A. & SHERMAN, J. (2012): Comparative life cycle assessment of disposable and reusable laryngeal mask airways. *Anesth Analg,* 114:5, 1067–72.

FRISCHKNECHT, R. (2020): *Lehrbuch der Ökobilanzierung.* Berlin: Springer Spectrum.

MATTHEWS, H. S. H., CHRIS T.; MATTHEWS, DEANNA H. (2018): *Life Cycle Assessment: Quantitative Approaches for Decisions That Matter.*

VIERE, T., AMOR, B., BERGER, N., FANOUS, R. D., ARDUIN, R. H., KELLER, R., LAURENT, A., LOUBET, P., STROTHMANN, P. & WEYAND, S. (2020): Teaching life cycle assessment in higher education. *The International Journal of Life Cycle Assessment*, 1–17.

Interne Verrechnungspreise

Laura Birg

In Betrieben erbringen typischerweise einige Abteilungen Leistungen für andere. Dies sind entweder Vorprodukte, die ins Endprodukt eingehen, oder aber Unterstützungsleistungen wie das Bereithalten eines Fuhrparks, das Gebäudemanagement o. ä. Diese innerbetrieblichen Leistungsbeziehungen sollten im internen Rechnungswesen nachvollziehbar dokumentiert sein. Indem man die für andere Abteilungen erbrachten Leistungen dokumentiert und bewertet, kann man offenlegen, wo und wodurch im Unternehmen Kosten verursacht werden. Zudem entfalten interne Verrechnungspreise eine Steuerungswirkung: stellt die abgebende Abteilung der anfordernden Abteilung einen internen Preis für die Leistung in Rechnung (den Verrechnungspreis), ist anzunehmen, dass dies unnötige Leistungsanforderungen reduziert. In der vorliegenden Fallstudie beraten sie ein Krankenhaus bei der Optimierung der Anwendung der internen Verrechnungspreise.

26.1 Hintergrund

Über die Dokumentation der Leistungsbeziehungen hinaus eröffnet die Verwendung von Verrechnungspreisen die Möglichkeit, eine **Steuerungsfunktion** innerhalb eines Betriebes zu erfüllen. Indem Preise Kosten und damit Knappheit signalisieren, eröffnen sie die Möglichkeit, dass mit den bestehenden Ressourcen effizienter umgegangen wird, etwa, indem unnötig teure innerbetriebliche Leistungen durch günstigere interne Leistungen ersetzt werden. Sie ermöglichen auch den Vergleich innerbetrieblicher Kosten mit den Kosten eines **Fremdbezuges**. Unter Umständen wird durch Verrechnungspreise deutlich, dass

L. Birg (✉)
Sektion Sozialpolitik und Sozialökonomie, Fakultät für Sozialwissenschaft, Ruhr-Universität Bochum, Bochum, Deutschland
E-Mail: laura.birg@ruhr-uni-bochum.de

© Springer Fachmedien Wiesbaden GmbH, ein Teil von Springer Nature 2023
W. Rogowski (Hrsg.), *Management im Gesundheitswesen*,
https://doi.org/10.1007/978-3-658-39639-8_26

es nicht effizient ist, alle Leistungen innerhalb eines Unternehmens zu erstellen, sondern einige Leistungen günstiger extern eingekauft werden sollten. Dies ist insbesondere dann möglich, wenn man Verrechnungspreise mit **Marktpreisen** vergleicht. Eine andere mögliche Funktion von Verrechnungspreisen besteht darin, Effizienzanreize für die abgebende Abteilung zu schaffen. Wenn der Erfolg einer Abteilung zumindest auch an der Erwirtschaftung unternehmensinterner Profite gemessen wird und Verrechnungspreise nicht rein kostenorientiert ermittelt werden, können sie den Anreiz zu **Effizienzsteigerungen** bieten, da interne Kostensenkungen sich dann in höheren internen Profiten niederschlagen. Eine Möglichkeit hierzu bietet etwa die Orientierung von Verrechnungspreisen an Marktpreisen für vergleichbare Leistungen.

Allerdings können oder werden Kosten nicht immer zielgenau zugeordnet, sodass durchaus eine **Fehlsteuerung** daraus resultieren kann, wenn Leistungen intern als zu teuer oder zu günstig dargestellt werden.

In dieser Fallstudie werden beispielhaft einige Konzepte zur Ermittlung von internen Verrechnungspreisen in einem Krankenhaus vorgestellt (vgl. für eine Einführung in die Thematik Hesse et al. 2013). Hierbei werden unterschiedliche Konzepte zur Berücksichtigung der anfallenden Kosten berücksicht. Innerbetriebliche Leistungen können etwa zu **Vollkosten** bewertet werden (mit und ohne Berücksichtigung von Gemein- und Infrastrukturkosten) oder nur zu **variablen Kosten**. Darüber hinaus können sie auch – ganz unabhängig von den angefallenen Kosten – zu **Marktpreisen** bewertet werden, wenn vergleichbare Leistungen extern bezogen werden können.

In Krankenhäusern, wie in anderen Betrieben auch, erbringen unterschiedliche Stellen **Teilleistungen** für die letztlich im Außenverhältnis abgerechnete **Gesamtleistung**. Die innerbetriebliche Leistungsverrechnung bildet diese interne Teilleistungserbringung ab. Im Rahmen der Leistungsrechnung sollte erkennbar werden, wer womit wo für wen wann welche Leistung erbracht hat. Hinsichtlich der Ausgestaltung der internen Rechnungslegung, zu der die **Kostenstellenrechnung** gehört, haben die Krankenhäuser einen weiten Gestaltungsspielraum.

In der betriebswirtschaftlichen Literatur wird für die Bemessung von innerbetrieblichen Verrechnungspreisen u. a. die Orientierung am Marktwert einer Leistung vorgeschlagen. Für medizinische Leistungen ist hierbei zu beachten, dass sich für diese keine Marktpreise bilden, da sie in Deutschland nicht beliebig abgerechnet werden dürfen. Stattdessen gibt es für die Abrechnung mit den Krankenkassen der Gesetzlichen Krankenversicherung den **Einheitlichen Bewertungsmaßstab** (EBM) sowie die **Gebührenordnung für Ärzte** (GOÄ)[1] für die private Abrechnung. Das Heranziehen der GOÄ ermöglicht eine standardisierte Erfassung der erbrachten Leistungen und eine einheitliche Bewertung, die Marktverhältnissen insofern nahekommt, als dass sich auch ein externer Leistungsbezug an der GOÄ orientieren würde.

---

[1]Gebührenordnung für Ärzte in der Fassung der Bekanntmachung vom 9. Februar 1996 (BGBl. I S. 210), die zuletzt durch Artikel 1 der Verordnung vom 21. Oktober 2019 (BGBl. I S. 1470) geändert worden ist.

In der vorliegenden Fallstudie werden die zu bewertenden medizinischen Leistungen anhand der Systematik der GOÄ aufgeführt. Die GOÄ ordnet jeder Leistung einen Punktwert zu. Hierdurch wird berücksichtigt, dass die Erstellung eines Röntgenbildes beispielsweise weniger aufwendig ist als eine Aufnahme mittels MRT. Diese Punktwerte bilden im Rahmen einer Äquivalenzziffernkalkulation die Grundlage für die Ermittlung von Verrechnungspreisen.

Wenn sich die Verrechnungspreise an der Vergütung gemäß GOÄ orientieren, errechnet sich der Gebührensatz je Leistung sich aus der Multiplikation der Anzahl der Punkte mit 5,82873 Cent (BMJV und BfJ 2019).[2] Die kostenorientierten Verrechnungspreise übernehmen die Punktwerte der GOÄ. Diese werden dann mit nach unterschiedlichen Methoden ermittelten Kosten je Punkt bewertet.

Grundlagen der innerbetrieblichen Leistungsverrechnung in Krankenhäusern werden dargestellt in (Hesse et al. 2013).

26.2 Fallstudie: Interne Verrechnungspreise im Krankenhaus „Weiße Heide"

Kati Rohrbach arbeitet für eine mittelständische Unternehmensberatung und baut dort die neue Abteilung **Medi**zinbasierte **o**perative **K**osten- und **Er**lösrechnung (Medioker) auf, die Einrichtungen des Gesundheitswesens beraten soll. Hierzu nimmt Kati Rohrbach Kontakt mit einem örtlichen Krankenhaus *Weiße Heide* auf, um einerseits für die Unternehmensberatung zu werben, andererseits aber auch die Besonderheiten eines Krankenhauses besser nachvollziehen zu können. Kerngeschäft der Abteilung Medioker soll die Optimierung der internen Betriebsprozesse von Gesundheitsdienstleistern sein. Hierzu gehört auch das interne Rechnungswesen, das betriebsinterne Vorgänge dokumentiert und ihre Auswirkungen auf Kosten und Erlöse darstellt. Eine wichtige Aufgabe für das interne Rechnungswesen stellt die Darstellung und Abrechnung innerbetrieblicher Leistungsverflechtungen dar.

Kati Rohrbach macht also einen Termin im Krankenhaus *Weiße Heide* aus, um zu werben und zu lernen. Sie trifft dort auf den Leiter der Controlling-Abteilung Herrn Heuser und den Leiter der Radiologie, Dr. Wilhelm. Heuser erhofft sich von dem Besuch einige Hilfestellungen bei der Optimierung der Kostenrechnung. Insbesondere vermutet er Verbesserungsbedarf bei der Anwendung interner Verrechnungspreise. Sein in der Praxis über viele Jahre gereiftes Erfahrungswissen teilt er gerne.

Herr Heuser regt an, insbesondere die Radiologie genauer zu untersuchen („*Unsere Leute da sind richtig gut – die blicken durch alles durch – aber ich muss auch den Durchblick bewahren*"). Die Radiologie erbringt hauptsächlich Leistungen für andere Abteilung im Krankenhaus.

---

[2] § 5 Abs. 1 GOÄ.

Heuser macht deutlich, dass die Klinikleitung ihm immer die Option vorhalte, die Radiologie doch auch durch einen externen Dienstleister erledigen zu lassen. „*In der Nachbarstadt ist das Krankenhaus eh größer. Die haben eine Top-Radiologie, die auch immer gut ausgelastet sei. Die können doch auch für unsere Patienten die Fotos machen.*" Herr Heuser würde seinem Chef gerne widersprechen, aber ihm fehlt noch ein gutes Argument.

Im Gespräch mit Dr. Wilhelm, dem Leiter der Radiologie, wird deutlich, dass die Klinikleitung nach Kosteneinsparungen sucht. Dr. Wilhelm zeigt sich sehr gesprächig: „*Wir wollen doch hier auch alle nur unseren Job machen – wir gucken halt in die Leute rein und da finden wir auch die spannenden Sachen. Aber das kostet halt auch. Auf den größten Teil unserer Kosten haben wir in der Abteilung doch aber überhaupt keinen Einfluss. Klar, ab und zu missglückt mal eine Aufnahme, aber das kostet doch weniger als ein Fehler in der Chirurgie. Die anfordernden Abteilungen können aber doch auch für die meisten Kosten nichts – die brauchen halt die Bilder. Aber die können doch nichts dafür, wenn in der Teeküche das Licht brennt oder wir vor fünf Jahren ein zu teures Gerät beschafft haben.*" Heuser blickt erstaunt auf …

26.3 Aufgaben

1. Kati Rohrbach will Einrichtungen des Gesundheitswesens beraten. Welche Besonderheiten könnten im Zusammenhang mit Verrechnungspreisen bei Krankenhäusern gegenüber Unternehmen außerhalb der Gesundheitswirtschaft bestehen?
2. Inwiefern halten Sie die Option für den Bezug von Leistungen aus dem Krankenhaus des Nachbarortes für die Ermittlung von Verrechnungspreisen für relevant?
3. Herr Heuser führt Kati Rohrbach in die bisherige Verrechnungspraxis ein („*Ich bin zwar kein Arzt, aber ich habe eine Verrechnungspraxis*", seufzt er zwischendurch). „*Wir haben das bisher immer so gemacht: Jede Leistung wird anhand der GOÄ-Punkte gemessen. Dadurch wissen wir, was z. B. die Radiologie erlösen könnte, wenn sie externer Dienstleister wäre. Einmal CT sind 1900 Punkte. Einmal MRT sind 4200 Punkte. Ist ja auch ungefähr doppelt so aufwendig – und doppelt so laut. Wir rechnen dann intern so ab, wie wir es auch nach der GOÄ könnten. Jeder Punkt wird mit 5,82873 Cent bewertet. Einmal CT wird dann also zu 110,75 € abgerechnet.*" Ein Anruf unterbricht ihn. Heuser bittet um Entschuldigung und schlägt vor, das Gespräch um eine halbe Stunde zu vertagen. Er müsse kurzfristig in einen Termin. Kati Rohrbach erstellt auf der Basis seiner Angaben eine Tabelle für die bisherige Abrechnungspraxis. Mit Herrn Heuser hat sie vereinbart, dass sie sich zunächst auf vier wichtige Leistungen beschränken.

   Vervollständigen Sie die Tab. 26.1 auf der Basis der vorliegenden Angaben. Berücksichtigen Sie hierbei die Menge der Gesamtleistung (Strahlendiagnostik Skelett, Angiografie, CT und MRT sind nur die Beispielfälle für die Analyse).

Tab. 26.1 Verrechnungspreise nach der bisherigen Abrechnungspraxis

Leistung (Auszug)	GOÄ-Punkte	Punktwert (Cent)	Verrechnungspreis (Euro)	Leistungsmenge		Abgerechneter Betrag (Euro)		
				Stationär	Ambulant	Stationär	Ambulant	Gesamt
Strahlendiagn. Skelett	400	5.82873		281	512			
Angiografie	1600	5.82873		22	9			
CT	1900	5.82873		628	659			
MRT	4200	5.82873		732	41			
...	...	...		...	...			
Leistungen insg.				**83.600.000**	**58.500.000**			
				142.100.000				

4. Nach 45 min ist Herr Heuser wieder da. Er sieht die Tabelle und nickt. *„Ja, so sieht das bei mir auch aus. Jetzt sehe ich hier, was ich mit der Radiologie einnehmen könnte. Aber das interessiert mich ja gar nicht. Naja, zumindest nicht nur. Ich will doch wissen, was sie uns kostet. Die anderen Abteilungen sollen doch ein Gefühl dafür bekommen, dass so ein CT nicht umsonst ist, also nicht finanziell. Manchmal habe ich den Eindruck, die Kollegen wollen im Zweifel jeden Patienten durch die Röhre schicken. Am Ende gucken wir dann aber finanziell in die selbige."* Rohrbach lächelt verlegen. Heuser präsentiert Rohrbach eine Übersicht mit den anfallenden Kosten. *„Was kostet mich denn nun ein GOÄ-Punkt?"* möchte er von Kati Rohrbach wissen. Sie überarbeitet ihre Tabelle und zeigt ihm das Ergebnis (Tab. 26.2 und 26.3).

5. *„Na dann ist die Radiologie ja günstiger als gedacht"*, freut sich Herr Heuser. *„Aber warten Sie, da fehlen noch die Gemeinkosten. Die verbrauchen doch auch z. B. Wasser und Strom – übrigens gar nicht so wenig. Wir machen das bislang so, dass die Gemeinkosten nach Nutzfläche der Abteilungen aufgeschlüsselt werden."* Auswendig nennt er Rohrbach einige Zahlen. Sie erstellt die Tab. 26.4.

   „Können Sie das auch berücksichtigen?" Kati Rohrbach passt ihre Tabelle an.

6. Es klopft und Dr. Wilhelm kommt hinzu. Er schaut sich die bisherigen Tabellen an und schüttelt den Kopf: *„Das könnte Ihnen so passen. Wir können doch nicht alle Kosten tragen. Das kann ich doch auch den Kollegen in den anderen Abteilungen so nicht verkaufen. Die Infrastrukturkosten haben wir doch gar nicht zu vertreten und die werden doch vom Land übernommen."* Heuser unterbricht ihn: *„Das ist doch schon rausgerechnet. Aber das Land hat uns ja auch nicht alles bewilligt. Das Dach über dem Weg zu Ihrem Gebäude haben wir doch selbst gezahlt. Und die Skulptur im Eingangsbereich ..."* Dr. Wilhelm winkt ab: *„Ok, aber auch das muss doch gar nicht aus dem laufenden Betrieb kommen. Das hat doch nichts damit zu tun, dass die Notaufnahme gerne ein scharfes Bild von der Milz einer Patientin hätte. Die rechnen Sie mal besser wieder heraus."* Heuser stutzt, stimmt aber zu.

   Rohrbach hat noch eine Frage: *„Bislang werden hier Vorgänge für stationäre Patienten genauso behandelt wie Vorgänge für ambulante Patienten. Wollen Sie das so lassen?"* Heusers Augen leuchten. *„Können Sie das berücksichtigen? Stationäre Patienten verursachen alles in allem einen ungefähr 20 % höheren Aufwand. Die ambulanten Patienten gehen ja einfach wieder nach Hause."* Rohrbach schlägt vor, die Leistungsabgabe entsprechend unterschiedlich zu gewichten. Die

Tab. 26.2 Berechnung der Gesamtkosten

Kostenkategorien	Betrag (Euro)
Personalkosten	3.202.012
Sachkosten (nur Kostenstelleneinzelkosten)	2.221.781
Infrastrukturkosten	730.514
Gesamtkosten	**6.154.307**

Tab. 26.3 Verrechnungspreise auf Grundlage der Gesamtkosten

Leistung (Auszug)	GOÄ-Punkte	Punktwert (Cent)	Verrechnungspreis (Euro)	Leistungsmenge		Abgerechneter Betrag (Euro)		
				Stationär	Ambulant	Stationär	Ambulant	Gesamt
Strahlendiagn. Skelett	400			281	512			
Angiografie	1600			22	9			
CT	1900			628	659			
MRT	4200			732	41			
Leistungen insg.				**83.600.000**	**58.500.000**			
				142.100.000				

Tab. 26.4 Angaben zur Berechnung der Gemeinkostenumlage

Kostenstellengemeinkosten (Euro)	4.124.376
Nutzfläche KKH (qm)	35.000
Nutzfläche Radiologie (qm)	784
Umlagefaktor	
Gemeinkostenumlage	

Herren nicken zustimmend, aber auch etwas ratlos. Kati Rohrbach tippt etwas auf ihrem Computer und zeigt ihnen die Tab. 26.5.

7. Dr. Wilhelm ist noch nicht einverstanden. Er zeigt auf eine Zeile in den Kostenkategorien. *„Darauf haben wir doch überhaupt keinen Einfluss. Wenn die Gehälter steigen, dann ist das so. Aber deshalb arbeiten wir doch nicht weniger wirtschaftlich. Nehmen Sie doch einmal nur die Kosten, die wir auch tatsächlich verursachen, wenn wir einen Patienten überwiesen bekommen. Alle anderen Fragen diskutiere ich doch nicht mit den Kollegen – das bespreche ich doch mit Ihnen, Herr Heuser."* Sie einigen sich darauf, probehalber nur die Sachkosten zu berücksichtigen. Dr. Wilhelm nickt zufrieden, als er das Ergebnis sieht (Tab. 26.6).

8. Herr Heuser ist erschöpft. *„Ich liebe ja Zahlen. Aber jetzt haben wir hier ein paar Verrechnungspreise zu viel. Welche nehmen wir denn jetzt? Mit der letzten Tabelle kann ich doch nicht viel anfangen. Die Kollegen der Notaufnahme sollten ja schon auch spüren, dass sie dem Personal Arbeit machen – und nicht nur, dass die Radiologie Filme belichtet."* Kati Rohrbach schlägt vor, für verschiedene Zwecke, verschiedene Verrechnungspreise zu verwenden. Welche eigenen sich für welchen Zweck?

9. In der Aufgabe dringt der Chef der Radiologie, Dr. Wilhelm, auf möglichst geringe Kosten je GÖA-Punkt. Er sieht in den Verrechnungspreisen eine Möglichkeit, anderen Abteilungen zu signalisieren, welche Kosten von ihren Aufträgen ausgehen. Unter welchen Umständen hätte er ein Interesse an möglichst hohen Verrechnungspreisen?

10. Grundsätzlich könne Verrechnungspreise auch hausintern zwischen den betroffenen Abteilungen verhandelt werden. Worin sehen Sie Chancen und Grenzen einer solchen Verhandlungslösung? Halten Sie es für zweckdienlich, wenn die Radiologie unterschiedliche Verrechnungspreise gegenüber verschiedenen Abteilungen veranschlagt?

11. Herr Heuser ist mit der Zusammenarbeit mit Kati Rohrbach sehr zufrieden und erteilt der Abteilung Medioker einen Beratungsauftrag. Nach einem halben Jahr erhält Rohrbach einen Anruf von Dr. Wilhelm, dem Leiter der Radiologie. *„Was haben Sie da denn angerichtet?"*, eröffnet er das Gespräch. Er fährt fort: *„Wir haben die internen Verrechnungspreise wie besprochen eingeführt. Die Radiologie verrechnet mit den anderen Abteilungen jetzt nur noch die Sachkosten. Die Hausleitung hat zeitgleich eine erfolgsabhängige Vergütungskomponente eingeführt. Der Erfolg bemisst sich an den unternehmensinternen „Gewinnen". In unserem alten Modell, mit der Abrechnung auf der Basis der GÖÄ, war ich doch der Gewinnweltmeister bei uns. Gelinde gesagt, haben wir ja die anderen Abteilungen, etwa die Notaufnahme, etwas schlecht*

Tab. 26.5 Verrechnungspreise mit den Änderungen aus Aufgabe 6

Leistung (Auszug)	GOÄ-Punkte	Punktwert (Cent)	Verrechnungspreis (Euro)		Leistungsmenge		Abgerechneter Betrag (Euro)		Gesamt
			Stationär	Ambulant	Stationär	Ambulant	Stationär	Ambulant	
Strahlendiagnostik Skelett	400				281	512			
Angiografie	1600				22	9			
CT	1900				628	659			
MRT	4200				732	41			
…	…				…	…			
Leistungen insg.					83.600.000	58.500.000			
Gewichtungsfaktor					**1,2**	**1**			
Gewichtete Leistungen									
Leistungen insg. ungew.					142.100.000				
Leistungen insg. gew.									

Tab. 26.6 Verrechnungspreise mit den Änderungen aus Aufgabe 7

Leistung (Auszug)	GOÄ-Punkte	Punktwert (Cent)	Verrechnungspreis (Euro)		Leistungsmenge		Abgerechneter Betrag (Euro)		
			Stationär	Ambulant	Stationär	Ambulant	Stationär	Ambulant	Gesamt
Strahlendiagnostik Skelett	400				281	512			
Angiografie	1600				22	9			
CT	1900				628	659			
MRT	4200				732	41			
…	…				…	…			
Leistungen insg.					83.600.000	58.500.000			
Gewichtungsfaktor					**1,2**	**1**			
Gewichtete Leistungen									
Leistungen insg. ungew.					**142.100.000**				
Leistungen insg. gew.									

Tab. 26.7 Vergleich der internen „Gewinne" der Radiologie mit den alten und neuen Verrechnungspreisen

	GOÄ-Verrechnungspreise	Sachkosten-Verrechnungspreise
Verrechnete GOÄ-Punkte	142.100.000	158.820.000
Punktwert (Cent)	5,82873	1,398930235
Interne Erlöse der Radiologie		
Kosten der Radiologie	6.246.693	6.246.693
„Gewinn" der Radiologie		

aussehen lassen mit der Abrechnung über den Vollkosten. Aber jetzt? Jetzt stehe ich als Bittsteller da und die Notaufnahme steht als profitabel da. Deren Leiter, Dr. Ferdinand hat sich nun von seiner Prämie ein neues Auto gekauft – das hätte meins sein können. Wissen Sie, wie hoch mein Gewinn in dem ursprünglichen Modell war? Vergleichen Sie die GOÄ-Abrechnung einfach mal mit den Vollkosten inkl. Gemeinkosten und Infrastruktur!" Kati Rohrbach hat während des Gesprächs die alten Unterlagen herausgeholt. Sie hat das schon damals für Herrn Heuser ausgerechnet. *„Und jetzt, wo ich nur noch die Sachkosten abrechne, sehe ich doch wie ein Verlustheini aus. Die Kollegen laden mich schon auf einen Kaffee ein, weil sie glauben, dass ich mir den nicht leisten kann. Auch die Höhergewichtung der Stationspatienten hilft mir da nicht viel."* Wie hoch ist der Abteilungsgewinn bzw. -verlust in beiden Fällen (Tab. 26.7)?

Literatur

BMJV & BFJ (2019): Gebührenordnung für Ärzte, Bundesministerium der Justiz und für Verbraucherschutz, Bundesamt für Justiz, [online] http://www.gesetze-im-internet.de/go__1982/ [23.03.2019]

HESSE, S., BOYKE, J. & ZAPP, W. (2013): *Innerbetriebliche Leistungsverrechnung im Krankenhaus.* Wiesbaden: Springer Gabler.

Teil VIII

Anwendungsfelder

Qualitätsmanagement

27

Laura Birg und Daniela Pingel

Qualitätsmanagement ist ein Bündel von Managementaktivitäten, das darauf ausgerichtet ist, die Qualität der Leistungserstellung systematisch zu erfassen, abzusichern und zu verbessern. Hierbei werden nicht nur die Ergebnisse der Leistungserstellung in den Blick genommen, sondern ebenso die Strukturen, innerhalb derer die Leistungserstellung erfolgt, sowie die Prozesse der Leistungserstellung. Idealtypisch erfolgen die Festlegung von Qualitätsanforderungen und die Gestaltung von Strukturen sowie Prozessen unter Einbezug relevanter Stakeholder wie Kund:innen und Mitarbeiter:innen. In dieser Fallstudie helfen Sie zwei Brüdern, die von ihrem Onkel ein Pflegeheim geerbt haben, ein Qualitätsmanagementsystem einzuführen.

27.1 Hintergrund

Das Qualitätsmanagement sollte es nicht nur erlauben, die **Qualität der Leistungsergebnisse** unterschiedlicher Leistungsersteller miteinander zu vergleichen, sondern auch die dazugehörigen **Strukturen** und **Prozesse**. Die Qualität einer Einzelleistung ist insbesondere im Gesundheitswesen häufig nicht unmittelbar zu beobachten. Umso bedeutsamer ist es, dass die Dokumentation und Bewertung von Strukturen und Prozessen ein Urteil darüber zulassen, ob die Bedingungen der Leistungserstellung systematisch auf Qualität ausgerichtet sind.

L. Birg (✉)
Sektion Sozialpolitik und Sozialökonomie, Fakultät für Sozialwissenschaft, Ruhr-Universität Bochum, Bochum, Deutschland
E-Mail: laura.birg@ruhr-uni-bochum.de

D. Pingel
Dozentin für Qualitätsmanagement, Bremen, Deutschland

© Springer Fachmedien Wiesbaden GmbH, ein Teil von Springer Nature 2023
W. Rogowski (Hrsg.), *Management im Gesundheitswesen*,
https://doi.org/10.1007/978-3-658-39639-8_27

Einrichtungen können sich den Einsatz ihres **Qualitätsmanagementsystems** zertifizieren lassen. Im Rahmen der Zertifizierung prüfen und bescheinigen unabhängige Dritte ob und in welchem Ausmaß bestimmte Anforderungen an Strukturen, Prozesse und Leistungsergebnisse erfüllt sind. Hierbei wird typischerweise ein standardisierter Katalog von Anforderungen zugrunde gelegt, wodurch die Prüfergebnisse unterschiedlicher Einrichtungen miteinander vergleichbar sind. Beispielsweise kann ein Qualitätsmanagementsystem daraufhin untersucht werden, ob es mit den einschlägigen Anforderungen der DIN EN ISO 9001 übereinstimmt.

Im Gesundheitswesen ermöglicht die Verwendung von Qualitätsmanagementsystemen und insbesondere die externe Zertifizierung nach einheitlichen Standards ein gewisses Ausmaß an **Transparenz**. Dies ist bedeutsam, da die Qualität des Leistungsergebnisses im Einzelfall, beispielsweise bei einer Behandlung in einem Krankenhaus, schwer eingeschätzt werden kann. Ein Interesse an der Qualität der Leistung besteht nicht nur bei **Leistungsempfängern**, sondern auch bei den **Finanzierungsträgern** (insbesondere den Krankenversicherungen).

Stationäre Pflegeeinrichtungen sind nach § 113 SGB XI **verpflichtet**, ein Qualitätsmanagement zu betreiben, „das auf eine stetige Sicherung und Weiterentwicklung der Pflegequalität ausgerichtet ist". Im Rahmen des Qualitätsmanagements muss auf „auf der Grundlage einer strukturierten Datenerhebung" eine Qualitätsberichterstattung und eine externe Qualitätsprüfung möglich sein.

Weiterführende Hinweise zum Qualitätsmanagement im Gesundheitswesen finden Sie in (Hensen 2019) sowie (Kuntsche und Börchers 2017).

27.2 Fallstudie: Qualitätsmanagement in der stationären Pflege

Das *Haus der guten Pflege* ist eine vollstationäre Pflegeeinrichtung, die sich in privater Trägerschaft befindet. Im Schnitt werden hier mittlerweile nur 20 Pflegebedürftige mit überwiegend Pflegegrad 3 betreut. Sie haben also den höchsten Pflegegrad und haben im Zweifel rund um die Uhr Bedarf an Unterstützung. Die Bewohner:innenanzahl lag in der Vergangenheit jedoch deutlich höher. Trotz steigendem Bedarf nach pflegerischen Dienstleistungen in der Region sinkt die Nachfrage nach Dienstleistungen, die im *Haus der guten Pflege* angeboten werden.

Vor einigen Jahren eröffneten in unmittelbarer Nachbarschaft zwei weitere Pflegeheime, die sich in freigemeinnütziger Trägerschaft befinden. Als Tochtergesellschaften bekannter caritativer Unternehmen gelang es der Konkurrenz schnell, sich in der Region zu etablieren – nicht zuletzt dank bereitgestellter Expertise im Entwickeln gewiefter Marketingstrategien und attraktiver Unternehmensziele durch die Mutterkonzerne.

Der Besitzer des *Hauses der guten Pflege* ist überraschend verstorben, die Erben, zwei Brüder, machen sich daran, die Unterlagen ihres Onkels zu sichten, nachdem sie sich dazu entschlossen haben, das Haus selbst weiter zu betreiben. Dabei fällt ihnen auf, dass ihr Onkel es mit der Einhaltung gesetzlicher Anforderungen nicht immer ganz genau genommen hat. Insbesondere ist das Qualitätsmanagement eher lückenhaft dokumentiert. Die Brüder sind verunsichert, da sie (nach einer Blitzrecherche unter Nutzung der Suchmaschine ihres Vertrauens) wissen, dass ein Qualitätsmanagementsystem für Pflegeeinrichtungen dieser Art nach § 113 SGB XI verpflichtend ist. Der dünne Schnellhefter mit der Aufschrift „Qualität" scheint diesen Anforderungen nicht vollumfänglich zu entsprechen. Über die allfälligen Regelprüfungen durch den zuständigen Landesverband der Pflegekassen finden sie einen großzügigen Bewirtungsbeleg. „*Das mit der Bürokratie ist alles nicht so schlimm, wenn man bereit ist, auch ein bisschen was zu geben*", pflegte der Onkel zu sagen. Die Brüder, die beide aus der Gastronomie kommen („*Es geht um Gäste, es geht um Wohlbefinden, damit kennen wir uns doch aus*"), beschließen, das Qualitätsmanagementsystem grundlegend zu erneuern.

Sie holen sich fachkundige Beratung von einer ihrer Kellnerinnen, Tina, die in Bremen Public Health studiert. Sie soll ihnen dabei helfen, das Qualitätsmanagementsystem aufzubauen. Die Brüder treffen sich mit Tina in einem ihrer Cafés. Tina bestätigt den beiden, dass sie gesetzlich verpflichtet sind, ein Qualitätsmanagementsystem einzuführen und dass dieses gewissen Mindestanforderungen genügen muss. **Nachdem Tina sich den Schnellhefter angeschaut hat (sie brauchte dafür nicht mehr als zwei Minuten), erklärt sie den Brüdern, dass sie ganz von vorne anfangen müssen. Sie bereitet für alle je einen großen Cappuccino vor und setzt sich mit den Brüdern an einen Tisch.**

27.3 Aufgaben

1. Tina erklärt den Brüdern sieben Grundsätze des Qualitätsmanagements. Einer der beiden schreibt eifrig (in einen Schnellhefter) mit. Welche Grundsätze sind dies und was bedeuten sie für die stationäre Pflege?
2. Der Bruder, der mitschreibt, reibt sich das Handgelenk. „*Dann müssen wir diese*" – er schaut auf seine Mitschrift „*sieben Grundsätze jeweils in Bezug auf unsere Arbeitsergebnisse beherzigen und das aufschreiben?*", fragt er. Tina schüttelt den Kopf. Sie erklärt den beiden, dass der Qualitätsbegriff moderner Qualitätsmanagementsysteme drei Dimensionen beinhaltet: Strukturqualität, Prozessqualität und Ergebnisqualität. Erläutern Sie beispielhaft, was Struktur-, Prozess- und Ergebnisqualität für stationäre Pflegeeinrichtungen bedeuten können.
3. Der nicht mitschreibende Bruder hat noch einmal drei Kaffees zubereitet. Er seufzt: „*Gut, wir schreiben das alles auf und präsentieren es der Belegschaft. Das kostet uns drei Tage Arbeit und dann ist das aber auch durch, oder?*" Tina widerspricht und erläutert das Prinzip des „plan – do – check – act" zur Qualitätsverbesserung. Geben Sie beispielhaft an, wie sich dieses Prinzip in der Pflege niederschlagen könnte.
4. Der Kaffee ist ausgetrunken. Es ist später geworden als die beiden Brüder ursprünglich gedacht haben. Tina sagt mit dem Smartphone unter dem Tisch eine Verabredung ab. „*Wir implementieren das also, wir werden immer besser, das ist ja schon einmal gut. Das spricht sich herum. Das Geld für eine externe Zertifizierung können wir uns dann*

aber sparen, oder?" Tina beginnt sich zu überlegen, ob sie für dieses Gespräch eigentlich bezahlt wird. Sie erklärt den beiden ausführlich, warum eine externe Zertifizierung auch für sie Vorteile haben könnte.

5. Die Augen des mitschreibenden Bruders leuchten auf, er hat aufgehört mitzuschreiben. *„Das ist natürlich eine Menge Arbeit. Aber wenn wir das alles umsetzen und uns das bescheinigen lassen, dann können wir doch Zahlen veröffentlichen und damit darstellen, dass wir die Besten sind. Da können wir uns dann doch sogar offiziell bescheinigen lassen! Wir müssen uns nur die richtigen Zahlen herauspicken. In irgendeiner Kategorie ist man immer der Beste. Wir hatten ja auch schon einmal das einzige Vanilleeis, das in weniger als fünf Minuten serviert wird. Falls wir irgendwo einmal nicht so gut abschneiden",* hier räuspert er sich, *„müssen wir das ja nicht an die ganz große Glocke hängen."* *„Ja, das Qualitätsmanagement ermöglicht Qualitätsvergleiche",* entgegnet Tina. *„Allerdings kann man nicht ganz so wählerisch sein in dem, was man veröffentlicht."* Sie hat die Rechtsgrundlagen gerade für eine Klausur aufbereitet und verweist aus dem Gedächtnis auf die Regelungen der Paragrafen 114 Abs. 2, 114a, Abs. 7 und 115 Abs. 1a SGB XI. Was müssen die Brüder also beachten?

6. Die Brüder wirken erschöpft. Sie verabschieden sich von Tina. Bei der Verabschiedung lacht einer der Brüder und sagt: *„Wenn wir das alles umsetzen, dann ist ja eigentlich garantiert, dass bei uns nichts mehr schiefgehen kann".* Tina erwidert die Verabschiedung und geht. Auf dem Heimweg nimmt sie sich vor, den Brüdern noch eine E-Mail zu schreiben und ihnen darin zu erklären, dass der letzte Gedanke so nicht richtig ist. Sie möchte den beiden noch die Grenzen eines jeden Qualitätsmanagementsystems aufzeigen. Was könnte sie ihnen schreiben?

Literatur

HENSEN, P. (2019): *Qualitätsmanagement im Gesundheitswesen. Grundlagen für Studium und Praxis.* 2. Aufl., Wiesbaden: Springer Gabler.
KUNTSCHE, P. & BÖRCHERS, K. (2017): *Qualitäts- und Risikomanagement im Gesundheitswesen. Basis- und integrierte Systeme, Managementsystemübersichten und praktische Umsetzung.* Berlin, Heidelberg: Springer Gabler.

Betriebliches Gesundheitsmanagement I

Eugenia Larjow, Henning Erfkamp und Silvia Kaiser

Informationen über die Gesundheit von Mitarbeiter:innen spielen eine zentrale Rolle im betrieblichen Gesundheitsmanagement. Nach einer einführenden Erläuterung, welche wettbewerblichen Vorteile erwachsen können, wenn Aktivitäten zur Förderung des betrieblichen Gesundheitsklimas sorgsam aufeinander abgestimmt werden, wird im ersten Teil der vorliegenden Fallstudie veranschaulicht, welche Teilaufgaben klassischerweise von betrieblichen Gesundheitsmanager:innen dabei übernommen werden können und mit welchen Herausforderungen diese Rolle verbunden ist. Der zweite Teil des Textbeitrags geht auf die Betrachtung von Fehlzeiten ein, die ein mögliches Element zur Analyse der Gesundheitssituation in einem Unternehmen sein können. Mithilfe von exemplarischen Kennzahlen zum Fehlzeitengeschehen werden Stärken und Schwächen von Aussagen skizziert, die den betrieblichen Gesundheitszustand beschreiben.

E. Larjow (✉)
Aufwandsermittlungen und Verfahrensanalysen für Bessere Rechtsetzung, Statistisches Bundesamt (Destatis), Bonn, Deutschland
E-Mail: larjow@ipp.uni-bremen.de

H. Erfkamp
Fachbereich 11 – Human- und Gesundheitswissenschaften, Universität Bremen, Bremen, Deutschland
E-Mail: erfkamp@uni-bremen.de

S. Kaiser
Beraterin für Prävention und betriebliche Gesundheitsförderung, Bremen, Deutschland

28.1 Hintergrund

Im **betrieblichen Gesundheitsmanagement (BGM)** wird das Wohlbefinden von Mitarbeiter:innen als ein strategischer Faktor betrachtet. Aktivitäten zum Aufbau des **Human- und Sozialkapitals** eines Unternehmens werden hier als notwendige Ergänzungen zu klassischen Maßnahmen verstanden, die nachhaltig unternehmerischen Erfolg und Konkurrenzfähigkeit sicherstellen sollen (Badura et al. 2010, S. 5 f.; Uhle und Treier 2015, S. 36 ff.). So können geeignete Investitionen zur Förderung der Gesundheit der Mitarbeitenden längerfristig zu niedrigeren Fluktuationsquoten oder gar zum geringeren Krankenstand beitragen. Daraus können wiederum positive Begleiterscheinungen resultieren, wie z. B. reduzierte Qualifizierungskosten für Neuanstellungen, geringere Prozess- und Koordinierungskosten oder stabile Kund:innenbeziehungen (Badura et al. 2010, S. 6). In Gesundheitsbetrieben können verantwortungsbewusstes Führungsverhalten und Maßnahmen zur Vermeidung von anhaltendem Stress und zur Vermeidung von überfordertem Gesundheitspersonal darüber hinaus das Risiko für irreversible Schäden für Patient:innen mindern. Damit können sie auch zu reduzierten Haftungsrisiken und zu geringeren Entschädigungssummen beitragen.

Eine Teilaufgabe des BGM besteht in der **Entwicklung von Vorschlägen**, wie ein Unternehmen das Wohlbefinden am Arbeitsplatz definieren und operationalisieren kann. BGM-Beauftragte kooperieren beim Erarbeiten dieser Definition mit fachkundigen Expert:innen und bündeln das Wissen um bereits bestehende und für eine Organisation geeignete Maßnahmen der Gesundheitsförderung. Sie vermitteln zwischen den teilweise unterschiedlichen Verständnisweisen von Geschäftsführung und Personalvertretung und unterstützen bei der Auswahl und der Durchführung von Aktivitäten, mit denen positiv auf die Gesundheit im Betrieb eingewirkt werden soll (vgl. Badura et al. 1999).[1]

Während gesundheitserhaltende und präventive Maßnahmen wie bspw. das Einhalten von vorgeschriebenen Standards des Arbeitsschutzes, das Durchführen von betriebsärztlichen Untersuchungen oder das betriebliche Eingliederungsmanagement in betrieblichen Strukturen rechtlich verankert sind, sind Aktivitäten zur Verbesserung des Arbeitsklimas zwischen Führungspersonen und Mitarbeiter:innen oder zur Förderung der gesundheitlichen Selbstkompetenz von Beschäftigten optionale Instrumente. Mithilfe von geeigneten Kennwerten unterstützen BGM-Beauftragte die Geschäftsleitung dabei, die Wirksamkeit von gesundheitsförderlichen Maßnahmen einzuschätzen und das Kosten-Nutzen-Verhältnis von getätigten Gesundheitsinvestitionen zu bewerten (vgl. hierzu Pieper et al. 2015). Eine wichtige Stütze ist hierbei die frühzeitige Klärung, welchem konkreten Ziel eine Maßnahme dienen soll. Die *SMART*-Schablone hat sich bei diesem Unterfangen als ein hilfreiches Instrument bewährt (Budde 2010, S. 316). Projektziele, die im Vorfeld spezifisch (S), messbar (M), anspruchsvoll (A), realistisch (R) und terminiert (T) formuliert werden, fördern eine ergebnisorientierte Auswahl von Maßnahmen, helfen das Vorhaben zu strukturie-

---

[1] Für diese Tätigkeit kann die *Fallstudie Institutionenökonomik in der Pflege* aus diesem Lehrbuch herangezogen werden.

ren und unrealistische Erwartungen im Vorfeld auszuräumen. Zugleich schafft ein solches Vorgehen die Grundlage für spätere Vergleiche zwischen den einzelnen Maßnahmen.

Eine Erwartung, die Geschäftsführende typischerweise an die Einführung von gesundheitsbezogenen Angeboten stellen, ist der Rückgang von krankheitsbedingten Fehltagen. Diese sind für ein Unternehmen mit direkten und indirekten Kosten verbunden. Sie erfordern neben sinkender Produktivität und Qualitätsverlusten bei fortlaufenden Personal- und Sachkosten zusätzlichen Organisationsaufwand und Mehrarbeit. Damit lässt sich der Krankenstand im Betrieb monetär quantifizieren, was die Argumentation in Bezug auf die Einführung von gesundheitsförderlichen Maßnahmen erleichtert. Der erfasste Krankenstand stellt jedoch einen Spätindikator dar. Ohne ergänzende Informationen lassen sich aus dieser Kennzahl keine Aussagen über Gründe ableiten, die hinter den registrierten Krankheitstagen stehen. Entsprechend lässt sich aus dieser Kennzahl allein auch nicht ableiten, ob und welche Maßnahmen geeignet wären, um den Krankenstand zu senken. Eine weitere wichtige Aufgabe des BGM besteht daher in einer differenzierten Aufklärung über die Zusammensetzung des Krankenstands im Unternehmen ebenso wie über Chancen und Grenzen eines Gesundheitsmanagements im Umgang mit krankheitsbedingten Fehltagen (Uhle und Treier 2015, S. 248 ff.).

Eine exemplarische Zusammenfassung der Grundsätze, des Vorgehens und der Instrumente im BGM ist in der Bremischen Handlungshilfe und Dienstvereinbarung zum Gesundheitsmanagement zu finden (Senatorin für Finanzen der Freien Hansestadt Bremen 2018, S. 8–35). Einen detaillierteren Überblick über zentrale Rechtsgrundlagen, Handlungsfelder und den betrieblichen Gesundheitsförderungsprozess bietet der *Leitfaden Prävention* des Spitzenverbandes Bund der Krankenkassen (GKV-Spitzenverband 2020, S. 89–124). Differenzierte Hinweise zur Analyse von krankheitsbedingten Fehlzeiten sind in Kap. 16 des Buches *Betriebliches Gesundheitsmanagement: Gesundheitsförderung in der Arbeitswelt – Mitarbeiter einbinden, Prozesse gestalten, Erfolge messen* von (Uhle und Treier 2015, S. 248–282) zu finden.

28.2   Fallstudie: BGM in Wünschlich Nord

Im städtischen Krankenhaus Wünschlich Nord wurde vor einiger Zeit das betriebliche Gesundheitsmanagement (BGM) eingeführt. Wie es dazu kam und welche verschiedenen Erwartungen daran geknüpft wurden, ist im ersten Sitzungsprotokoll des Projektsteuerungskreises zusammengefasst (s. Tab. 28.1).

Vier Monate später wird in Wünschlich Nord – dem Ortskrankenhaus, in dem Sie Ihren Bundesfreiwilligendienst absolviert haben – die Stelle der betrieblichen Gesundheitsmanagerin nachbesetzt. Weil Sie sich schon immer für BGM interessiert haben, bewerben Sie sich und bekommen die Stelle. Ihre Berufserfahrung als Prozessmanager:in im Krankenhaus St. Eligius (s. Fallstudie *Grundsätze der Prozessoptimierung* in Kap. 9) in Kombination mit Ihren Einblicken in interne Klinikstrukturen während des Freiwilligendienstes haben Ihnen deutliche Vorteile gegenüber anderen Stelleninteressierten verschafft.

Tab. 28.1 Protokoll zur Steuerungskreissitzung Gesundheit

Steuerungskreis Gesundheit der Klinik Wünschlich Nord	
Protokoll zur ersten Sitzung	
Datum	01.02.2019
Teilnehmende	Prof. Dr. Dr. Alpha – stellvertretende ärztliche Direktorin
	Dipl.-Kfm. Herr Beta – Abteilung kaufmännisches Controlling
	Frau Gamma – stellvertretende Pflegedirektorin
	Frau Delta – Projektleiterin BGM (Protokollführung)
Sitzungsbeginn	19:00 Uhr
Inhalt	Frau Delta eröffnet die Sitzung und erklärt, dass BGM für die Zukunft der Klinik eine wichtige Aufgabe darstellen wird, weil BGM Teil der aktualisierten Dienstvereinbarung zwischen *Wünschlich Nord* und dem öffentlichen Träger der Klinik sei. Die Einführung sei damit verpflichtend. Alle sollten bemüht sein, die Einführung schnell voranzutreiben. Es folgt eine Sammlung von Zielen, die in Wünschlich Nord mit BGM verfolgt werden sollen und von Vorschlägen zu gesundheitsfördernden Maßnahmen, die eingeleitet werden sollen.
	Frau Prof. Dr. Dr. Alpha sieht als Geschäftsführerin den Fokus ganz klar auf einer deutlichen Reduzierung von Fehlzeiten. Wie das erreicht wird, sei irrelevant, Hauptsache es kostet möglichst wenig. Herr Beta ist einverstanden. Er erwartet außerdem, dass die Raucherquote abnimmt, weil ihn der Zigarettengeruch stört, der in Pausenzeiten bei offenem Fenster in sein Büro reinzieht. Sein Vorschlag ist eine verpflichtende Teilnahme von allen rauchenden Beschäftigten an einem Nikotinentwöhnungskurs.
	Die stellvertretende Pflegedirektorin, Frau Gamma, erwartet von BGM erhöhte Leistungsbereitschaft der Beschäftigten, damit es keine Diskussionen wegen zusätzlichen Dokumentationspflichten gibt, die zwecks besserer Ergebnisse in Qualitätskontrollen angedacht sind. Als Belohnung schlägt sie vor, jeden Montag einen Obstkorb in den Pausenräumen aufzustellen.
	Frau Prof. Dr. Dr. Alpha und Herr Beta sind mit allen Maßnahmenvorschlägen einverstanden und sprechen sich für sofortigen Maßnahmenbeginn aus.
	Alle Teilnehmenden äußern sich positiv über die konstruktiven Beiträge. Die Sitzung wird beendet.
Sitzungsende	19:10 Uhr

An Ihrem ersten Arbeitstag erfahren Sie von Frau Deltas kommissarischem Vertreter, dass bisherige BGM-Maßnahmen gescheitert seien: Die Bereitstellung eines Obstkorbes wurde nach einem Monat wieder abgeschafft aufgrund von unzähligen Forderungen der Beschäftigten auf Auszahlung von Obst, wenn sie wegen Krankheit oder Freischicht montags nicht anwesend waren. Frau Delta hat sich nach einer Eskalation zwischen Steuerungsgruppe und Personalrat auf unbestimmte Zeit krankgemeldet. Auslöser war der Versand von Einladungen zum Pflichtkurs zur Nikotinentwöhnung, die alle rauchenden Beschäftigten erhalten haben. Aus den bisherigen Bemühungen, BGM in Wünschlich Nord zu implementieren, ist ein Übergabeordner übriggeblieben, in dem Sie folgende Informationen finden:

- Protokoll der ersten und bisher einzigen Sitzung des Steuerungskreises Gesundheit (s. Tab. 28.1)
- Auszüge aus der Fehlzeitenanalyse der *Gesund-und-Glücklich Krankenkasse* (GGK) (s. Tab. 28.2 und 28.3)
- Leitfaden Prävention des Spitzenverbands Bund der Krankenkassen (GKV-Spitzenverband 2020; Anmerkung: bitte laden Sie für die Bearbeitung von Teilaufgaben den Präventionleitfaden aus dem Internet herunter)

Tab. 28.2 Ausgewählte Begriffe der Fehlzeitenanalyse. (Vgl. Techniker Krankenkasse 2018, S. 3; Uhle und Treier 2015, S. 266 f.)

Kennzahl	Kurzbeschreibung
Arbeitsunfähigkeit (AU)	Der/die Beschäftigte ist krankheitsbedingt nicht in der Lage, seiner/ihrer Erwerbstätigkeit nachzugehen. In Deutschland muss spätestens ab dem vierten Fehltag eine ärztliche Bescheinigung über die krankheitsbedingte Arbeitsunfähigkeit dem Arbeitgeber vorgelegt werden. Die genaue Frist für die Vorlage variiert je nach Arbeitgeber. Die Krankenkasse des/der Arbeitnehmers/-in erhält ebenfalls eine entsprechende Meldung.
Arbeitsunfähigkeitsanalyse der Krankenkasse	Krankenkassenspezifische Informationen zum krankheitsbedingten Fehlzeitengeschehen ermöglichen Differenzierungen nach der International Statistical Classification of Diseases and Related Health Problems (ICD-Klassifikation).
Arbeitsunfähigkeitsquote (AU-Quote)	Die AU-Quote beschreibt den Anteil von Erwerbspersonen, die sich im Untersuchungszeitraum (z. B. im Kalenderjahr oder innerhalb einer festgelegten Soll-Arbeitszeit) mindestens einen Tag arbeitsunfähig gemeldet haben. Typischerweise findet keine stundenweise Betrachtung der krankheitsbedingten Arbeitsunfähigkeit statt, weshalb dieser Parameter Verzerrungen enthalten kann. Weder die Dauer von AU-Meldungen noch die Anzahl von Meldungen je Person werden durch diesen Parameter angezeigt.
AU-Fälle je Versicherungsjahr	Durchschnittliche Zahl der gemeldeten AU-Fälle innerhalb einer Versicherungszeit von 365 Tagen, wobei 365 Tage einem Versicherungsjahr entsprechen; die Angabe entspricht sinngemäß der durchschnittlichen Anzahl von Krankmeldungen einer durchgängig versicherten Erwerbsperson innerhalb eines Jahres. Die Voraussetzung, dass alle erfassten Mitarbeiter:innen durchgehend über 365 Tage bei dem betrachteten Arbeitgeber beschäftigt und bei der auswertenden Krankenkasse versichert sind, ist selten gegeben. Aus diesem Grund wird in Arbeitsunfähigkeitsanalysen der Krankenkassen das sogenannte Versichertenjahr als einheitliche zeitliche Bezugsgröße herangezogen (Definition s. u.).

(Fortsetzung)

Tab. 28.2 (Fortsetzung)

Kennzahl	Kurzbeschreibung
AU-Tage je Fall	Durchschnittliche Dauer einer einzelnen Krankschreibung. Für die Berechnung wird die Summer der AU-Tage durch die Anzahl der gemeldeten AU-Fälle dividiert.
AU-Tage je Versicherungsjahr	Durchschnittliche Zahl der gemeldeten AU-Tage beziehungsweise Dauer der Arbeitsfehlzeiten innerhalb eines Versicherungsjahres; entspricht sinngemäß der durchschnittlichen Zahl von Fehltagen einer durchgängig versicherten Erwerbsperson innerhalb eines Jahres.
Gesundheitsquote	Anzahl nicht AU gemeldeter Mitarbeitender pro Zeiteinheit im Verhältnis zur Anzahl aller Mitarbeitenden in Prozent.
Krankenquote	Anzahl AU gemeldeter Mitarbeiter:innen pro Zeiteinheit im Verhältnis zur Anzahl aller Mitarbeiter:innen in Prozent (s. Kurzbeschreibung zu AU-Quote)
Krankenstand (in AU-Analysen der Krankenkassen)	Anteil der erkrankungsbedingten Fehltage an allen Versicherungstagen in Prozent; entspricht dem Anteil der an einem Tag des Jahres durchschnittlich krankgemeldeten Erwerbspersonen (in Bezug auf alle Tage inklusive Wochenenden und Urlaubszeiten). Der Krankenstand lässt sich in dieser Form aus der Angabe AU-Tage je Versichertenjahr multipliziert mit 100 und dividiert durch 365 berechnen. Je nach Quelle wird der Krankenstand aus unterschiedlichen Gründen zum Teil mit abweichenden Methoden berechnet. Beim Vergleich verschiedener Krankenstände sollte daher auf methodische Erläuterungen zur Berechnung geachtet werden.
Versichertenjahr	Weil einige Versicherte nicht durchgehend über den gesamten Zeitraum eines Kalenderjahres bei der auswertenden Krankenkasse versichert oder bei dem betrachteten Arbeitgeber beschäftigt sind, dient als einheitlicher Bezug in Auswertungen von Krankenkassen das Versichertenjahr. Das Versichertenjahr ergibt sich aus der Summe der Versicherungstage aller in dem betrachteten Zeitraum erfassten Personen dividiert durch die Anzahl der Tage des Berichtszeitraumes.
Weitere Parameter zur differenzierten Betrachtung des Fehlzeitengeschehens	Prozentualer oder absoluter Anteil an AU-Zeiten durch Berufskrankheiten, Unfälle oder Frühberentungen.

Tab. 28.3 Darstellung des Fehlzeitengeschehens von GGK-versicherten Beschäftigten in Wünschlich Nord

Kennzahl*	Wünschlich Nord			Erwartet	Branche
	2015	**2016**	**2017**	**2017**	**2017**
GGK-versicherte Beschäftigte	86	87	92	-	176.574
davon Frauen	79,1 %	82,1 %	82,0 %	-	75,1 %
davon Männer	20,9 %	17,9 %	18,0 %	-	24,9 %
Durchschnittsalter (Jahre)	43,6	43,9	43,4	-	40,1
Krankenstand	3,10 %	3,10 %	3,32 %	6,05 %	4,42 %
AU-Quote	55,1 %	53,1 %	52,8 %	58,8 %	54,8 %
AU-Fälle je Versicherungsjahr*	1,12	1,21	1,07	1,58	1,21
AU-Tage je Versicherungsjahr**	11,3	11,3	12,1	22,1	16,15
Durchschnittliche Falldauer	10,1	9,3	11,3	14,0	13,3

*Die ausgewählten Kennzahlen spiegeln einen Teil von Informationen wider, die unter Berücksichtigung von Datenschutzvoraussetzungen in betriebsspezifischen Fehlzeitenprofilen der Techniker Krankenkasse (TK) ausgewiesen werden können. Während die letzten fünf Werte in Spalte *Branche 2017* mithilfe des TK-Fehlzeitentools für die Branche unter der Wirtschaftszweigklassifizierung 86.10.1 ermittelt wurden (das TK-Fehlzeitentool ist online verfügbar unter: https://www.tk.de/service/app/2030888/fikaukennzahlen/aukennzahlen.app [23.03.2019]), wurden die übrigen Tabellenwerte für die vorliegende Fallstudie auf Basis von Plausibilitätsüberlegungen geschätzt
**Für die vorliegende Fallstudie wird für einen leichteren Einstieg davon ausgegangen, dass alle ausgewiesenen Versicherten durchgehend 365 Tage in Wünschlich Nord beschäftigt und bei der GGK versichert waren. In der Praxis wird an dieser Stelle des betriebsspezifischen Fehlzeitenprofils üblicherweise mit AU-Fällen bzw. AU-Tagen je Versichertenjahr gerechnet und die Werte entsprechend der tatsächlichen Beschäftigungsdauer beim betrachteten Arbeitgeber bzw. der Versicherungsdauer bei auswertender Krankenkasse berücksichtigt (s. Erläuterung in Tab. 28.2)

28.3   Aufgaben

28.3.1 Grundsätze des BGM

a. Beschreiben Sie zunächst den Unterschied zwischen betrieblicher Gesundheitsförderung (BGF) und betrieblichem Gesundheitsmanagement (BGM). Welches Verständnis von BGM hat der Steuerungskreis Gesundheit, wenn Sie sich nur an den Informationen aus dem Protokoll orientieren (s. Tab. 28.1)?
b. Wie lauten die vier Grundsätze des BGM (vgl. Senatorin für Finanzen der Freien Hansestadt Bremen 2018, S. 8 ff.)? Wurden diese Grundsätze im Vorgehen des Steuerungskreises Gesundheit der Klinik Wünschlich Nord eingehalten? Begründen Sie Ihre Antwort. Welcher Kardinalfehler wurde bei der Zusammensetzung des Steuerungskreises begangen?
c. Was ist der Auslöser für die Einführung von BGM in Wünschlich Nord? Welche negativen Konsequenzen könnten damit unter Umständen für BGM-Beauftragte verbunden sein?

d. Beschreiben Sie anhand des Protokolls (s. Tab. 28.1) die Rolle, die Frau Delta als Gesundheitsmanagerin eingenommen hat. Welche Probleme können damit verbunden sein? Welche Verantwortlichkeiten sollte Ihrer Meinung nach ein:e BGM-Beauftragte:r wahrnehmen und welche nicht? Welche projektrelevanten Fragen würden Sie an Frau Deltas Stelle möglichst schnell klären wollen?

28.3.2 Ziele und Maßnahmen

a) Welche Ziele wurden in der Steuerungsgruppe formuliert, die mittels BGM-Maßnahmen erreicht werden sollen?
   a. Erfüllen diese Zielformulierungen die SMART-Regel?
   b. Erläutern Sie, welche Konkretisierungen im Sinne jeder Teilregel notwendig sind
   c. Schreiben Sie für die genannten Ziele alternative Formulierungen auf, die die SMART-Regel erfüllen.
b) Welche Maßnahmen wurden vom Steuerungskreis vorgeschlagen, um diese Ziele zu erreichen?
   a. Auf welcher Grundlage erfolgte diese Auswahl?
   b. Wie schätzen Sie die Erfolgsaussichten der beschlossenen Maßnahmen ein? Begründen Sie Ihre Antwort.
   c. Woran erkennen Sie, dass die eingeleiteten Maßnahmen nicht dem Grundgedanken einer mitarbeiter:innenorientierten Gesundheitspolitik entsprechen?
c) Was könnte der Grund für die Eskalation zwischen der Steuerungsgruppe und der Personalvertretung gewesen sein?

28.3.3 Fehlzeiten

Verschiede Ursachen können zu Fehlzeiten in einem Betrieb führen. Es gibt krankheitsunabhängige Fehlzeiten, die betrieblich geregelt sind, wie z. B. Fehltage aufgrund von Urlaub, Weiterbildung oder Freistellung für kulturelle Ereignisse. Zu gesetzlich legitimierten Fehlzeiten zählen bspw. die Abwesenheit während des Mutterschutzes, während der Elternzeit oder aufgrund einer bewilligten Kur. Krankheitsbedingtes Fehlen kann sowohl mit einer ärztlichen Arbeitsunfähigkeitsbescheinigung ebenso wie ohne sie auftreten. Fehltage können aber auch motivational bedingt sein (vgl. Uhle und Treier 2015, S. 264 ff.). Tab. 28.2 stellt in Anlehnung an die methodischen Hinweise zum Gesundheitsreport der (TK 2020) sowie an (Uhle und Treier 2015, S. 266 f.) einige typische Begriffe dar, die im Rahmen der betrieblichen Analyse von krankheitsbedingtem Fehlen Verwendung finden.

    Eine weitere Kennzahl zum Fehlzeitengeschehen, die z. B. die Techniker Krankenkasse in ihren betriebsspezifischen Fehlzeitenprofilen als Referenzwert ergänzend bereitstellt, ist *der betrieblich erwartete Wert* (s. Tab. 28.3). Dieser Wert gibt an, welche Fehlzeitenparameter in der Vergleichsbranche zu erwarten wären, wenn Vergleichsbetriebe aus demselben Wirtschaftszweig dieselbe Alters- und Geschlechterstruktur aufweisen würden, wie der betrachtete Betrieb (vgl. TK 2018, S. 21).

a) Schauen Sie sich die in Tab. 28.3 bereitgestellten Informationen an, die die *Gesund-und-Glücklich Krankenkasse* (GGK) für GGK-versicherte Beschäftigte in Wünschlich Nord aufbereitet hat.

    a. Beschreiben Sie in Ihren eigenen Worten die Beschäftigtengruppe, die in Tab. 28.3 dargestellt ist. Sind in der Übersicht alle Arbeitsunfähigkeitstage von GGK-Versicherten in 2017 abgebildet? Begründen Sie Ihre Antwort.

    b. Welche weiteren Informationen sollten herangezogen werden, um eine differenzierte Ist-Analyse der Arbeitsunfähigkeit (AU) in Wünschlich Nord vornehmen und sinnvoll interpretieren zu können?

    c. Warum ist eine differenzierte Betrachtung des Fehlzeitengeschehens nach Geschlecht, Alter und Berufsgruppen sinnvoll?

    d. Erklären Sie in eigenen Worten den Unterschied zwischen AU-Quote und Krankenstand (s. Tab. 28.2).

    e. Welche dieser beiden Kennzahlen ist Ihrer Auffassung nach für die Sicherstellung der täglichen Prozessabläufe interessanter – die AU-Quote oder der Krankenstand?

    f. Wenn Sie sich ausschließlich auf GGK-versicherte Mitarbeiter:innen beziehen, wie schneidet Ihr Unternehmen im Branchenvergleich bezogen auf den Krankenstand ab – besser oder schlechter? Warum ist es für den Vergleich möglicherweise sinnvoller, Information aus der Tabellenspalte *Erwartet 2017* heranzuziehen anstatt aus der Spalte *Branche 2017* (s. Tab. 28.3)?

b) Auch die Personalabteilung erfasst Fehlzeiten (betriebliche Abwesenheitsstatistik). Welche Vorteile haben betriebsinterne Aufzeichnungen zu Fehlzeiten gegenüber Fehlzeitenberichten von Krankenkassen?

c) Welche der beiden Quellen (betriebliche Abwesenheitsstatistik und Krankenkassendaten) weist höhere Ausfalltage auf und warum?

d) Würden Sie im Rahmen des Gesundheitscontrollings beide Datenquellen nutzen oder nur eine? Begründen Sie ihre Antwort.

28.3.4 Kritische Reflexion

a) Begründen Sie, warum die Kennzahlen AU-Quote und Krankenstand nicht als Indikatoren für die Bewertung des Erfolgs oder des Misserfolgs einer gesundheitsförderlichen Maßnahme geeignet sind. Warum ist es nicht überraschend, wenn diese Kennzahlen – trotz reger Beteiligung von anwesenden Mitarbeiter:innen an einem gesundheitsförderlichen Angebot – ein Jahr nach Einführung nahezu unverändert bleiben würden?

b) Was sollte die Geschäftsführung bei ihrer Entscheidung über die Fortführung von initiierten Maßnahmen Ihrer Meinung nach beachten? Berücksichtigen Sie bei Ihrer Antwort das Treiber-Indikatoren-Modell von (Uhle und Treier 2015, S. 256).

c) Welche Akteure sind neben gesetzlichen Krankenkassen noch dazu verpflichtet, Unternehmen bei betrieblicher Gesundheitsförderung zu unterstützen? Werfen Sie für die Beantwortung der Frage einen Blick in das Kap. 17 des GKV-Präventionsleitfadens (GKV-Spitzenverband 2020, S. 89 ff.). Mit welchen gesundheitsbezogenen Informationen können diese Akteure betriebliche Aktivitäten zum Erhalt und zur Förderung der Gesundheit am Arbeitsplatz bereichern? Recherchieren Sie ggf. und nennen Sie für jeden betriebsexternen Akteur jeweils ein Beispiel.

Literatur

BADURA, B., RITTER, W. & SCHERF, M. (1999): *Betriebliches Gesundheitsmanagement – ein Leitfaden für die Praxis*. Berlin: Ed. Sigma.

BADURA, B., WALTER, U. & HEHLMANN, T. (Hrsg.) (2010): *Betriebliche Gesundheitspolitik. Der Weg zur gesunden Organisation*. 2., vollst. überarb. Aufl., Berlin, Heidelberg: Springer.

BUDDE, C. (2010): Interne Kommunikation, in: BADURA, B., WALTER, U. & HEHLMANN, T. (Hrsg.), *Betriebliche Gesundheitspolitik. Der Weg zur gesunden Organisation*. Berlin Heidelberg: Springer, S. 313–323.

GKV-SPITZENVERBAND (2020): Leitfaden Prävention. Handlungsfelder und Kriterien nach § 20 Abs. 2 SGB V. Berlin: Spitzenverband Bund der Krankenkassen (GKV-Spitzenverband), [online] https://www.gkv-spitzenverband.de/media/dokumente/krankenversicherung_1/praevention__selbsthilfe__beratung/praevention/praevention_leitfaden/Leitfaden_Pravention_2020_barrierefrei.pdf [05.11.2021]

PIEPER, C., SCHRÖDER, S., KRAMER, I., HAUPT, J., BRÄUNING, D. & KOHSTALL, T. (2015): *Wirksamkeit und Nutzen betrieblicher Prävention. iga.Report 28*. Initiative Gesundheit und Arbeit (iga), Berlin, [online] https://www.iga-info.de/fileadmin/redakteur/Veroeffentlichungen/iga_Reporte/Dokumente/iga-Report_28_Wirksamkeit_Nutzen_betrieblicher_Praevention.pdf [23.03.2019]

SENATORIN FÜR FINANZEN DER FREIEN HANSESTADT BREMEN (2018): Gesundheitsmanagement im Bremischen öffentlichen Dienst. Handlungshilfe und Dienstvereinbarung. Bremen: Freie Hansestadt Bremen, [online] https://www.finanzen.bremen.de/personal/gesundheitsmanagement/veroeffentlichungen_zum_gesundheitsmanagement-45150 [23.03.2019]

TK (2018): *Gesundheitsreport 2018 – Fit oder fertig? Erwerbsbiografien in Deutschland*. Techniker Krankenkasse (TK), Hamburg, [online] https://www.tk.de/resource/blob/2035866/020269554b71a1686aefec7106ba5dc3/gesundheitsreport-2018-data.pdf [23.03.2019]

TK (2020): Gesundheitsreport – Methodische Hinweise und Ergänzungen. Techniker Krankenkasse, [online] https://www.tk.de/resource/blob/2033762/92831766419806b31041703bde1b27e1/methodische-hinweise-data.pdf

UHLE, T. & TREIER, M. (2015): *Betriebliches Gesundheitsmanagement: Gesundheitsförderung in der Arbeitswelt – Mitarbeiter einbinden, Prozesse gestalten, Erfolge messen ; mit 32 Tabellen*. 3., überarb. und erw. Aufl., Berlin, Heidelberg: Springer.

Betriebliches Gesundheitsmanagement II

29

Claus Jungkunz, Wolf Rogowski und Eugenia Larjow

Die vorliegende Fallstudie führt in das Konzept des Work-Ability-Index (WAI, auch: Arbeitsbewältigungsindex) ein, der im Rahmen des Betrieblichen Gesundheitsmanagements ergänzend zur Analyse von retrospektiven Daten wie Fehlzeiten, Fluktuationsquoten oder anderen Kennzahlen aus dem Personal- und Gesundheitscontrolling einbezogen werden kann. Die Studierenden interpretieren Ergebnisse einer WAI Befragung und leiten daraus Maßnahmen zur Verbesserung der Gesundheit im hypothetischen Krankenhaus Wünschlich Nord ab.

29.1 Hintergrund

Dem Betrieblichen Gesundheitsmanagement (BGM) wird zunehmend eine tragende Rolle in der strategischen Ausrichtung von Unternehmen beigemessen. Die Überalterung der Gesellschaft und der daraus resultierende Arbeitskräfteengpass machen es erforderlich, einen Schwerpunkt auf die Erhaltung der Arbeitsfähigkeit der vorhandenen Belegschaft zu

C. Jungkunz (✉)
conltour ju-con gmbh, Wasserburg am Inn, Deutschland
E-Mail: claus.jungkunz@con-tour.com

W. Rogowski
Institut für Public Health und Pflegeforschung, Universität Bremen, Bremen, Deutschland
E-Mail: rogowski@uni-bremen.de

E. Larjow
Aufwandsermittlungen und Verfahrensanalysen für Bessere Rechtsetzung, Statistisches Bundesamt (Destatis), Bonn, Deutschland
E-Mail: larjow@ipp.uni-bremen.de

© Springer Fachmedien Wiesbaden GmbH, ein Teil von Springer Nature 2023
W. Rogowski (Hrsg.), *Management im Gesundheitswesen*,
https://doi.org/10.1007/978-3-658-39639-8_29

legen. Zudem wird es in diesem Zusammenhang auch immer wichtiger, sich im Sinne des Personalmarketings als attraktiver Arbeitgeber zu präsentieren.

Strategisches Arbeiten erfordert ein planvolles Vorgehen mit einer fundierten Analyse, Formulierung entsprechender Ziele sowie die Ableitung von Maßnahmen und deren Durchführung. Im Anschluss daran ist eine Messung der Wirksamkeit der Maßnahmen Basis für eine Bewertung und Erkenntnisgewinn für eine kontinuierliche Verbesserung. Als Orientierung für einen planvollen Prozess kann der PDCA-Management Cycle (Plan-Do-Check- Act) dienen (vgl. Badura et al. 2010, S. 158).

Betriebe verwenden häufig Kennzahlen wie die Fehlzeitenanalyse als Instrument, um die Entwicklung von gesundheitsbedingten Abwesenheitszeiten von Mitarbeitenden zu beobachten und um bspw. darauf aufbauend den Bedarf oder den Erfolg von eingeführten gesundheitsfördernden Programmen zu beschreiben. Dabei wird die Kennzahl der Arbeitsunfähigkeitsquote (AU-Quote) sowohl für die Analyse der IST-Situation als auch für die Messung der Wirksamkeit von Maßnahmen hergenommen. Diese objektive Kennzahl ist mit einer Reihe von Vorteilen verbunden – z. B. aufwandsarme und standardisierte Erfassung, Möglichkeit zur Berechnung von erwarteten Ausfallkosten.

Allerdings stellt sie aus Perspektive des BGM einen Spätindikator dar, der gesundheitliche Überbeanspruchungen erst dann erfasst, wenn sie bereits zu Arbeitsunfähigkeit geführt haben. Messbar ist zudem lediglich der sogenannte Absentismus, das tatsächliche Fehlen von Mitarbeitenden aufgrund von Arbeitsunfähigkeit. Einen gewichtigen Faktor stellt jedoch auch der sogenannte Präsentismus dar, also die körperliche Anwesenheit von Mitarbeitenden, die jedoch aufgrund von Krankheit oder anderer Faktoren nur bedingt arbeitsfähig sind (vgl. Hirsch et al. 2015, S. 6 ff.).

Ergänzend zu AU-Tagen sind daher Frühindikatoren für mögliche Ausfallrisiken wertvolle Informationsquellen für das BGM. Neben dem aktuellen Gesundheitszustand und -verhalten von Mitarbeitenden zählen Informationen über das psychosoziale Wohlbefinden oder Ergebnisse aus Arbeits- und Tätigkeitsanalysen zu typischen Frühindikatoren der betrieblichen Gesundheitssituation (vgl. Uhle und Treier 2015, S. 234 ff.).

Einen speziell für betrieblichen Kontext und Beratung entwickelten Frühindikator stellt der Work-Ability-Index (WAI; im deutschen auch Arbeitsbewältigungs-Index, kurz ABI) nach Ilmarinen und Tempel dar (Tuomi et al. 1997). Er fußt auf dem Belastungs- und Beanspruchungskonzept nach Rohmert und misst das Maß der Beanspruchung von Einzelpersonen und inwieweit eine Überbeanspruchung mit Gesundheitsfolgen vorliegt (vgl. z. B. Letzel und Nowak 2008, 1. Erg. Lfg. 3–07 S. 1 ff.). Entgegen dem umgangssprachlichen Gebrauch wird in dem Konzept „Belastung" als die Anforderungen verstanden, welche im Rahmen der Aufgaben eines Stellenprofil auf eine Person einwirken können. Die Auswirkungen dieser Anforderungen auf eine Person wird dagegen „Beanspruchung" genannt. Dieselbe Belastung kann bei unterschiedlichen Personen je nach deren Fähigkeiten zu einer unterschiedlichen Beanspruchung führen.

Im Fokus des WAI steht die subjektive Einschätzung von Beschäftigten hinsichtlich der eigenen Fähigkeit, gegebene Arbeitsplatzanforderungen bewältigen zu können. Die Forschung zum Work-Ability-Index geht auf das Konzept der Arbeitsfähigkeit und die

Untersuchungen des Finnish Institute of Occupational Health zurück (Ilmarinen 2009; Hasselhorn und Freude 2007; Tuomi et al. 1997; Tuomi et al. 1991). Der Index erfasst unter Einsatz eines Fragebogens (verfügbar als Kurz- und Langversion) über sieben Items die Arbeitsanforderung und die individuellen Kapazitäten der Beschäftigten im Umgang mit selbigen. Dabei werden das Individuum und die Frage der betrieblichen Ressourcen, die das Unternehmen zur Bewältigung der Arbeit zur Verfügung stellt, in den Mittelpunkt gerückt. Für ein Unternehmen lassen sich daraus Ansatzpunkte für die Maßnahmenentwicklung zum Erhalt der Arbeitsfähigkeit ableiten. Nachdem der WAI sehr persönliche Informationen wie bspw. Krankheitsdiagnosen enthält, spielt Vertraulichkeit bei der Verwendung des WAI eine wichtige Rolle (vgl. Hasselhorn und Freude 2007, S. 32). Verschiedene Studien haben sich mit branchenspezifischem WAI ebenso wie mit Faktoren, die den WAI beeinflussen, auseinandergesetzt. Daher sind in der Literatur hilfreiche Referenz- und Erfahrungswerte zu finden (Rostamabadi et al. 2017; Reeuwijk et al. 2015; van den Berg et al. 2011; van den Berg et al. 2009; van den Berg et al. 2008; Hasselhorn et al. 2005; Hasselhorn 2003).

Theoretischen Grundlagen und Hinweise zum Einsatz des Work-Ability-Index finden sich im Buch von Thorsten Uhle und Michael Treier „Betriebliches Gesundheitsmanagement: Gesundheitsförderung in der Arbeitswelt – Mitarbeiter einbinden, Prozesse gestalten, Erfolge messen" (2015, S. 314–344). Eine zusammenfassende Einführung in das Konzept der Arbeitsfähigkeit und den Aufbau des WAI bietet z. B. der Leitfaden von (Hasselhorn und Freude 2007). Die zusammengefasste Entstehungsgeschichte des WAI und Verweise auf einschlägige Studien finden sich in einem Editorial des WAI-Mitbegründers (Ilmarinen 2009) für das Scandinavian Journal of Work, Environment and Health.

29.2 Fallstudie: Arbeitsbewältigung in *Wünschlich Nord*

In Ihrem ersten Gespräch als neu eingestellte betriebliche Gesundheitsmanagerin im öffentlichen Krankenhaus *Wünschlich Nord* mit der Geschäftsführung erfahren Sie, dass spannende Aufgaben auf Sie warten: BGM ist ein neues Feld für das Krankenhaus. Es gab bereits einen ersten Startversuch eines BGM, der allerdings wenig erfolgreich verlaufen ist. Die Geschäftsführung hat dabei gelernt, dass ein alleiniger Fokus auf AU-Tage und deren Reduktion ebenso wenig erfolgversprechend sind wie der Versuch, BGM ohne Einbindung der Beschäftigten zu etablieren (vgl. Kap. 28). Die Geschäftsführung schließt das Treffen mit den Worten:

> *„Wir freuen uns, Sie an Bord zu haben und mit Ihrer Unterstützung ein BGM zu etablieren, das funktioniert. Wir erwarten, dass diesmal aussagekräftige Kennzahlen verwendet werden und die Einbindung der Mitarbeiter:innen gewährleistet ist. Ich wünsche Ihnen ein gutes Gelingen!"*

In einem ersten Schritt haben Sie Mitglieder der Geschäftsführung, die Leitung des Personalrats, die Betriebsärztin, einen Vertreter der Krankenkasse, und Ihre Chefin, die Leitung der Personalabteilung, zu einem neu zusammengesetzten Lenkungsausschuss eingeladen. Der Lenkungskreis kam auf dem Treffen zum Ergebnis, dass zunächst auf einer solideren Datenbasis als nur der AU-Quote die derzeitige Situation der Belegschaft erfasst werden soll. Auf Basis einer fundierten Analyse sollen Maßnahmen beschlossen und später deren Wirksamkeit gemessen werden. Sie werden gebeten, eine Datenerhebung dafür vorzubereiten, die die Gesundheitssituation der Belegschaft so abbildet, dass zukünftiger Arbeitsunfähigkeit vorgebeugt werden kann. Dies war auch dadurch motiviert, dass die Geschäftsleitung von *Wünschlich Nord* angesichts der älter werdenden Belegschaft ein besonderes Interesse an *Frühindikatoren* geäußert hat, verbunden mit der Bereitschaft, Ressourcen in den längerfristigen Erhalt von vorhandenem Personal zu investieren.

Zur Vorbereitung der zweiten Sitzung des neuen BGM-Steuerungskreises bereiten Sie eine Präsentation vor, in der Sie für die Durchführung einer freiwilligen Beschäftigtenbefragung werben möchten. Schwerpunkt der Befragung soll auf dem WAI liegen.

Bitte bearbeiten Sie zunächst die Aufgaben 29.3.1

Während Ihrer Präsentation auf der zweiten Sitzung fällt Ihnen auf, dass das spontane Echo der Teilnehmenden unterschiedlich ausfällt. Die Betriebsärztin nickt immer wieder zustimmend und wirft den Satz ein:

> „*Gute Sache! Wollte den WAI auch schon längst mit in meine Prozesse einbauen, ein echtes Win-Win für Belegschaft und Betriebsmedizin!*".

Gleichzeitig wird der Gesichtsausdruck des Betriebsrats immer skeptischer, bis er irgendwann kopfschüttelnd äußert:

> „*Da fehlen mir die Worte. Sie aus der Personalabteilung wollen diesen Fragebogen, den Sie da grad in Ihrer Präsentation hatten, für unsere Mitarbeitenden erheben?*"

Bitte bearbeiten Sie nun die Aufgaben 29.3.2

Nachdem es Ihnen in der Sitzung zum Glück gelungen war, die Sorgen des Personalrats zu zerstreuen und die Potenziale für die Gesundheit der Belegschaft aufzuzeigen, hatten alle Mitglieder des Steuerkreises der Befragung zugestimmt. In der nächsten Sitzung präsentieren Sie die Befragungsergebnisse im Durchschnitt sowie auf Ebene der Abteilungen, bei denen über 10 Mitarbeitende an der Befragung teilgenommen haben. Dabei fällt das Geburtshaus auf, welches der Klinik angeschlossen ist. Die wichtigsten Daten aus Ihrer Präsentation sind in den Abb. 29.1, 29.2, 29.3, 29.4 und 29.5 dargestellt.

Bitte bearbeiten Sie hierfür die Aufgaben 9.3.3.3.

Im weiteren Verlauf des Treffens diskutiert der Steuerkreis die Ergebnisse, insbesondere für das Geburtshaus. Auch wegen der Altersstruktur der Mitarbeitenden sind deren Durchschnittswerte besonders gering. Sie werden gebeten, als betriebliche Gesundheitsmanagerin einen Vorschlag zu entwickeln, wie das Problem angegangen werden kann. Dabei wiederholt die Geschäftsführung nochmals ihre Bereitschaft, in die Gesundheit der Mitarbeitenden zu investieren – gerade auch, weil es in der Region kaum erfahrene Hebammen gibt, die in *Wünschlich Nord* eingestellt werden könnten. Sie betont auch nochmal,

Wünschlich Nord	gesamt
Teilnehmende (absolute Zahl)	485
Beteiligung	67%
Durchschnittsalter	43,3
weiblich	24,50%
männlich	75,50%
Vollzeit	89,80%
Teilzeit	10,20%

Arbeitsbewältigungs-Indexwert (Mittelwert in Punkten; min. 7 / max. 49 P.)	40,2

Sehr gute Arbeitsbewältigungssituation (AB, 44-49 Indexpunkte) (in Prozent)	28,60%
Gute AB (37-43 Indexpunkte)	44,20%
Mäßige und kritische AB (7-36 Indexpunkte)	27,20%

Abb. 29.1 Ergebnisse WAI-Befragung in Wünschlich Nord gesamt

Cluster	Geburtshaus
Teilnehmende (absolute Zahl)	39
Beteiligung	78%
Durchschnittsalter	47,8
weiblich	87,00%
männlich	13,00%
Vollzeit	46,00%
Teilzeit	64,00%

Arbeitsbewältigungs-Indexwert (Mittelwert in Punkten; min. 7 / max. 49 P.)	35,4

Sehr gute Arbeitsbewältigungssituation (AB, 44-49 Indexpunkte) (in Prozent)	28,20%
Gute AB (37-43 Indexpunkte)	38,50%
Mäßige und kritische AB (7-36 Indexpunkte)	33,30%

Abb. 29.2 Ergebnisse WAI-Befragung im Cluster Geburtshaus

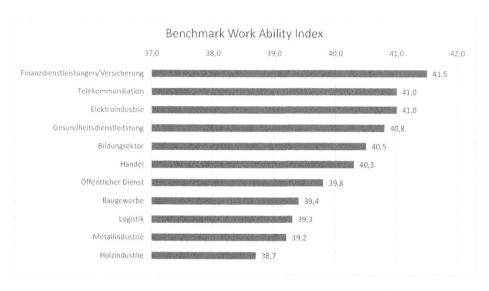

Abb. 29.3 Benchmark Work Ability Index

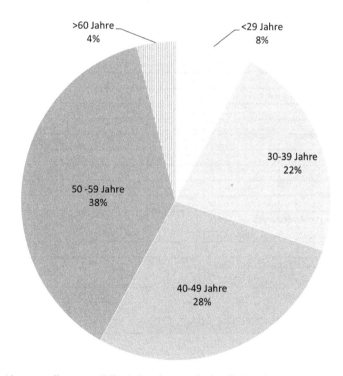

Abb. 29.4 Altersverteilung von Mitarbeiter:innen, die im Geburtshaus an der Befragung teilgenommen haben

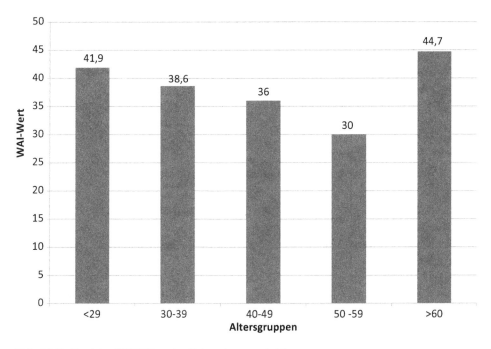

Abb. 29.5 Erreichte WAI-Werte im Geburtshaus nach Altersgruppen

dass, anders als zuletzt (vgl. Fallstudie Betriebliches Gesundheitsmanagement I in Kap. 28) nun wirklich der „State of the Art" betrieblichen Gesundheitsmanagements umgesetzt werden sollte. Auf dem Weg zurück ins Büro zeigt sich Ihre Chefin ganz beeindruckt von Ihrer Arbeit:

„*Mensch, das war echt gut heute! Und wie praxisorientiert und souverän Sie die Sitzung gestaltet hatten – das hätte ich nicht erwartet, sie kommen ja direkt von der Uni. Da fällt mir ein: wir wollten ja unsere Aktivitäten zur Personalentwicklung verstärken – da gibt es ganz wunderbare Synergien zu Ihrem Themenfeld. Schauen Sie mal, wie wir die gut nutzen können. Gerade die Hebammen, das fällt mir immer wieder auf, die sind sehr offen für derartige Angebote!*" Erleichtert und in Vorfreude auf den spannenden nächsten Schritt setzen Sie sich an Ihren Schreibtisch …

Bitte beantworten Sie nun abschließend die Aufgaben 29.3.4 and 29.3.5.

29.3   Aufgaben

29.3.1 WAI Fragebogen

a) Rekapitulieren Sic kurz das Konzept des WAI als Frühindikator. Was ist das Ziel des WAI? Inwiefern ist er ein Frühindikator der Arbeitsfähigkeit?

b) Machen Sie sich zunächst mit dem WAI-Fragebogen und der Berechnung des Arbeitsbewältigungsscores vertraut, indem Sie die Kurzversion des Fragebogens selbst ausfüllen und auswerten. Sie finden den Fragebogen zum Download auf der Homepage des WAI-Netzwerks (2012).

c) Welches Potenzial sehen Sie im WAI für Analyse und Unterstützung der Arbeitsfähigkeit? Welche Argumente für die Nutzung des WAI könnten Sie dem Steuerkreis vortragen?

d) Welche inhaltlichen Grenzen des WAI sehen Sie? Wie könnten Sie diesen Grenzen bei einer WAI Erhebung begegnen?

29.3.2 WAI aus Sicht von Personalrat und Arbeitsmedizin

a) Welche Aspekte des WAI könnten Hintergrund der skeptischen Haltung des Personalrats sein?

b) Welche Maßnahmen könnten Sie ergreifen, um dem Personalrat seine Sorgen zu nehmen?

c) Welche Vorteile ergeben sich für die Arbeit der zuständigen Betriebsärztin aus dem Vorliegen der WAI Befragungsergebnisse? Beschreiben Sie, wie die Betriebsärztin die Ergebnisse in ihre Arbeit integrieren könnte.

d) Inwiefern kann die WAI-Befragung vor dem Hintergrund dieser Zusammenarbeit auch zu Synergieeffekten beitragen? Wie könnten Sie diese Momente argumentativ einsetzen, um die Geschäftsführung für die Durchführung der Befragung zu begeistern?

29.3.3 Bestimmung des Handlungsfeldes

Bitte betrachten Sie zunächst die Befragungsergebnisse in Abb. 29.1 und 29.2.

a) Welche relevanten Eckdaten können Sie für einen ersten Überblick aus den Abbildungen ablesen? Wo liegen die Unterschiede der Gesamtergebnisse im Vergleich zum Cluster Geburtshaus?

b) Anhand welcher Vergleichswerte könnten Sie überprüfen, ob die WAI Werte gut oder eher niedrig oder hoch sind? Nutzen Sie den Benchmark in Abb. 29.3. Wie ordnen Sie dementsprechend die Werte der Gesamtbefragung ein und wie die des Clusters Geburtshaus?

c) Fassen Sie bitte die Kernbotschaften aus Abb. 29.4, 29.5 und 29.6 in eigenen Worten zusammen. Welche Informationen sind in den Abbildungen über die Altersstruktur und die Arbeitsfähigkeit im Geburtshaus enthalten?

d) Wie lässt sich der Wert der Beschäftigten jenseits 60 Jahre im Geburtshaus erklären? Tipp: dahinter könnte der Healthy-Worker-Effekt stecken.

e) Welche Zielgruppe würden Sie im Geburtshaus in den nächsten Maßnahmen prioritär berücksichtigen und warum?

29.3.4 Nutzung von WAI Instrumenten zur gezielten Verbesserung der Arbeitsfähigkeit

Bitte werfen Sie vor der Beantwortung der folgenden Fragen nochmals einen Blick auf die Website des WAI Netzwerks, insbesondere welche Instrumente den WAI ergänzen können. Bitte betrachten Sie dabei insbesondere die Methode des Arbeitsbewältigungscoachings.

a) Ergänzend zur Nutzung in einer organisationsweiten Befragung, wie könnte der WAI noch zur Verbesserung der Arbeitsfähigkeit in einzelnen Abteilungen eingesetzt werden?
b) Die Geschäftsführung hat explizit dazu aufgefordert, gezielt in einzelnen Bereichen zur Verbesserung der Work Ability beizutragen. Machen Sie einen Vorschlag, wie der Ablauf zur Verbesserung der Arbeitsfähigkeit im Geburtshaus so gestaltet werden könnte, dass die Elemente des Management Zyklus (Entscheidung, Umsetzung, Feedback) in die Maßnahme integriert werden.
c) Coaching ist ein relevantes Tätigkeitsfeld für Gesundheitswissenschaftler und andere Studierende, die auch Management im Gesundheitswesen in Ihrem Curriculum haben. Bitte beschreiben Sie kurz, was Coaching bedeutet und was die Grundprinzipien sind. Wie kann dabei ein Coaching mit Hilfe des WAI aussehen?
d) Ihre Chefin hat auf mögliche Synergien zur Personalentwicklung hingewiesen. Wo sehen Sie derartige Synergien in einem solchen WAI-Coaching?

29.3.5 Resümee

Nachdem Sie sich mit Handlungsfeldern und relevanten Gesundheitskennzahlen im BGM beschäftigt haben (s. auch Kap. 28), fassen Sie bitte für sich zusammen, wie Sie den Beitrag von BGM für einen Gesundheitsbetrieb einschätzen:

a) … aus ökonomischer Perspektive?
b) … aus organisatorischer Perspektive?
c) … aus der Beschäftigtenperspektive?

Literatur

BADURA, B., WALTER, U. & HEHLMANN, T. (2010): *Betriebliche Gesundheitspolitik der Weg zur gesunden Organisation*, 2., vollständig überarb. Aufl. ed. Heidelberg [u.a.]: Springer, [online] http://site.ebrary.com/lib/alltitles/docDetail.action?docID=10359940
https://doi.org/10.1007/978-3-642-04337-6
http://search.ebscohost.com/login.aspx?direct=true&scope=site&db=nlebk&db=nlabk&AN=312889

http://external.dandelon.com/download/attachments/dandelon/ids/CH001A80E4E290B6077C-0C12577D80028FB54.pdf

http://external.dandelon.com/download/attachments/dandelon/ids/DEAGI261050D33C1189DBC12576230052466E.pdf

https://external.dandelon.com/download/attachments/dandelon/ids/DEAGI261050D33C1189DBC12576230052466E.pdf

HASSELHORN, H.-M. (Hrsg.) (2003): *Working conditions and intent to leave the profession among nursing staff in Europe. NEXT, nurses early exit study; a research project initiated by SALTSA and funded by the European Commission.* Stockholm, Sweden: National Inst. for Working Life [u.a.].

HASSELHORN, H.-M., MÜLLER, B. H., TACKENBERG, P., KÜMMERLING, A. & SIMON, M. (2005): *Berufsausstieg bei Pflegepersonal. Arbeitsbedingungen und beabsichtigter Berufsausstieg bei Pflegepersonal in Deutschland und Europa.* Dortmund, Berlin, Dresden, [online] http://www.next.uni-wuppertal.de/index.php?buchveroeffentlichung [13.12.2018]

HASSELHORN, H. M. & FREUDE, G. (2007): *Der Work Ability Index – ein Leitfaden.* Bundesanstalt für Arbeitsschutz und Arbeitsmedizin, Dortmund/Berlin/Dresden, [online] https://www.arbeitsfaehig.com/uploads/content/pdf/Leitfaden_WAI.pdf [13.12.2018]

HIRSCH, B., LECHMANN, D. S. J. & SCHNABEL, C. (2015): *Coming to work while sick an economic theory of presenteeism with an application to German data, Diskussionspapiere/Universität Erlangen-Nürnberg, Lehrstuhl für VWL, insbes. Arbeitsmarkt- und Regionalpolitik 96.* Erlangen-Nürnberg: Univ., Lehrstuhl für VWL, [online] http://www.arbeitsmarkt.wiso.uni-erlangen.de/pdf/diskussionspapiere/dp-96.pdf

http://hdl.handle.net/10419/110364

ILMARINEN, J. (2009): Work ability – a comprehensive concept for occupational health research and prevention. *Scand J Work Environ Health,* 35:1, 1–5.

LETZEL, S. & NOWAK, D. (2008): *Handbuch der Arbeitsmedizin – digital Arbeitsphysiologie, Arbeitspsychologie, klinische Arbeitsmedizin Prävention und Gesundheitsförderung.* Landsberg: ecomed Medizin.

REEUWIJK, K. G., ROBROEK, S. J. W., NIESSEN, M. A. J., KRAAIJENHAGEN, R. A., VERGOUWE, Y. & BURDORF, A. (2015): The Prognostic Value of the Work Ability Index for Sickness Absence among Office Workers. *PLoS ONE,* 10:5, e0126969.

ROSTAMABADI, A., ZAMANIAN, Z. & SEDAGHAT, Z. (2017): Factors associated with work ability index (WAI) among intensive care units' (ICUs') nurses. *Journal of Occupational Health,* 59:2, 147–155.

TUOMI, K., ILLMARINEN, J., MARTIKAINEN, R., AALTO, L. & KLOCKARS, M. (1997): Aging, work, life-style and work ability among Finnish municipal workers in 1981–1992. *Skandinavian J Work Environ Health,* 23.

TUOMI, K., LUOSTARINEN, T., ILMARINEN, J. & KLOCKARS, M. (1991): Work load and individual factors affecting work disability among aging municipal employees. *Scand J Work Environ Health,* 17 Suppl 1, 94–8.

UHLE, T. & TREIER, M. (2015): *Betriebliches Gesundheitsmanagement: Gesundheitsförderung in der Arbeitswelt – Mitarbeiter einbinden, Prozesse gestalten, Erfolg messen; mit 32 Tabellen.* 3., überarb. und erw. Aufl., Berlin, Heidelberg: Springer.

VAN DEN BERG, T. I., ELDERS, L. A., DE ZWART, B. C. & BURDORF, A. (2009): The effects of work-related and individual factors on the Work Ability Index: a systematic review. *Occup Environ Med,* 66:4, 211–20.

VAN DEN BERG, T. I., ROBROEK, S. J., PLAT, J. F., KOOPMANSCHAP, M. A. & BURDORF, A. (2011): The importance of job control for workers with decreased work ability to remain productive at work. *Int Arch Occup Environ Health,* 84:6, 705–12.

VAN DEN BERG, T. I. J., ALAVINIA, S. M., BREDT, F. J., LINDEBOOM, D., ELDERS, L. A. M. & BURDORF, A. (2008): The influence of psychosocial factors at work and life style on health and work ability among professional workers. *Int Arch Occup Environ Health,* 81:8, 1029–1036.

WAI-NETZWERK (2012): WAI-Fragebogen – Kurzversion mit Auswertungsbogen, [online] http://www.arbeitsfaehigkeit.uni-wuppertal.de/index.php?der-wai [02.12.2018]

Stichwortverzeichnis

© Springer Fachmedien Wiesbaden GmbH, ein Teil von Springer Nature 2023   245
W. Rogowski (Hrsg.), *Management im Gesundheitswesen*,
https://doi.org/10.1007/978-3-658-39639-8

Printed in the United States
by Baker & Taylor Publisher Services